**TIMO DAUM**, geb. 1967, arbeitet als Hochschullehrer in den Bereichen Online, Medien und Digitale Ökonomie. Er ist Dipl.-Physiker und verfügt über zwei Jahrzehnte Erfahrung in der IT-Branche. Er publiziert und hält regelmäßig Vorträge zu Themen rund um Digitalisierung und Kapitalismus.

TIMO DAUM

DAS KAPITAL SIND

WIR

ZUR KRITIK DER DIGITALEN ÖKONOMIE

EDITION NAUTILUS

Edition Nautilus GmbH
Schützenstraße 49 a · D-22761 Hamburg
www.edition-nautilus.de
Alle Rechte vorbehalten · © Edition Nautilus 2017
Originalveröffentlichung · Erstausgabe September 2017
Illustrationen im Innenteil: Susann Massute
Autorenporträt Seite 2: Fabian Grimm
Umschlaggestaltung: Maja Bechert
Druck und Bindung: CPI – Clausen & Bosse
3. Auflage Februar 2019
ISBN 978-3-96054-058-8

Inhalt

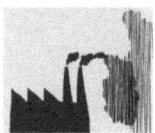

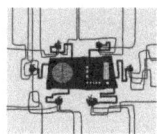
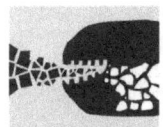

Einleitung

Vor 150 Jahren, als Karl Marx den ersten Band seines Hauptwerks *Das Kapital* veröffentlichte, war das Leben auf dieser Welt für die Allermeisten ein Jammertal. Zu Lebzeiten des großen Kritikers des Kapitalismus betrug die Lebenserwartung gerade einmal 35 Jahre, 90 Prozent der Weltbevölkerung lebten in absoluter Armut, und so war es immer gewesen. 1970 waren es dann nur noch 60 Prozent, heute sind wir bei ca. 10 Prozent angelangt. Nicht nur ökonomisch, auch politisch geht es der Menschheit heute ungleich besser als noch zu Marx' Zeiten. Die meisten Forderungen des *Kommunistischen Manifests* sind erfüllt, ja sie gelten geradezu als Wesensmerkmale unserer Zeit: Allgemeines Wahlrecht, die rechtliche Gleichstellung von Frauen und kostenlose Schulbildung sind heute in vielen Ländern selbstverständlich, ganz zu schweigen von der Einführung von Nationalbanken und der Abschaffung der Kinderarbeit, um nur einige Beispiele aus dem einstmals so radikalen *Manifest* zu nennen.

Etwa zur gleichen Zeit als Karl Marx in der British Library in London fieberhaft an seinem Hauptwerk arbeitet, versucht Charles Babbage einen programmierbaren Rechenautomaten zu bauen, die *Analytical Engine*. Der britische Fabrikant, Nationalökonom und Erfinder scheitert zwar an der Umsetzung, hat aber eine komplexe, aus 30.000 Einzelteilen bestehende Maschine erdacht, die in der Lage sein sollte, beliebige Rechnungen durchzuführen. Heute gibt es solche Maschinen – wir nennen sie Computer. Sie sind millionenfach leistungsfähiger als Babbages Maschine und passen gleichzeitig bequem in jede Rocktasche.

Die analytischen Maschinen unserer Tage sind zudem alle miteinander verbunden über ein unsichtbares Netz. Wir nennen

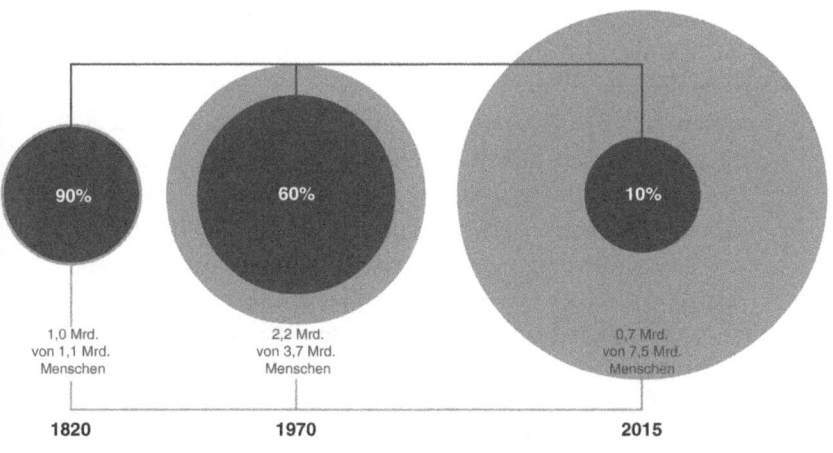

90%	60%	10%
1,0 Mrd. von 1,1 Mrd. Menschen	2,2 Mrd. von 3,7 Mrd. Menschen	0,7 Mrd. von 7,5 Mrd. Menschen
1820	1970	2015

Absolute Armut weltweit[1]

es Internet, eine weltweite, überstaatliche, gewöhnlich kostenlos nutzbare Infrastruktur für Kommunikation und Produktion – die Internationale der Information. Es ist zum Rückgrat der Weltgesellschaft und zum wichtigsten Produktions- und Kommunikationsaggregat geworden. Riesige Mengen binär codierter Daten und Anweisungen werden fast mit Lichtgeschwindigkeit übertragen: Das digitale Äquivalent des gesamten Bestandes der British Library im Jahre 1850 – damals die größte Bibliothek der Welt – wird heute 35 Mal pro Sekunde über dieses Netz gesendet.[2]

Vermutlich wäre Karl Marx – der immer ein ausgewiesener Anhänger technischen Fortschritts gewesen ist und den wir uns als begeisterten Smartphone-Nutzer vorstellen können – beeindruckt. Berichtete man ihm dann auch noch von Google, dessen erklärtes Ziel darin besteht, »die Informationen der Welt zu organisieren und für alle zu jeder Zeit zugänglich und nutzbar zu machen«[3], und von Facebook, einer Plattform, auf der die ganze Welt ohne Ansehen von Geschlecht, Alter oder Herkunft Inhalte und Gedanken kostenlos teilen kann, dann wäre er wohl restlos begeistert. Diese Plattformen, die das frei verfügbare

Wissen der Welt in Sekundenbruchteilen überall zugänglich machen und Milliarden Nutzerinnen zählen – klingt das nicht nach der Verwirklichung kühner Menschheitsträume? So in etwa hatte Marx sich vermutlich die soziale Utopie vorgestellt, die wahrhaft menschliche Gesellschaft auf der Grundlage von Gemeingut und kollektiver Problemlösung. Wenn wir ihm nun aber erzählen sollten, wie denn das Proletariat die Weltrevolution geschafft hat, um den Informations-Kommunismus zu errichten, würde der schwierigere Part beginnen.

Leider müssten wir ihm mitteilen, dass die Lage doch nicht so rosig ist. Dass alte Fragen nach politischer Repräsentation, sozialer Gerechtigkeit und sinnvoller Ressourcenverteilung immer noch nicht gelöst sind. Dass das Privateigentum an Produktionsmitteln immer noch vorherrscht, dass es immer noch Reiche und Arme gibt, die Ungleichverteilung sogar zugenommen hat und noch weiter zunimmt. Dass eben immer noch jeder Zehnte in absoluter Armut lebt, obwohl die reichsten Länder deren vollständige Überwindung aus der Portokasse zahlen könnten.[4] Dass das Kapital keineswegs vom Antlitz der Erde verschwunden ist, dass es sich ganz im Gegenteil bester Gesundheit erfreut. Dass Kriege, Unterdrückung, Religion und Unwissenheit nach wie vor diese Gesellschaftsform begleiten, die da Kapitalismus heißt.

Wir müssten ihm erklären, dass wir es mit einem neuen Kapitalismus zu tun haben, in dem Information und ihr Austausch über Datennetze in den Mittelpunkt der ökonomischen und gesellschaftlichen Aktivität geraten: dem Kapitalismus des digitalen Zeitalters. Dass die erwähnten Infrastrukturen und Plattformen zudem vortrefflich harmonieren mit diesem Digitalen Kapitalismus. Dass dieser ein Verwertungsmodell aus der Taufe gehoben hat, dessen Hauptaugenmerk nicht mehr die fabrikmäßige Herstellung von Waren und deren Verkauf ist, sondern die Organisation des Zugangs zu Wissen und Information. Dass Algorithmen zum entscheidenden Produktionsmittel, Daten zum zentralen Rohstoff und Information zur Ware Nummer eins werden. Dass die oben erwähnten Plattformen Google und Facebook profitorientierte Unternehmen sind, die auf der Suche nach Rendite um den Globus jagen wie einst die East India Company, und die das akkumulierte Weltwissen als Quelle ihrer Bereicherung nutzen. Dass sich ebendieser Kapitalismus – Marx selbst hatte das klar gesehen und immer wieder betont – tatsächlich als erstaunlich wandlungsfähig erwiesen hat.

Das Kapital wird digital

In was für Zeiten leben wir? Sind »Globalisierung« oder »Neoliberalismus« adäquate Bezeichnungen dafür? Globalisierung bezeichnet die anwachsende Verflechtung verschiedenster Bereiche des Lebens, wie Wirtschaft und Kultur, über den gesamten Erdball hinweg und ist sicher ein prägendes Kennzeichen der Welt zu Beginn des 21. Jahrhunderts. Allerdings war der Kapitalismus schon immer global. Schon das *Manifest* wusste über die Bourgeoisie: »Überall muss sie sich einnisten, überall anbauen, überall Verbindungen herstellen.«[5] »Neoliberalismus« steht für einen marktradikalen neuen Liberalismus, der nach dem Sieg des Kapitalismus über den Sozialismus nach 1989 zum herrschenden Paradigma geworden ist. Kernelemente der Agenda der Neoliberalen sind die zehn Punkte, die im sogenannten »Washington Consensus« genannt werden. Diese Maßnahmenliste, die als Politikempfehlung etwa vom Internationalen Währungsfonds, der Weltbank und der US-amerikanischen Zentralbank FED gefördert wird, enthält folgende Vorgaben: verantwortungsvolle Regierungsführung, Demokratisierung, Förderung des Freihandels, Wegfall von Subventionen, Liberalisierung ausländischer Investitionen, Privatisierung von Staatsbetrieben, Deregulierung des Finanzmarkts, Steuersenkungen und Austeritätspolitik.[6]

Weil *Freedom and Democracy* 1989 die Systemkonkurrenz gewonnen haben, hat der Kapitalismus keine ernstzunehmenden Gegner mehr, konsequenterweise wurde daraufhin das Ende der Geschichte ausgerufen. Die Folge ist Jean-François

Kahn zufolge eine *Pensée unique*[7], eine Gleichschaltung im Denken, die von ideologischen Voraussetzungen stillschweigend ausgeht, die nicht hinterfragt, ja nicht einmal mehr thematisiert werden können und so zu einem Mainstream-Konformismus führen. Und die Ökonomie ist sowieso eine *black box* oder – wie der ehemalige Vorsitzende der US-Notenbank Alan Greenspan einmal bemerkte: »notorisch undurchschaubar«[8]. Wenn es keine Alternativen mehr gibt, herrschen Sachzwänge, und politische Entscheidungen werden durch technokratische Prozesse abgelöst. Der ehemaligen britischen Premierministerin Margaret Thatcher gebührt die Ehre, die Formel dafür geprägt zu haben: »There is no alternative.«[9] Der deutsche Bundeskanzler Schröder übernahm diesen Ausspruch Jahre später wörtlich: »Es gibt keine Alternative.« Und Angela Merkel hat die Sachzwang-Logik als Leitlinie der Politik zur höchsten Vollendung gebracht.

Gleichzeitig werden die eingeschränkten Spielräume der Politik vielerorts beklagt. Die Bewertung einer Rating-Agentur kann über Wohl und Wehe ganzer Staaten entscheiden. Und doch stimmen trotz aller politischen, religiösen und kulturellen Differenzen die Linke mit der Rechten, Angela Merkel mit Wladimir Putin, die chinesische KP mit dem IS überein: Kapitalistische Verhältnisse sind alternativlos. Selbst der Islamische Staat ist letztlich ein mikrokapitalistisches System, das reibungslos Geldökonomie und Scharia zu vereinbaren vermag. Der Kapitalismus war noch nie so tief in Individuen und Gesellschaft verankert wie heute – über alle kulturellen Grenzen hinweg. Der Abschied von fundamentaler Gesellschaftskritik und jeglicher Perspektive auf wirklich radikale Veränderungen der gesellschaftlichen Ordnung ist die Folge, diese müssen erst mühsam wieder erarbeitet werden.

Allerdings: Vernünftig war der Kapitalismus noch nie. Alle handeln innerhalb des vorgegebenen Framework zwar scheinbar rational, als »rein wirtschaftlich« Denkende und zu uneingeschränkt rationalem Verhalten Fähige, sprich: mit dem Ziel, als Konsument maximalen Nutzen zu erzielen und als Produzent maximalen Profit. Heraus kommt jedoch ein blindes System der Verschwendung und Dysfunktionalität. »Die Prozesse sind im Einzelnen rational und im Ganzen unvernünftig«, bringt Rüdiger Safranski das auf den Punkt.[10]

Das einzige ähnlich globale, ähnlich omnipräsente und jenseits aller Kritik stehende Phänomen unserer Zeit ist die Digitalisierung, sie halten weder Ochs noch Esel auf. Niemand will und kann diesen Exportartikel aus Kalifornien ausbremsen. Das Internet ist fundamental für ein reibungsloses Funktionieren der gesamten Ökonomie geworden, und es wird gleichzeitig zum elementaren Lebensmittel des Einzelnen, das die Teilhabe am gesellschaftlichen Leben ermöglicht. Das Internet sei ja ein dezentrales Netzwerk, basiere auf Protokollen, die intrinsisch demokratisch seien, Gleichberechtigung unter Peers sei geradezu in seine DNA eingeschrieben, so die landläufige Meinung. Insbesondere Online-Kommunikation sei daher per se demokratisierend, bildend, Hierarchien verflachend und führe zu einer besseren Welt. Die Zivilgesellschaft freut sich über die Rolle von Facebook während des Arabischen Frühlings. Angela Merkel twittert ebenso wie Barack Obama, und Wladimir Putin hat einen professionellen Facebook-Auftritt. Alle waren voll des Lobes über Obamas auf die sozialen Medien gestützte moderne Wahlkampagne, die ausdrücklich auf die Millennials abgestimmt war, also die Gruppe der ab Anfang der 1980er Jahre Geborenen bis zu den heutigen Teenagern. Die Kinder der Baby-Boomer sind mit digitalen Technologien, dem Internet und sozialen Medien aufgewachsen und haben diese sowie damit verknüpfte Nutzungsweisen verinnerlicht. Die Digital Natives, eine neue aufgeklärte und medienkompetente Generation, hatte den *Change* gewählt.[11] Acht Jahre später ist der Katzenjammer groß – auch und insbesondere im Silicon Valley: Donald Trump wurde zu Obamas Nachfolger gewählt mit stolzen 13 Millionen Followern auf Twitter. Die ganze Welt benutzt Google und Facebook (fast), und der unbedingte Wille und gleichzeitig der Zwang mitzumachen, sind universell geworden.

Der Begriff »Digitaler Kapitalismus« fasst beides zusammen: den Konsens über die vermeintliche Alternativlosigkeit kapitalistischer Verhältnisse und die Bereitschaft, sich den Sachzwängen der Waren-Ökonomie zu fügen, einerseits, und die gleichermaßen schicksalsergebene Hinnahme der Digitalisierung à la Silicon Valley und das Mitmachen bei deren Plattformen andererseits.

Kurze Geschichte eines Krisendiskurses

Die internationale Kommunismus-Konferenz 2016 in Rom fragte, was aus dem Kapital im 21. Jahrhundert geworden sei. Es war viel von Politik die Rede, weniger von politischer Ökonomie, und von der digitalen Transformation überhaupt nicht.[12] Auch in einem gerade erschienenen Sammelband zu linker Gesellschaftskritik (*Die große Regression*), der mit einer illustren Autorschaft von Appadurai über Baumann, Latour bis Žižek aufwarten kann, dreht sich alles um Demokratie und Despotismus. Das »Zusammenwirken von Globalisierungs- und Neoliberalismusrisiken« wird für den Zustand der Welt verantwortlich gemacht.[13] Erst in der Mitte des Sammelbandes erwähnt Ivan Krastev das Internet und schreibt, die Nigerianer seien 1981 noch genauso glücklich gewesen wie die Westdeutschen. Das sei nun nicht mehr der Fall: »Die Nigerianer haben inzwischen Fernsehen, und die Ausbreitung des Internets ermöglicht es jungen Afrikanern heute, sich anzusehen, wie die Europäer leben und wie ihre Schulen und Krankenhäuser aussehen.«[14] Das Fernsehen und das Internet seien schuld daran, dass a) die Nigerianer nicht mehr glücklich sind und b) sie auch noch »zu uns« kommen wollen.

Ähnlich onkelhaft äußert sich der ansonsten von mir hochgeschätzte Paul Mason, wenn er »Industriearbeitsplätze in die nördliche Hemisphäre zurückholen«[15] will. Die israelische Soziologin Eva Illouz mahnt, die Linke möge sich »wieder beherzt mit der moralischen Welt von Menschen auseinandersetzen, deren Leben zwischen den Mühlsteinen von Kolonialismus und Kapitalismus zerrieben« werde, eine blumig ausgedrückte Variante des sozialdemokratischen Anspruchs, das Volk da abzuholen, wo es steht, auch wenn es ganz rechts steht.[16] Diese Gesellschaftskritik erscheint doch erstaunlich paternalistisch, einigermaßen ratlos und nicht eben vorbereitet auf die Transformationen des Kapitalismus selbst.

Es ist gerade einmal elf Jahre her, dass Steve Jobs das iPhone präsentierte. Heute besitzen 2,3 Milliarden Menschen ein Smartphone[17] und haben damit mobilen Zugang zum Internet und zahllosen Kommunikationskanälen. Globale Dienste wie E-Mail, Messaging, Karten-Navigation sind heute kostenlos und für alle gleichermaßen in hoher Qualität verfügbar. Technologien, die vor kurzem noch dem Militär vorbehalten waren, wie etwa GPS, oder aufgrund hoher Preise einer zahlungskräftigen Minorität, wie etwa Videotelefonie, sind heute allgegenwärtig. Sie stellen gleichzeitig einen immensen Produktivitätsschub dar, der in volkswirtschaftlichen Messgrößen wie etwa dem Bruttoinlandsprodukt gar nicht auftaucht. Für die vielen Flüchtenden ist das Smartphone zum wichtigsten Begleiter geworden – Informationsquelle, Kommunikations- und Zahlungsmittel zugleich.

Gleichzeitig sind viele enttäuscht darüber, was aus der digitalen Welt geworden ist, dass sie von Konzernen und Überwachung geprägt ist. Es ist Mode geworden, die Macht der amerikanischen Internet-Konzerne zu geißeln, deren Monopole zerschlagen zu wollen, europäische Alternativen zu fordern. Schon die Computerpionierin Ada Lovelace beschrieb 1842 in den Kindertagen der informationellen Revolution dieses Wechselspiel: »Bei der Betrachtung eines neuen Gegenstandes zeigt sich häufig die Tendenz, zunächst zu überschätzen, was wir interessant und bemerkenswert finden, um hernach, in einer Art natürlichen Gegenreaktion, dessen tatsächlichen Wert zu geringschätzen, wenn wir feststellen, dass unsere ursprünglichen Vorstellungen unhaltbar waren.«[18]

Marx' Lob des Kapitalismus für dessen Fähigkeit zur Innovation ist berühmt. Von Seiten der Linken ist heute wenig davon zu hören. Der Kapitalismus wird doch eher als in der Krise befindlich betrachtet, er habe abgewirtschaftet, heißt es, ökonomisch und moralisch. Er lebe nur noch auf Pump, Finanzkrise und Autoritarismus seien Krisenphänomene eines Systems im Niedergang. Der Digitale Kapitalismus und das Silicon Valley werden eher als ein Randphänomen betrachtet. Dessen Datensammlungen scheinen das größte Problem zu sein, dem mit Regulierung und politischen Maßnahmen Beschränkungen auferlegt werden sollen. Die britische Historikerin Tessa Morris-Suzuki fasste vor über zwei Jahrzehnten die zwei kontrastierenden Positionen der Linken folgendermaßen zusammen: »Entweder sie leugnet, dass die zeitgenössische Informations-Revolution überhaupt eine grundlegende Veränderung in der Natur des Kapitalismus darstellt, oder sie behauptet, sie sei bloßer Ausdruck des Todeskampfs des kapitalistischen Systems.«[19]

Zu glauben, der Kapitalismus sei dabei, sich selbst zu untergraben oder gleich ganz abzuschaffen, hat eine lange Tradition in der Linken. Ende des 19. Jahrhunderts sahen Rosa Luxemburg und Karl Kautsky den Kapitalismus an geografische Expansionsgrenzen stoßen, da nur noch wenige neue Märkte zu erobern seien: »Das hieße aber nichts anderes als den Bankrott der ganzen kapitalistischen Gesellschaft«, so Kautsky.[20] Und Rosa Luxemburg sprach vom bevorstehenden Kollaps und der Rolle als »Konkursverwalter eines bankrotten Systems«, die den Revolutionären dann zukäme.[21] Ein paar Jahre später beschrieb Lenin den Imperialismus als letztes Stadium des Kapitalismus. In den 1970er Jahren entwarf Ernest Mandel seine Theorie vom Spätkapitalismus, und in den 1990er Jahren prägte Robert Kurz den Begriff »Kasinokapitalismus« für einen Finanzkapitalismus, der nur noch eine kurz vor dem Platzen befindliche Spekulationsblase sei. Immer ist der Kapitalismus eigentlich schon am Ende, hat sein Blatt hoffnungslos überreizt, und der Tag des Zusammenbruchs ist nicht mehr weit.

All diese Krisenszenarien haben sich bis dato blamiert. Das Unsichtbare Komitee hat das erkannt und widerspricht dieser Interpretation in ihrem 2015 erschienenen Pamphlet *An unsere Freunde*: »Was wir erleben, ist nicht eine Krise des Kapitalismus, sondern im Gegenteil der Triumph des Kapitalismus der Krise.«[22]

Auch die neuen Postkapitalisten – Paul Mason und Jeremy Rifkin an vorderster Stelle – stimmen in den Krisendiskurs ein: »Dieser Kapitalismus funktioniert nicht.«[23] Sie prognostizieren keinen großen Knall, dafür aber einen Übergang des Kapitalismus in eine postindustrielle Informationsgesellschaft. Dieser Übergang werde mehr oder weniger friedlich, spontan und schrittweise stattfinden bzw. habe eigentlich schon angefangen. Beides ist meiner Ansicht nach falsch. Der Digitale Kapitalismus ist etwas genuin Neues, eine neue Ära innerhalb der Geschichte des Kapitalismus, eine neue Phase, wie einst der Manchester-Kapitalismus oder der Fordismus. Der Kapitalismus ist nicht in der Krise, er verwandelt sich auch nicht in einen Post-Kapitalismus, im Gegenteil: Er intensiviert sich.

Kapitalismus im Gigahertz-Bereich

Alan Turing stellte 1936 das Konzept einer theoretischen Maschine vor. Diese Blaupause für den modernen Computer ist die vielleicht wichtigste Erfindung des 20. Jahrhunderts: Die universelle Symbolverarbeitungsmaschine kann alles, was in Form eines Algorithmus ausgedrückt werden kann, abarbeiten. Der Radius dieser Maschine, die Grenze dessen, was berechenbar ist, dehnt sich ständig aus. Der Takt der modernen Inkarnationen von Turings brillanter theoretischer Maschine ist um ein Vielfaches höher als bei der Dampfmaschine oder bei Fords Fließbändern. Und er wächst seit den 1960er Jahren exponentiell, wie der Mitbegründer des Chip-Herstellers Intel, Gordon Moore, 1965 empirisch festgestellt hatte.[24] Mit der Rechenleistung wachsen die Anwendungsmöglichkeiten.

Vergleichen wir die Leistungssteigerung moderner Computer, gemessen etwa an Arbeitsspeicher und Taktfrequenz, mit dem Automobil, kommen phantastische Leistungswerte heraus: Gälte Moores Gesetz auch für Motorleistung und Höchstgeschwindigkeit, könnten wir heute die Strecke Berlin–München in 0,2 Sekunden zurücklegen, angetrieben von Motoren mit vielen Millionen Pferdestärken.

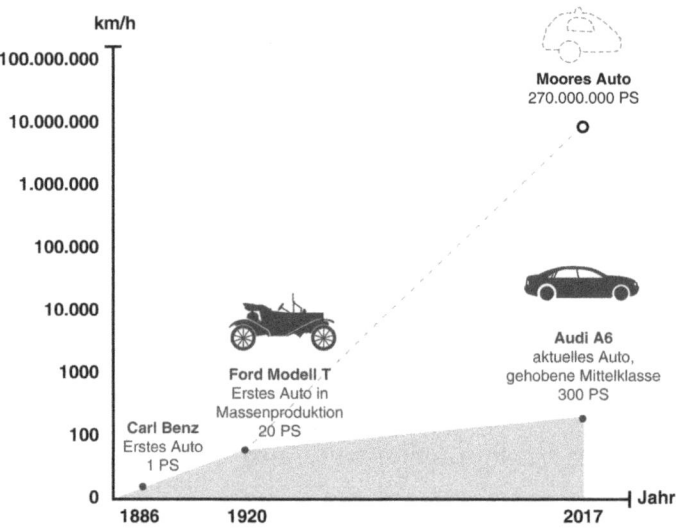

Moores Gesetz oder: wenn Autos Computer wären

Die weltweit operierenden Unternehmen des Digitalen Kapitalismus sind nicht nur erfolgreich, sie verändern unser Leben grundlegend. Durch neue Geschäftsmodelle, Unternehmenskulturen und Strategien bestimmen sie, wie sich der Kapitalismus verändert. Das Internet – die ihren Geschäften zugrunde liegende Infrastruktur – wird zur Schlüsseltechnologie: Was das Auto in der ersten Hälfte des 20. Jahrhunderts war, Ikone des Fortschritts und Namensgeber für eine Ära, den Fordismus, ist Anfang des 21. Jahrhunderts das Netz. Die digitale Oligarchie der Google, Facebook & Co. erschließt uns das WWW, macht die Erdoberfläche für uns navigierbar, scannt alle Bücher dieser Welt ein, sorgt für Freundschaften und deren Pflege und findet in allen Lebensbereichen den *perfect match*. Wir nutzen gerne diese kostenlosen Services, haben aber keinen Einblick in deren Funktionsweise. Ihre Algorithmen »organisieren die Welt für uns, und wir haben diese datengespeiste Bequemlichkeit gerne angenommen.«[25]

Das Silicon Valley tritt an mit dem Versprechen, aus der Welt einen besseren Ort zu machen. Das Weltbild der digitalen Oligarchie ist eine kreative Mischung aus dem festen Glauben an die Segnungen des freien Marktes, einem fetischistischen Verhältnis zu Technologie sowie Elementen kalifornischer Gegenkultur. Sie will nicht Produkte verkaufen, sondern die Welt verändern. Das Versagen des öffentlichen Sektors, der Rückzug des Staates und anderer öffentlicher Institutionen aus vielen Bereichen des Lebens ist ihnen Anlass, in diese Lücke vorzustoßen. Die Logik der *business improvement districts*, die man aus dem Urbanismus kennt, funktioniert so: Private Unternehmen übernehmen oder finanzieren öffentliche Aufgaben im städtischen Raum, erkaufen sich ein Mitspracherecht und transformieren ihn nach ihren eigenen Regeln. Letztendlich wird so aus öffentlichem Raum eine Simulation desselben, er wird zum Privatgelände.

Wir haben es mit einer neuen Phase des Kapitalismus selbst zu tun, wir beobachten die Herausbildung eines neuen Akkumulationsmodells. Ein Kapitalismus entsteht, der nicht mehr lebendige Arbeit direkt ausbeutet, nicht mehr im direkten Produktionsprozess Mehrwert abschöpft, sondern dem es stattdessen gelingt, die gesamte Gesellschaft mit ihren Gedanken und Tätigkeiten in den Dienst zu nehmen für die Generierung von digitalem Profit – die Silikolonisierung der Welt.[26] Die herrschende Klasse des Internets zählt zwar viele Angestellte, aber deren Zahl ist verschwindend gering im Vergleich zu den Millionen Usern, die für sie arbeiten – wir alle. Das Kapital hat neue Wege gefunden und findet sie täglich neu, um aus Geld mehr Geld zu machen – selbst mit dem wunderlichen Ding, das da digitale Information heißt, diesem Zwitter aus Ware und Dienstleistung, Allgemeingut und Privatbesitz. Ein Digitaler Kapitalismus entsteht, der mit Information, Algorithmen und User Generated Content sein Geld verdient. Ein Kapitalismus auch, der das Kyoto-Protokoll ernst nimmt, der mit den fossilen Brennstoffen und der Umweltverschmutzung Schluss machen will. Der beste Kapitalismus, den wir je hatten. Und trotzdem noch Kapitalismus. Was würde Marx dazu sagen?

Der Weg zum Digitalen Kapitalismus

Jahrtausendelang war die Landwirtschaft wichtigster Wirtschaftszweig und Grundlage gesellschaftlicher und politischer Organisation. Erst mit der industriellen Revolution, die in den europäischen Ländern Anfang des 19. Jahrhunderts Fahrt aufnimmt, wird diese Dominanz überwunden – der Siegeszug massenhafter Produktion industrieller Waren setzt ein. Der Feudalismus hat diese technologische Entwicklung nicht überlebt. Dampfmaschinen und Lokomotiven überrollten die feudalen Strukturen und halfen mit, eine neue Gesellschaftsordnung aus der Taufe zu heben, die die ständige Umwälzung ihrer eigenen Grundlagen zur Folge und Voraussetzung zugleich hat: das kapitalistische Fabriksystem.

Die Grafik zeigt die relative Bedeutung verschiedener Branchen in der globalen Ökonomie seit 1800. Die absolute Produktion, auch die landwirtschaftliche, ist dabei immer weiter gestiegen, nicht zuletzt aufgrund der Einführung industrieller Methoden in der Landwirtschaft. Im *Kommunistischen Manifest* von 1848 steht die Forderung nach der Vereinigung des Betriebs von Ackerbau und Industrie sowie nach der allmählichen Beseitigung des Gegensatzes von Stadt und Land. Daran lässt sich ermessen, wie dominierend damals, im Advent des neuen Fabriksystems, die Landwirtschaft noch gewesen ist. Im Jahr 1867, wenige Jahre vor dem Schnittpunkt der beiden Kurven Landwirtschaft und Produktion, erscheint *Das Kapital*, also zu einer Zeit, in der die Industrie noch lange nicht dominiert.

Erst das 20. Jahrhundert bringt ein Modell hervor, das den Siegeszug der Industrie vollendet: den durch annähernde Vollbeschäftigung, Massenproduktion und -konsum gekennzeichneten Fordismus. Im Oktober 1913 eröffnete Henry Ford die

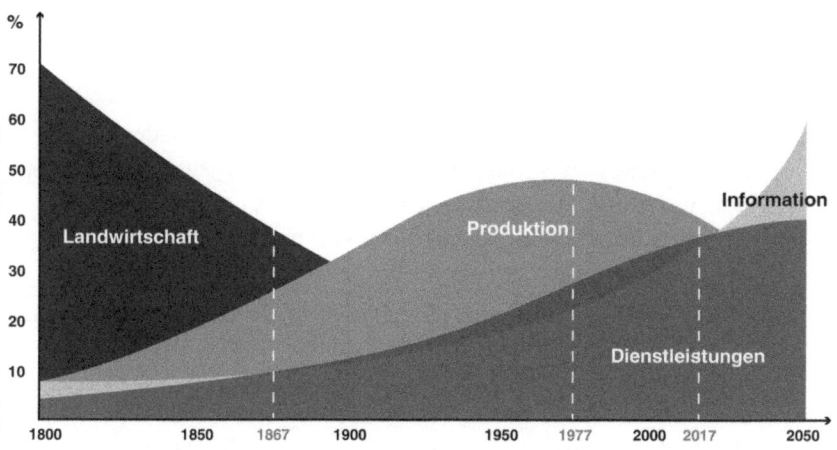

%

70
60
50
40 — Information
30
20
10

Landwirtschaft

Produktion

Dienstleistungen

1800 1850 1867 1900 1950 1977 2000 2017 2050

Information auf dem Vormarsch[1]

erste sich selbst bewegende Montagestraße und legte damit den Grundstein für den heutigen Weltmarkt an Massengütern. Frederick Taylors Ideen eines »wissenschaftlichen Managements« des Produktionsprozesses treiben die kostensparende und effiziente Produktion von Konsumgütern voran. Ungelernte Arbeiter*innen wurden in eine mechanisierte und automatisierte Maschinerie eingebunden, Arbeitsteilung kleinteilig organisiert und vom Management streng überwacht. Erst klare Arbeitsteilung, eine detaillierte Trennung einzelner Montageschritte und die Einführung eines strikten Programms, nach dem diese Arbeitsschritte entlang des sich bewegenden Produktionsbandes zu erfolgen hatten, ermöglichten ein System standardisierter Massenproduktion. Ebenso wichtig wie die Massenproduktion war Henry Fords Credo, die Arbeiter an den Bändern sollten die Produkte, an deren Herstellung sie beteiligt waren, selbst erwerben können. Durch relativ hohe Löhne, die den Arbeitern genau das ermöglichen sollten, schuf Ford die Blaupause eines Gesellschaftsmodells, das auf Massenproduktion für einen homogenen Massenmarkt beruhte.

Nach und nach wurde dieses Modell zum weltweiten Standardmodell kapitalistischer Entwicklung, wobei Staaten und Konzerne bei der Durchsetzung dieser gewaltigen Transformation Hand in Hand arbeiteten. Lange Zeit nämlich wurde dem neuen Modell, das von den USA aus seinen Siegeszug antrat, in Europa Skepsis entgegengebracht. Das vorherige, auf Schwerindustrie, öffentliche Infrastrukturmaßnahmen und hohe Militärausgaben basierende Modell hatte noch auf Luxusgüterproduktion für eine Elite gesetzt und war durch pointierte Klassenspaltung gekennzeichnet. Die Ausbeutung der Kolonien gewährleistete den Zugang zu Rohstoffen. Das war z. B. das Modell des British Empire; Spuren davon sind bis heute in der starken Lifestyle-Differenz zwischen der Oberklasse und der Arbeiterklasse in England sichtbar. In den USA hingegen führte der Massenkonsum zu relativem Wohlstand breiter Bevölkerungsschichten und auch zu einer stilistischen Annäherung von arm und reich: Turnschuhe, Basecap, Jeans – bis heute ist dieser egalitäre Kleidungsstil typisch für Amerikanerinnen und Amerikaner. »Von Detroit im Jahr 1913 bis nach Shanghai im Jahr 2013, die vielfältigen Inkarnationen dieser neuen Produktions- und Konsumtionsweise haben sich als ökonomische Leitbilder für einen Großteil der Menschheit etabliert – nicht ohne gelegentlichen beharrlichen Widerstand«[2], so fasst der brasilianische Politikwissenschaftler Alfredo Valladão den Siegeszug des neuen demokratisierenden Produktions- und Konsumtionsmodells zusammen.

Es hat lange gedauert, bis rund um den Globus überall die gleichen Produkte nachgefragt wurden, aber es ist gelungen. Die Werbeindustrie der USA hat daran erheblichen Anteil, denkt man etwa an die Omnipräsenz von Coca-Cola, die absolut identisch überall auf der Welt verkauft wird, ohne jedes Zugeständnis an lokale oder nationale Besonderheiten des Geschmacks. »Jeder Kunde kann sein Auto in jeder beliebigen Farbe lackiert bekommen, solange die Farbe, die er will, schwarz ist.« Henry Fords bei einem Meeting im Jahre 1909 geäußertes Statement ist berühmt geworden. Nur durch Einheitlichkeit war es möglich, das Auto so billig herzustellen, dass es zum ersten Mal zum Massenprodukt werden konnte, und nicht mehr nur einer kleinen Elite vorbehalten war. Ford weiter: »Ich werde ein Auto für die große Masse bauen. Es wird aus den besten Materialien und von den besten Männern zusammengebaut werden, nach den einfachsten Designs, die moderne Technik zu entwickeln imstande ist. Aber es wird so niedrig im Preis sein, dass kein Mann, der ein gutes Gehalt verdient, nicht in der Lage wäre, eins zu besitzen – und mit seiner Familie die Segnungen der Freude in Gottes offenen Weiten zu genießen.«[3]

Vom Fordismus zum Informations-Kapitalismus

Mitte der 1970er Jahre gerät das fordistische Modell in die Krise. Die Ölkrise einerseits und die mikroelektronische Revolution, der Beginn der Digitalisierung und des Einsatzes von Computern in allen Bereichen andererseits läuten das Ende einer Ära ein. Insbesondere in den westlichen Industriestaaten findet ein Strukturwandel statt, der durch den Abbau industrieller Infrastrukturen, Rationalisierung und damit ein substanzielles Schrumpfen der Anzahl der Beschäftigten in der direkten Produktion gekennzeichnet ist. Gleichzeitig gewinnen flüchtige Arbeitsleistungen an Bedeutung: die Dienstleistungen. Der Terminus Dienstleistungsgesellschaft wird geprägt – die Verkäufer, Beraterinnen, Friseure und Web-Designerinnen werden immer mehr.

Daniel Bell kann als einer der ersten gelten, der diese postindustrielle Gesellschaft beschrieben hat.[4] Der in Harvard lehrende Soziologe hatte in den 1970er Jahren den Abschied vom Fordismus gepredigt und in der neuen Informationsgesellschaft intellektuelle Wissensarbeiter am Werk gesehen, er hat mit seinen Thesen eine ganze Generation an Intellektuellen und Politikern beeinflusst. Die postindustrielle Gesellschaft weist nach Bell folgende zentrale Merkmale auf: eine Verschiebung der zentralen ökonomischen Aktivität weg von der Produktion von Gütern hin zu einer Dienstleistungswirtschaft und die damit zusammenhängende Herausbildung einer »professionellen und technischen Klasse« an Wissensarbeitern, Akademikern, Ingenieuren, kurz: gut ausgebildeten Fachleuten (*white-collar workers*), der neuen Mittelklasse der Wissensgesellschaft. Weiterhin betont Bell die Bedeutung theoretischen Wissens, das zur Grundlage von Innovationen und politischen Entscheidungen wird. Für heutige Ohren klingen »Zukunftsorientierung durch geplante Innovationen« und eine »neue computergestützte intellektuelle Technologie« etwas esoterisch, es sind aber alles in allem verblüffend treffende Charakterisierungen einer Gesellschaft, in der Wissen und Information tatsächlich die alte industrielle »Maschinentechnologie« in den Hintergrund gedrängt haben.

Wir leben heute in einer Zeit kurz vor dem Schnittpunkt der drei Kurven Produktion, Dienstleistungen und Information. Der Siegeszug einer neuen Produktionsweise ist in vollem Gange, aber noch längst nicht abgeschlossen. Noch zu Marx' Zeiten war die Vorstellung, die Industrieproduktion könne einmal die alles dominierende Produktionsweise werden, einigermaßen radikal. Wir tun uns heute ähnlich schwer mit der Vorstellung, dass sich in Zukunft die Produktion und die Dienstleistungen dem Primat der Information werden unterordnen müssen.

Macht kaputt, was euch kaputtmacht!

Jedes Jahr veröffentlicht das US-Wirtschaftsmagazin *Fortune* eine Liste der 500 umsatzstärksten Unternehmen der Welt: die FG500. Seit dem Jahr 2000 gingen 52 Prozent der in ihr aufgeführten Unternehmen entweder in Konkurs, wurden aufgekauft oder haben aufgehört zu existieren.[5] Die Aushöhlung ganzer Branchen durch neue Verfahren und Geschäftsmodelle wird jedoch keinesfalls als Problem oder gar als Krisensymptom gedeutet, sondern als Beweis für die Überlegenheit kapitalistischer Marktwirtschaft – diese Zahlen wurden von der Wirtschaftspresse und in den Publikationen der Consulting-Gruppen geradezu gefeiert! Oft begleiten ultraliberale und antiregulatorische Diskurs-Elemente dieses Lob. »Disruptive Innovation« oder »Disruption« ist zum Modewort geworden. Es bezeichnet die Etablierung neuartiger, bisher unbekannter Produkte oder Dienstleistungen, die als kleine Nischeninnovation beginnen und bestehende Märkte von unten erobern, deren Regeln verändern und letztlich etablierte Player verdrängen können. Der vom Harvard-Professor Clayton Christensen[6] bereits in den 1970er Jahren beschriebene Mechanismus erlebt im Zeitalter der Online-Plattformen einen zweiten Frühling: Unternehmen wie Uber und Airbnb gelten als Paradebeispiele für digitale Disruption und die Fähigkeit des Kapitalismus, sich immer wieder neu zu erfinden.

Schon Karl Marx hatte, wenngleich er den Begriff nicht erfunden hat, doch das Grundprinzip erkannt: »Die Bourgeoisie kann nicht existieren, ohne die Produktionsinstrumente, also die Produktionsverhältnisse, also sämtliche gesellschaftlichen Verhältnisse fortwährend zu revolutionieren.«[7] Der österreichische Nationalökonom Joseph Schumpeter ging noch einen Schritt weiter: Er hatte sich explizit mit Innovation und ihren Auswirkungen auf die Ökonomie im Kapitalismus beschäftigt und lieferte in seinem erstmals 1942 auf Englisch erschienenen Buch *Kapitalismus, Sozialismus und Demokratie* eine Steilvorlage für diese Feier der kreativen Zerstörung: »Die Eröffnung neuer, fremder oder einheimischer Märkte und die organisatorische Entwicklung vom Handwerksbetrieb und der Fabrik zu solchen Konzernen wie dem U.S.-Steel illustrieren den gleichen Prozess einer industriellen Mutation [...], der unaufhörlich die Wirtschaftsstruktur von innen heraus revolutioniert, unaufhörlich die alte Struktur zerstört und unaufhörlich eine neue schafft.«[8] Das Konzept der »schöpferischen Zerstörung«, das den Prozess der Innovation als Erneuerung einerseits und Zerstörung andererseits beschreibt, ist Schumpeter zufolge das »für den Kapitalismus wesentliche Faktum«[9]. Immer wieder gelang es dem Kapitalismus, technische Innovationen hervorzubringen und gleichzeitig deren systemsprengende Potenziale zu neutralisieren.

Die Liste an Erfindungen, Innovationen und Technologien, die schon als mit dem Kapitalismus nicht kompatibel bezeichnet wurden, diesen tendenziell in Frage stellend, mit denen er sich quasi sein Ende eingebrockt hätte, ist lang: Telefon, Radio, Fernsehen, gar Flugzeuge, Kopiergeräte und Modems – das ist nur eine kleine Auswahl an Technologien, von denen sich die Zeitgenossen wenn auch nicht unbedingt die Revolution und das Ende des Kapitalismus, so doch Demokratisierung, soziale Gerechtigkeit oder gar den Weltfrieden erhofft hatten.

Francis Fukuyama beschrieb in *The End of History and The Last Man*, seinem epochalen Text über das Ende der Sowjetunion, aus dem auch das vielzitierte »Ende der Geschichte« stammt, wie eine Informationstechnologie zum »Sieg der Demokratie« beigetragen hatte. Medientechnologien wie der Videorekorder hatten dem *American way of life* in der Sowjetunion gewaltfrei zum Sieg verholfen und waren, Fukuyama zufolge, letztlich entscheidender als aller politische Aktivismus: »Das ist der Endsieg des Videorekorders.«[10] Auch dem Computer und dem Internet und ihrem emanzipierenden Potenzial hatte man in Vorstellungen vom weltweiten globalen Dorf (Marshall McLuhan[11]) oder einem dezentral regierten Cyberspace (John Perry Barlow[12]) hoffnungsvoll entgegengesehen.

Auf Seiten der Linken gab es ebenfalls die Hoffnung, der Cyberspace hätte das Zeug zu einem diskriminierungs- und herrschaftsfreien Raum, in dem sich Identitäten frei entfalten könnten. Vilém Flusser kann mit seinem *Universum der technischen Bilder*[13] als einer der euphorischsten Vordenker eines Cyberspace gelten, der emanzipative Gesellschaftsvorstellungen vorwegnimmt. Die 1990er Jahre waren geprägt von einer allgemeinen Aufbruchsstimmung, der Datendandy der Agentur

Billwet war unterwegs, Linux kam auf sowie die Hoffnung, freie Software würde sich als nicht-kapitalistische Nische ihren Platz erobern können und ein kleines bisschen »Reich der Freiheit« entstehen lassen. Aus einer Euphorie um selbstbestimmte Vernetzung heraus war schon in den 1980er Jahren der Chaos Computer Club gegründet worden. Aber selbst technische Entwicklungen, die Besitzverhältnisse direkt in Frage stellen, wie freie Software oder Peer-to-Peer-Technologien, sind heute integraler Bestandteil der kapitalistischen Ökonomie geworden.

Ein großes, altehrwürdiges Unternehmen aus der Elektrobranche hat kürzlich eine neue Abteilung für digitale Herausforderungen gegründet. Das Unternehmen, das dank seiner Forschungs- und Entwicklungsabteilung auf eine lange Tradition an Produktentwicklung zurückblicken kann, verspricht sich davon, in Zukunft schneller mit marktreifen Produkten und Dienstleistungen aufwarten zu können, nämlich bereits nach etwa einem Jahr gegenüber den drei bis fünf Jahren Entwicklungszeit in einem eher traditionellen Umfeld. Damit nicht genug: Beschäftigte der Entwicklungsabteilung bekommen Freiräume für Kreativität, allen angestellten Forschern wird freie Zeit zum Basteln an selbstgewählten Projekten gewährt – ein Prinzip, das die Entstehung neuer Ideen fördern soll und bei den digitalen Playern und in der Kreativwirtschaft schon lange üblich ist. Aber auch schon die Bell Labs, die Forschungsabteilung der Bell Telephone Company, wandten dieses Prinzip seit den 1940er Jahren an, um kreatives Potenzial ihrer Beschäftigten auszunutzen.[14] Nun ist das Prinzip also in Deutschlands Elektroindustrie angekommen: Die Rede ist von Bosch.

Doch der 59-jährige Bosch-Chef Volkmar Denner will seine 375.000 Mitarbeiter auch auf anderen Wegen zu neuen Ideen anstacheln: Per Videobotschaft rief er die Beschäftigten dazu auf, die eigenen Geschäftsmodelle anzugreifen. Weit über tausend Teams aus aller Welt schickten mittlerweile Antworten per Video – die besten werden nun ausgewählt und können zwei Monate lang ihre Angriffe aufs eigene Unternehmen ausarbeiten: »Besser, wir finden selbst die Schwachstellen unserer Geschäfte, als dass es andere tun.«[15] So groß ist die Angst dieses Unternehmens vor der Disruption, dass es versucht, dieser zuvorzukommen und seine eigene Abschaffung lieber hausintern zu entwickeln.

Ob diese Strategie aufgehen wird, ist durchaus fraglich, schaut man sich das Beispiel von Kodak an, das Jaron Lanier so eindrucksvoll in seinem mit dem Friedenspreis des Deutschen Buchhandels ausgezeichneten Buch *Wem gehört die Zukunft?*[16] angeführt hat. Die Firma war in den späten 1970er Jahren unangefochtene Marktführerin im Bereich der analogen Fotografie. Kodak beschäftigte 1973 120.000 Angestellte weltweit und verdiente ein Vermögen mit der Produktion und dem Vertrieb von Filmen sowie deren Entwicklung und dem Herstellen von Abzügen: Das Unternehmen war 28 Mrd. US-Dollar wert. Und heute? Heute zählt Kodak nur noch ganze 7000 Mitarbeiter, hat sich auf die Herstellung professioneller Druckmaschinen zurückgezogen und mit Fotografie nichts mehr am Hut. Hat das Unternehmen etwa die Entwicklung verschlafen? Ganz im Gegenteil: Kodak hat die Digitalfotografie selbst erfunden! Die Firma war aber trotz ihrer Monopolstellung, trotz erfolgreicher Forschungen und innovativer Produktentwicklung nicht in der Lage, die richtigen Entscheidungen zu treffen. Zu radikal waren die Konsequenzen ihrer eigenen Erfindung: Bei der Digitalfotografie gibt es keinen Film mehr, der produziert und vertrieben werden müsste. Das Entwickeln der Filme entfällt, das Erstellen von Abzügen schließlich wird den Kunden selbst in die Hand gegeben. Die Kodak-Manager schreckten vor den weitreichenden Folgen der Disruption des eigenen Geschäftsmodells zurück, und die Innovation verschwand in der Schublade. Das Geschäft mit der digitalen Fotografie machten andere: die Smartphone-Hersteller sowie Facebook und Instagram – digitale Plattformen also.

Heute dauert es oft nur wenige Monate, bis aus einer Idee ein Produkt, aus einem Konzept eine Online-Plattform, aus einem Service eine App geworden ist, der vom ersten Moment der Veröffentlichung, des Online-Gehens an potenziell die ganze Welt als Markt zur Verfügung steht. Gleichzeitig ist es keine Sicherheitsgarantie mehr, einen großen Kundenkreis zu haben, lange Jahre im Geschäft und ein etabliertes Unternehmen zu sein. Mit ein paar Klicks können die Kunden zu einem anderen Anbieter im Netz wechseln, woanders einkaufen, zu einem anderen Dienstleister gehen.

Im Berliner Szeneviertel »Schillerkiez« gibt es einen kleinen Laden, von dem man nicht so recht weiß, ob da nicht eher jemand wohnt. Ein sympathischer junger Vollbart-Träger, Typ Fixie-Fahrer, sucht erstmal seine Schlüssel und beeindruckt mit zuvorkommender Gastfreundschaft. Es gibt Tee, Longboards, ein wenig Kunst und Nippes. Man nimmt erstmal auf dem Sofa Platz. Hier bin ich gelandet, weil ich eine Probefahrt mit einem Roller machen möchte. Der Roller heißt Unu und fährt elektrisch. Auch der Bestellprozess ist ungewöhnlich: Man kann ihn nur per Smartphone-App konfigurieren und bestellen – eher so wie man sonst ein Bahnticket kauft oder ein Mietfahrrad reserviert. Die Basis des Unu-Zweisitzers liefert der E-Vino von Yamaha. Die herausnehmbare Batterie kann an jeder Haushaltssteckdose in fünf Stunden wieder aufgeladen werden. Ein Geldgeber vom Silicon Valley unterstützt das kleine Start-up, die EU und der Freistaat Bayern bezuschussen das Projekt, und Branchengrößen wie Panasonic sind auch an Bord – ebenso wie die Bosch AG.[17] Die erfolgreiche Verleih-Plattform für Elektroroller namens Coup ist ebenfalls ein Projekt von Bosch, mit dem versucht wird, nicht die Fehler von Kodak zu wiederholen: an alten Geschäftsmodellen festzuhalten, bis diese obsolet werden. Stattdessen sollen selbst neue Konzepte gesucht und umgesetzt werden, auch wenn sie die alten Modelle gefährden und das eigentliche Geschäft kannibalisieren. Die Elektroroller sind für Bosch also nicht nur ein interessanter neuer Geschäftszweig, sondern überlebenswichtig. Denn die Batterien-Fertigung kann weitgehend automatisiert erfolgen, und auch Elektromotoren herzustellen ist keine *rocket science*. Daher fürchten die Gewerkschaften, dass durch die Elektrifizierung der Privat- und Business-Flotten 80 Prozent aller Jobs in der Antriebsfertigung wegfallen – in der gesamten Branche ist das eine Viertelmillion.[18]

Das Auto

Am 18. September 2015, 48 Stunden nachdem der Vorstandsvorsitzende auf der Volkswagen Group Night bei der Internationalen Automobilmesse in Frankfurt angekündigt hatte: »Bis Ende dieses Jahrzehnts werden wir alle unsere Autos zum rollenden Smartphone gemacht haben«, veröffentlichte die kalifornische Umweltbehörde CARB ihre »notice of violation« und setzte damit den Dieselskandal in Gang. Der zu diesem Zeitpunkt größte Autohersteller der Welt, die Volkswagen AG, hatte systematisch Software eingesetzt, um die Abgaswerte von Dieselfahrzeugen bei Kontrollen zu fälschen. Die kalifornische Umweltbehörde hatte die illegalen Abschalteinrichtungen entdeckt und VW verklagt. Im Zuge der darauffolgenden Entwicklungen geriet die gesamte Automobilindustrie in den Fokus der Ermittler. Das Ende des Diesels ist absehbar, der Markt in den USA zusammengebrochen, VW hat Milliarden für Strafzahlungen, Vergleiche und Rückrufaktionen ausgegeben. Darüber hinaus steigt der Druck auf die Kommunen, Fahrverbote zu erwägen; Beschäftigte und Autobesitzer∗innen sind verunsichert, ehemalige VW-Manager sind von Interpol zur Fahndung ausgeschrieben.

Die Schäden an Umwelt und Gesundheit durch den Betrieb von fossilen Verbrennungsmotoren sind vergleichbar mit denen des Rauchens oder des Alkohols. »Dieselfahrzeuge produzieren zu viele umwelt- und gesundheitsschädliche Emissionen, sie haben in Großstädten nichts zu suchen« meint Dr. Claudia Kemfert, Leiterin der Abteilung Energie, Verkehr und Umwelt am DIW.[19] Beim Rauchen hat ein Umdenken stattgefunden, gesetzliche Regelungen haben Schritt für Schritt das Rauchverbot ausgeweitet, dem erbitterten Widerstand der Tabakindustrie zum Trotz. Beim Betrieb von Verbrennungsmotoren steht diese Entwicklung noch aus. Die ersten Verbände und Kommunen forderten im März 2017 ein Verbot von dieselbetriebenen Fahrzeugen. Erst auf Druck der Gerichte reagiert die Politik – halbherzig – und die Akteure schieben sich gegenseitig den Schwarzen Peter zu: Die Bürgermeister fordern eine bundesweite Lösung, der Verkehrsminister wehrt sich vehement gegen die Einführung einer blauen Plakette, die die Einfahrt von besonders schädlichen Verbrennern in die Städte regeln könnte. Keiner will die freie Fahrt von freien Bürgern einschränken.

Der Dieselskandal offenbart eine langwährende, tiefverwurzelte Komplizenschaft zwischen Automobil- und Ölindustrie einerseits und den politischen Eliten und weiten Teilen der Industriearbeiterschaft andererseits, die einen Abschied vom Verbrennungsmotor und eine Wende zum elektrischen Antrieb bislang verhindert hat. In Stuttgart-Untertürkheim konnte Daimler gerade die Befürchtungen der Belegschaft zerstreuen, bis zu 19.000 Jobs könnten wegfallen, sollte auf elektrische Antriebe umgestellt werden.[20] Der Kanzlerkandidat der SPD, Martin Schulz, hat vor Audi-Arbeitern bekräftigt, er halte nichts von Fahrverboten, der Diesel werde noch gebraucht.[21] Der grüne Ministerpräsident von Baden-Württemberg fährt einen Schmusekurs mit der Automobilindustrie, Daimler-Chef Zetzsche sprach zum ersten Mal auf dem Grünen-Parteitag Ende letzten Jahres.

Da ist sogar der ADAC schon weiter, mit seinen fast zwanzig Millionen Mitgliedern der größte Interessenverband der Autobesitzenden. Der ADAC ist nicht grundsätzlich gegen Fahrverbote, wie auch fast die Hälfte seiner Mitglieder, die sich mit Fahrverboten abfinden könnten, wie eine vom ADAC in Auftrag gegebene Umfrage ausweist.[22] Neben Deutschland gibt es in ganz Europa nur noch auf der *Isle of Man* kein Tempolimit, auch international sind neben Afghanistan und Nordkorea nur noch eine Handvoll Staaten ohne generelles Tempolimit. Und auch was die Anstrengungen einer Überwindung der fossil angetriebenen individuellen Mobilität angeht, ist Deutschland Schlusslicht.

Athen, Madrid, Mexico City, Paris – überall wird versucht, die Städte von dieser Last zu befreien: Diese vier Metropolen haben sich darauf verständigt, bis 2025 Dieselfahrzeuge vollständig zu verbannen.[23] Die linke Bürgermeisterin von Madrid, Manuela Carmena, verfolgt zudem den Plan, die Hauptstraße Gran Vía bis 2019 für Privatfahrzeuge zu sperren, und in Oslo sollen ab 2019 überhaupt keine Privatfahrzeuge mehr in der Innenstadt verkehren dürfen. Norwegen plant, ab 2025 keine Verbrennungsmotoren mehr zuzulassen, ebenso wie Holland, Österreich sogar schon ab 2020. Hierzulande sucht man derlei Initiativen vergebens. Alle Parteien scheinen zu glauben, die Forderung nach einer Abschaffung des verbrennungsmotorisierten Individualverkehrs käme einem politischen Selbstmord gleich. In Deutschland haben die Grünen zwar einen Ausstieg aus dem Verbrennungsmotor im Parteiprogramm festgeschrieben, allerdings erst für 2030. Und selbst diese vierzehn Jahre bringen ihren Chef, den schwarzgrünen Ministerpräsidenten Baden-Württembergs, in Rage: »Das sind doch Schwachsinnstermine.«[24] Der Leiter des CAR-Instituts an der Universität Duisburg-Essen meint: »Der große Durchbruch kommt in China, in Amerika, in Holland, in Norwegen und anderen Ländern, ich befürchte aber zunächst nicht in Deutschland. Die Frage ist: Passt man sich an, oder versucht man zu überleben wie die Dinosaurier?«[25]

Die eigentliche Herausforderung für die Automobilindustrie, das System VW und den epochalen Fordismus kommt jedoch aus einer anderen Richtung. Neben dem elektrischen Antrieb gibt es noch zwei weitere grundlegende Veränderungen, die die Automobilindustrie tief erschüttern – das autonome Fahren und veränderte Nutzungsarten, Stichwort: Service statt Besitz. Elektrischer Antrieb, ein hoher Grad an Automatisierung der Fahrzeuge und der Abschied vom privaten Besitz sind drei Entwicklungen, mit denen sich die klassische Automobilindustrie schwertut. Bei all diesen Entwicklungen verschiebt sich der

Fokus vom Ingenieursprodukt hin zu einem Service, der von einer Plattform zur Verfügung gestellt wird. Es geht zusehends um Daten, Algorithmen, Software und Nutzererfahrungen. Vorreiter sind hier andere: die Unternehmen der informationsverarbeitenden Industrie, insbesondere aus dem Silicon Valley. Das Magazin *Forbes* titelte kürzlich: »Die neuen Großen Vier der Autobranche: Tesla, Google, Apple und Uber.«[26]

Das Auto ist das *iconic product* des 20. Jahrhunderts, es vereint Autonomie und Mobilität als grenzenloses Glücksversprechen in einem Produkt. Vor über hundert Jahren nahm diese historische Epoche mit Fords Fließband ihren Lauf, bis heute gespeist durch billiges Erdöl. Der Staat investierte großzügig in Infrastruktur, baute Autobahnen und die Vorstadt, während die große Industrie Konsumgüter am Fließband produzierte, die sich deren Arbeiter auch leisten können. Dieser New Deal, der die Konsum- oder Wohlstandsgesellschaft hervorgebracht hatte, wird nun zum Auslaufmodell. Der Fließband-Kapitalismus steht vor großen Herausforderungen, das kleine vernetzte Smartphone lehrt eine große Industrie das Fürchten, der Kapitalismus wird eben – digital.

Information, ein tückisches Ding

In Hergés *Tim und der Haifischsee*[1] stellt Professor Bienlein seine neuste Erfindung vor: eine Maschine, die jeden beliebigen Gegenstand auf Knopfdruck replizieren kann. Die Hüte der Schulzes dienen als Versuchsobjekte und werden im Nu aus einer amorphen Masse geformt. Von Kinderkrankheiten abgesehen – die geklonten Hüte zerlaufen nach kurzer Zeit – eine großartige Erfindung! Bienleins Maschine erlaubt es also, ein Objekt mit minimalem Aufwand und zu minimalen Kosten zu duplizieren. Und zwar immer wieder, im Prinzip unendlich oft. Was in der physischen Welt wie Science-Fiction anmutet, ist in der digitalen Welt Alltag: die wundersame Vermehrung ohne nennenswerten Aufwand an Arbeit oder Ressourcen. Eine Textdatei, ein Bild oder eine Programmdatei haben wir alle schon einmal geklont.

Kann denn eine Ware, die mit minimalem Aufwand beliebig oft dupliziert werden kann, am Markt überhaupt noch einen Preis erzielen? Wieso macht eine solche Maschine kapitalistisches Wirtschaften nicht unmöglich? Die Klassiker der politischen Ökonomie (Smith, Ricardo, Marx) bevorzugten handfeste Gegenstände zur Veranschaulichung ihrer Überlegungen: einen Gehrock, einen Tisch, einen Webstuhl. Die praktische Seite einer solchen Ware ist unmittelbar einsichtig: Einen Stift etwa kann ich so lange benutzen, bis er verbraucht ist. Dann brauche ich einen neuen. Wollen mehrere gleichzeitig schreiben, benötigen sie auch mehrere Bleistifte. Zwei Stifte kosten das Doppelte von einem – logisch! Der Wert der Waren ist durch die zu ihrer Herstellung benötigte gesellschaftliche Durchschnittsarbeit bestimmt. Den genauen Preis bestimmt der Markt. Auch die Eigentumsverhältnisse sind klar, der Bleistift hat eine Besitzerin, die mit der Ware tun und lassen kann was ihr beliebt, zum Beispiel sie verkaufen oder verleihen.

Bei einer Zeitung wird es schon komplizierter: Die Zeitung von heute kann von einer, aber auch von mehreren Personen gelesen werden. Der Verleger sieht es nicht gerne, wenn die Zeitung durch mehrere Hände geht, er verliert potenzielle Kunden. Die Zeitung von gestern ist bereits wertlos, und die von morgen existiert noch gar nicht. Es macht keinen Sinn, ein weiteres Exemplar der heutigen Ausgabe auf Vorrat zu kaufen. Die Herstellungskosten einer gedruckten Zeitung liegen, anders als bei Stiften, fast ausschließlich in der Vorarbeit: »Information ist teuer in der Herstellung, aber preiswert in der Reproduktion.«[2] Die fixen Kosten sind hoch, die Herstellungskosten des einzelnen Exemplars vergleichsweise gering. Eine hohe Auflage ist entscheidend, damit sich das Geschäft für den Verlag lohnt. Der physische Träger Papier, an den die Information gekoppelt ist, ist das Einzige, was sich noch verhält wie die Ware Rock oder Tisch in Marx' *Kapital*. Anders wiederum ist es bei digitaler Information: Die Online-Ausgabe einer Zeitung etwa existiert nur ein einziges Mal, ihre Auflage liegt bei: 1. Es gibt nur ein Exemplar, das aber von Millionen gelesen wird. Der Verlag muss nur ein Original ins Netz stellen, das Internet als öffentliche Infrastruktur verbreitet die Lesekopien: Netzwerkprotokolle übernehmen die Verlagstätigkeit. Zu den Eigenheiten digitaler Daten gehört außerdem, dass sie sich nie abnutzen, niemals schlechter werden oder kaputt gehen – wir müssen also nicht ständig neue kaufen. Sie können beliebig oft kopiert werden, ohne Abweichungen oder Verluste. Original und Kopie sind zudem ununterscheidbar.

Information besitzt ein paar seltsame Eigenschaften: Einmal hergestellt, kann sie sehr günstig vervielfältigt und transportiert werden. Sie wird bei der Benutzung nicht verbraucht, sie hält im Prinzip ewig. Sie ist nicht exklusiv, viele können die gleiche Information nutzen, ohne dass der Gebrauchswert für alle berührt würde. Aber erst mit der Verbreitung von Information durch das Internet, ohne Verluste und im Prinzip unendlich kopierbar, haben so viele Menschen Zugang zu ihr wie nie zuvor. Sämtliche logistischen Risiken beim Transport physischer Waren – sie können verlorengehen, beschädigt werden, gestohlen werden, die Zustellung kann fehlschlagen – entfallen: der Datentransport im Internet ist so sicher wie ein Einschreiben mit Rückschein. Das Internet funktioniert ja so ähnlich wie die Post: Alle Rechner haben eine Adresse, und alle Daten werden zunächst in kleine Pakete verpackt, die Sender, Empfänger und eine laufende Nummer verpasst bekommen. Dann werden die so geschnürten Pakete – egal ob sie nun E-Mails, Video- oder Audio-Daten oder Webinhalte enthalten – auf die Reise geschickt und von Knoten zu Knoten weitertransportiert, bis sie beim Empfänger wieder zusammengesetzt werden. Dieses Prinzip der Paketvermittlung hat sich als in höchstem Maße geeignet erwiesen für den Transport riesiger Mengen digitaler Daten, es ist flexibel und schnell.

Das digitale Paradox

Bienleins Maschine ist der Traum des Kapitals. Es könnte mit ihr nahezu kostenlos eine Unmenge an Hüten produzieren und gleichzeitig jeden einzelnen Hut teuer verkaufen. Genau diese Formel zum Gelddrucken hatte die Musikindustrie in den 1980er Jahren mit der Musik-CD geglaubt, gefunden zu haben: Digitale Daten auf kopiergeschützten Plastikscheiben speichern und diese zu horrenden Preisen verkaufen.

Aber schon 1999 kam Napster auf, ein kleines Programm, mit dem man kostenlos Musik über das Internet auf seine eigene Festplatte laden konnte – buchstäblich über Nacht. Napster machte das Peer-to-Peer-Prinzip (P2P) populär: Es gibt keinen zentralen Server mehr, von dem viele Einzelne Informationen beziehen, es gibt nur Gleichberechtigte (*Peers*), die sowohl herunterladen (Informationen abfragen) als auch hochladen (Informationen anbieten). Das war das Ende vom Erfolgskonzept der Musikindustrie, dem Verkauf von billigen Plastik-

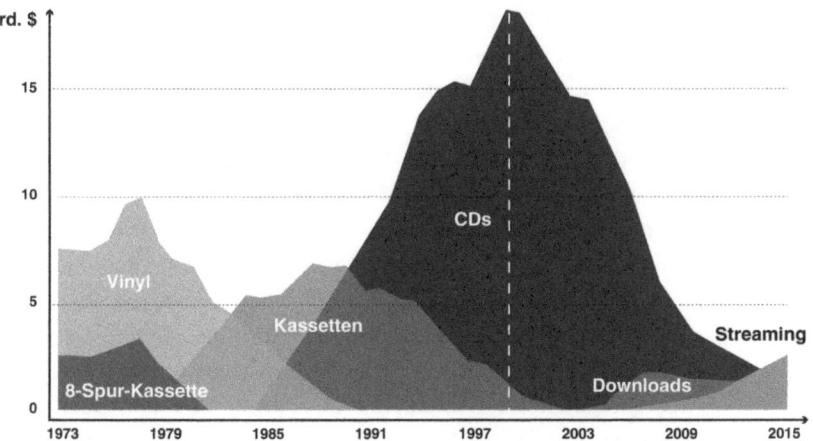

Einnahmen aus dem Verkauf von Tonträgern in den USA[4]

scheiben zu hohen Stückpreisen und mit eingeschränkten Nutzungsrechten: die Logik des einen Exemplars, das erworben wird zum solitären, privaten Gebrauch. Das kleine Napster-Programm, eine weltweite Duplizier-Maschine, an der Professor Bienlein seine Freude gehabt hätte, hat eine ganze Industrie verändert und einen Paradigmenwechsel eingeleitet: »copying is not a crime!«, lautete das Glaubensbekenntnis seiner Protagonist∗innen. Aus dieser Erfahrung, die mit Napster begann, entstand später die Filesharing-Bewegung.

Sind technische Hilfsmittel zum Kopieren erst einmal verbreitet, wird es nahezu unmöglich, das Kopieren etwa durch Gesetze zu unterbinden. Darin besteht die Kernaussage von *Code and Other Laws of Cyberspace*[3], dem einflussreichen Buch des Autors und Copyright-Aktivisten Lawrence Lessig: Software-Funktionalität gilt wie eine Art Gesetz der digitalen Welt. Was technisch mit einfachen Mitteln möglich ist, wird letzten Endes auch gemacht; technische oder juristische Schranken können diese Entwicklung nur aufhalten, keinesfalls verhindern.

Das Schaubild zeigt, wie die Musikindustrie mit der CD – digitale Daten zu analogen Konditionen – in den 1990er Jahren historisch einmalige Gewinne erzielen konnte. Damit ist ein für alle Mal Schluss: Der Verkauf der Plastikscheiben ist eingebrochen, das Online-Geschäft konnte die Verluste nicht ansatzweise wettmachen. CD- und DVD-Brenner, die Bienlein-Maschinen der nuller Jahre, haben das Geschäft verhagelt. Ein funktionierendes Bezahlmodell für über das Netz verbreitete digitale Musik hat ein anderes Unternehmen entwickelt und durchgesetzt. Wie Kodak ist es auch der Musikindustrie ergangen: Sie ist von außerhalb der Branche disruptiert worden, der Computerhersteller Apple macht mit seinem iPod und dem Online-Shop iTunes das Geschäft mit digitalen Musikdateien über das Internet.

Die Ära des Downloadens, Kopierens, Brennens von Mediendateien geht schon wieder zu Ende: Der Absatz von Leermedien (CD- und DVD-Rohlingen) geht seit Jahren zurück und auch die Nutzung von Tauschbörsen sowie Online-Käufe digitaler Musik und Filme stagnieren. Streaming ist demgegenüber innerhalb weniger Jahre zum dominierenden Musikformat geworden. Streams-on-Demand sind von 2015 auf 2016 um 39,2 Prozent gestiegen, der Verkauf von CDs ist im gleichen Zeitraum wieder einmal um 16,5 Prozent gefallen, aber auch der Verkauf digitaler Musikdateien ist um 25 Prozent gesunken (20 Prozent bei Alben-Downloads), weiß der Branchenreport *Nielsen Entertainment & Billboard*.[5] Streaming ist das Laden digitaler Information von einem Server zur unmittelbaren Verwendung in Echtzeit und ohne die Erstellung dauerhafter Kopien: Ein einziges Original wird von vielen Usern abgerufen. Die Auslieferung der temporären Ausleih-Kopien wird durch Netzwerktechnologien gewährleistet, und die Wiedergabe findet im Browser statt. Streaming ist wie eine Bibliotheksausleihe – nur schneller, massiv parallel und privatwirtschaftlich organisiert.

Die Sache mit den Grenzkosten

Die Verwertung digitaler Informationen und Dienstleistungen, das Erzielen eines Preises am Markt, wird immer schwieriger. Marktwirtschaft fußt auf Besitz und Verknappung – beides ist für digitale Informationen kaum mehr zu realisieren. Die Grenzkosten, also die Herstellungskosten für ein weiteres Exemplar einer Ware, gehen gegen Null – eine paradoxe Eigenschaft digitaler Güter. Dieses Null-Grenzkosten-Phänomen beschreibt Jeremy Rifkin wie folgt: »Privatunternehmen sind ständig bemüht, neue Technologien einzusetzen und dadurch die Produktivität zu erhöhen, die Grenzkosten in der Produktion von Waren und Dienstleistungen zu minimieren, die Preise zu senken, Kunden zu gewinnen und ausreichenden Gewinn für ihre Investoren sichern zu können.«[6] Rifkin zufolge führt die Digitalisierung in vielen Bereichen zu genau diesem Fall extremer Produktivität, bei dem die Grenzkosten für Information, Dienstleistungen und sogar materielle Güter gegen Null gehen, die nahezu kostenlos und im Überfluss vorhanden sind und sich damit letztlich der marktwirtschaftlichen Logik entziehen.

Bei materiellen Gütern treten sowohl einmalige Kosten für Entwicklung und Produktionsanlagen als auch variable Kosten auf, also solche, die für die Herstellung jedes einzelnen Exemplars immer wieder anfallen. Die Herstellung von Einzelstücken (z.B. einer Gitarre) oder Dienstleistungen (z.B. Webdesign) sind gekennzeichnet durch niedrige Fixkosten bzw. Investitionen und hohe variable Kosten: Die Herstellung des x-ten Exemplars verlangt ähnlich hohen Einsatz wie beim ersten Exemplar – die Grenzkosten nehmen nur wenig ab. Bei Informationsgütern (z.B. einer Musik-CD) fallen zunächst hohe Anfangsinvestitionen an für Infrastruktur, Produktion des Albums, Honorare und das Erzeugen des Masters. Die Kosten für die erste CD übersteigen die Kosten für jedes weitere Exemplar (Plastikscheiben und Pressung) um ein Vielfaches, die einzelne CD kostet ca. 0,50 Euro pro Kopie.[7] Bei hohen Stückzahlen

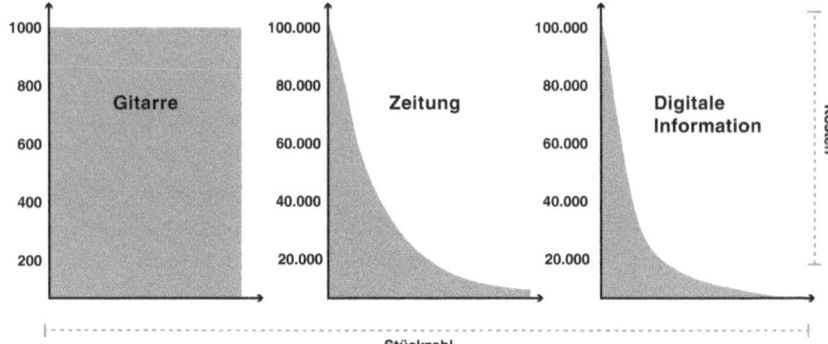

Grenzkosten bei verschiedenen Gütern

fallen also die Grenzkosten und nähern sich sehr niedrigen Werten an. Sind die Anfangsinvestitionen einmal eingespielt, gleicht der weitere Vertrieb einer Lizenz zum Gelddrucken. Bei digitalen Gütern (z. B. Musikdownloads, Software oder E-Books) verschiebt sich dieses Verhältnis noch weiter zu hohen Fixkosten und sehr niedrigen variablen Kosten, die Grenzkosten fallen bei hohen Stückzahlen entsprechend ins Bodenlose. In der *one-copy economy* wird gar nur ein Original produziert, die Herstellung der Kopien bzw. Exemplare geschieht auf Seiten des Endnutzers, vermittelt über die Internet-Infrastruktur.

Alle Branchen, die mit Informationsgütern handeln, haben in der Vergangenheit mit dem Null-Grenzkosten-Phänomen zu kämpfen gehabt, allen voran die Musikindustrie, aber auch die Verlage und die Filmindustrie. Die Leichtigkeit, mit der identische Kopien digitaler Information erstellt werden können, bringt die Schwierigkeit mit sich, den Kunden genau das verbieten zu wollen. Für Rifkin stellt sich nun die Frage, ob sich die Null-Grenzkosten-Anomalie auch jenseits der Informationsverarbeitung, also in der handfesten Produktion materieller Güter, manifestiert. Wird der disruptive Effekt, den die allgemein verfügbaren Güter zu null Grenzkosten auf den jeweiligen Wirtschaftszweig haben, auch andere Branchen treffen?

Energie für umsonst?

Ein Bereich, in dem Rifkin das Null-Grenzkosten-Phänomen am Werk sieht, ist der Energiesektor. Durch den Trend zu erneuerbaren Energien wird die klare Trennung von Produzenten – die großen Stromkonzerne – und deren Abnehmern – den Kunden – aufgeweicht. Solarstrom, Windstrom oder Strom aus Biogas zu erzeugen – das ist kein Privileg großer Konzerne mehr. Rifkin stellt als Folge davon einen »exponentiellen Fall der Produktionskosten für erneuerbare Energien«[8] fest. Durch die Energiewende entstehen immer mehr »Prosumer«, eine Wortkombination aus *producer* (Produzent*in) und *consumer* (Konsument*in). Sie konsumieren die Energie und produzieren sie auch. Ein bidirektionales Modell löst das alte ab, bei dem einige wenige Konzerne aus fossilen Brennstoffen gewonnene Energie an Endverbraucher lieferten. Von *Social-Media*-Plattformen kennt man das Phänomen User Generated Content – wir konsumieren Inhalte, die wir selbst erschaffen haben.

Im Energiesektor erleben wir tatsächlich einen Paradigmenwechsel – hin zu erneuerbaren Energien und Selbstversorgung. Deutschland gilt als Musterland der Energiewende, mit einer Quote an erneuerbaren Energien von 31,7 Prozent (2016)[9]; hierzulande teilen bisher vier Konzerne den Markt für Strom untereinander auf: RWE, Vattenfall Europe, E.on und EnBW. Deren Geschäftsmodell war und ist die Produktion von Strom in großen Kraftwerken – Atom, Kohle, Öl, Gas und zu einem ganz kleinen Teil Wasserkraft – und dessen Verkauf an die Endkunden: Haushalte und Industrie. Der Anteil erneuerbarer Energien hatte 2014 bei E.on bei 13,6 Prozent gelegen, bei RWE gerade einmal bei bescheidenen 4,8 Prozent und bei EnBW bei 12 Prozent.[10] Schaut man sich die Quoten an, wird der Vergleich dieser zentralisierten Energie-Lieferanten mit Filmriesen wie Universal oder MGM plausibler. Die Transformation des Energiesektors geht an diesen Giganten weitgehend vorbei. Sie machen Verluste. RWE-Kraftwerkchef Matthias Hartung warnte im Juli 2016: »Unabhängig von Länder- und Spartengrenzen:

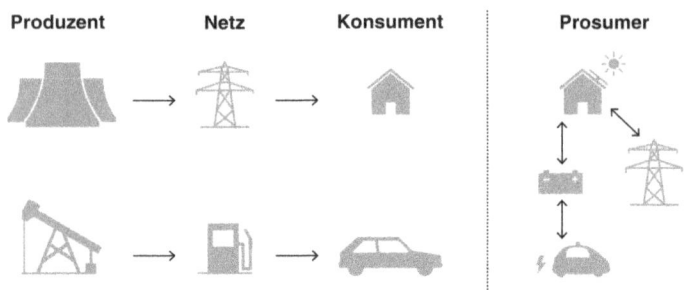

Produzent	Netz	Konsument	Prosumer

Prosumer – Produzent und Konsument in einem

Es geht ums Überleben.«[11] Der derzeitige Absturz der Strom-Großhandelspreise macht die Energieerzeugung selbst in modernsten Gas- und Kohlekraftwerken zum Verlustgeschäft.

Stromerzeugung aus Windkraft und Sonneneinstrahlung schwankt stark, sowohl im Jahresverlauf als auch im Verlauf eines Tages. Das Fraunhofer-Institut gibt an, die Photovoltaik könne »an sonnigen Werktagen zeitweise bis zu 35 Prozent, an Sonn- und Feiertagen bis zu 50 Prozent unseres momentanen Stromverbrauchs abdecken«, in den Abendstunden und vor allem nachts müssten aber Gas- und Kohlekraftwerke einspringen.[12] Die Möglichkeit, Strom zu speichern, wird deshalb zum entscheidenden Erfolgsfaktor für die Energiewende. Schon seit Jahrzehnten setzt die Energiebranche Pumpspeicherkraftwerke ein. Dabei wird überschüssiger Strom genutzt, um Wasser aus einem Tal in einen Stausee zu pumpen. Wird Strom gebraucht, wird das Wasser abgelassen, treibt dabei Turbinen an und produziert wieder Strom. Der Bedarf ist aber auch enorm. Das Marktforschungsinstitut Trendresearch rechnet für 2030 mit einem Anteil der erneuerbaren Energien an der Stromversorgung von 50 Prozent. Bis dahin müssten sich die Kapazitäten in Stromspeichern von derzeit 10 Gigawatt auf 21 Gigawatt erhöhen, heißt es in einer Studie. Das größte Potenzial messen die Marktforscher den Batteriespeichern mit einem Volumen von 30 Milliarden Euro bis 2030 bei[13], erläutert das *Handelsblatt*.

Noch steckt der Markt für Stromspeicher in den Kinder-schuhen, aber das könnte sich schnell ändern. Wir kennen Moores Gesetz, die heuristische Faustformel für die exponentielle Steigerung der Computer-Leistung und wesentliche Grundlage der Digitalisierung. Tatsächlich scheint sich bei Batterien eine ähnliche Tendenz abzuzeichnen. Batterien sind teuer, der Preis pro Kilowattstunde Speicherkapazität – das entspricht etwa zweihundert Smartphone-Akkus – lag 2007 noch bei 1000 US-Dollar. Sieben Jahre später lag der Preis dann schon bei 330 US-Dollar. Bis 2022 wird wohl die 100-Dollar-Marke geknackt werden. Der Elektroauto-Hersteller Tesla baut gerade eine Batteriefabrik in Nevada, deren Jahresproduktion auf eine halbe Million Elektroauto-Batterien ausgelegt ist. Auch in Teslas »Gigafactory« werden bis 2020 die magischen 100 Dollar angepeilt. Dieses Werk allein würde dann das Doppelte der Weltproduktion von Lithium-Ionen-Akkus in 2013 erreichen: »Das wäre der Break Even« für diese Technologie, schreibt der Journalist Jens Lubbadeh in einem Artikel für heise.de.[14]

Im alten fossil-atomaren Modell versorgen also wenige zentrale »Server«, die großen Stromkonzerne, viele Endkunden. Im neuen Modell hingegen werden viele kleine Peers vernetzt, die sowohl als Stromerzeuger als auch als Stromverbraucher oder Stromspeicher auftreten können. Wir bekommen es – wie bei Napster – mit einem Peer-to-Peer-Netzwerk zu tun. Die Einspeisevergütungen für Ökostrom aus Wind, Sonne, Wasser und Biomasse führen dazu, dass dieser konkurrenzfähig ist. Ein kleines Atom- oder Gaskraftwerk ist nicht denkbar, aber Windräder oder Solar-Paneele gibt es schon in ganz kleinen Größen – Skalierbarkeit einmal umgekehrt! Kleine Verbraucher versorgen sich selbst und andere mit Elektrizität, und das ohne Beteiligung der Energiekonzerne. Mit dem Verkauf von Energie ist dann kein Geld mehr zu verdienen, Strom ist genug da, Strompreise von null Euro sind denkbar – wegen der Speicherproblematik sind sie ja heute schon zum Teil negativ. Vattenfall und Co. steht einiges bevor, sollte es dazu kommen.

Napster war nicht das Ende der Musikindustrie, aber es hatte doch eine epochale Krise ausgelöst, und am Ende kamen andere Player zum Zuge, die eher in der Lage waren, digitale Musik-Vertriebsplattformen aufzuziehen und wieder ein kapitalistisches Geschäftsmodell zu etablieren: insbesondere Apple und Spotify. Auch in der neuen Energielandschaft, in der Strom-Peers erneuerbare Energien gleichermaßen produzieren und verbrauchen – uploaden und downloaden, wenn man so will –, ist wohl eine Plattform erforderlich. Diese ist nötig, um die Prosumer zusammenzubringen, den Austausch zu organisieren.

Bahnt sich hier eine digitale Energie-Plattform an, auf der viele kleine Prosumer Strom mal kaufen, mal verkaufen? Genau das scheint Heiko von Tschischwitz, der Chef des Öko-Stromanbieters Lichtblick, im Sinn zu haben: »Die nächste Stufe der Energiewende könnte eine Art Airbnb für Strom sein.«[15] Ein Strom-Unternehmen neuen Typs wäre das dann, das keine Kraftwerke mehr besitzt, deren Strom es verkauft, sondern eine digitale Plattform darstellt, auf der kleine Verbraucher sich selbst und andere mit Strom versorgen. Das bedeutet, dass auch für Energie und Logistik die eigentümlichen neuen Gesetze der Informationsökonomie gelten: Verfügbarkeit im Überfluss, null Grenzkosten auch bei Strom – die Firewall zwischen digitaler Ökonomie und der Welt physischer Waren scheint durchlässig zu werden. Somit sind im Energiesektor ähnliche Entwicklungen absehbar wie in der Musikindustrie – auch Energie wird jetzt zum User Generated Content.

Kapitalistisches Wirtschaften ist aber trotz Bienleins Replikator möglich. Die Musikindustrie versucht es mit Streaming und bietet eine Flatrate für Musik jenseits von Kopierverboten und Stückpreisen an. Der Kapitalismus kommt auch mit null Grenzkosten ganz gut klar. Der Energiesektor wird zur digitalen Plattform: Es bleibt spannend, wer die wohl aufziehen wird. Zurzeit sieht es nicht so aus, als würden die Energie-Riesen E.on, RWE, ENBW und Vattenfall die Disruption vermeiden können. Das Geschäft mit erneuerbaren Energien, Batteriespeichern und Energie *as a service* machen möglicherweise andere. Ganz so, wie einst Apple mit dem iPod und der iTunes-Plattform das Geschäft mit digitaler Musik massenfähig machte, und nicht etwa Universal, Sony Music oder Warner.

US-Präsident Donald Trump hat unlängst angekündigt, das Pariser Klima-Abkommen aufkündigen zu wollen. Viele Beobachter merkten an, die USA seien jetzt im gleichen Verein wie Nicaragua und Syrien. Die Allianz, die an Paris festhält, sind die Unternehmen des Silicon Valley, die EU und China. Die EU sagt, China wird den Platz der USA einnehmen. Das bestärkt die These von Jeremy Rifkin, der auf einem Symposium in Berlin anmerkte, für seine postfossile Zukunft sehe er eher China und die EU als Innovationstreiber, die USA kämen angesichts ihrer maroden Infrastruktur und der Option, auf nationale fossile Energiequellen wie Kohle, Erdöl und Gas zurückzugreifen – insbesondere durch neue Fördermethoden wie z.B. Fracking – nicht dafür in Frage. Möglicherweise verstärkt Trumps Politik letztlich die Chancen für einen digitalen, postfossilen Kapitalismus.

Berechnen und Herrschen

Algorithmen haben längst die Domäne der Informatik verlassen und sind mitten in der Gesellschaft angekommen. Sie geben uns individualisierte Buchempfehlungen, bestimmen über die Vergabe von Bankkrediten, helfen bei der Partnersuche und sind für die Fernsteuerung von Drohnen zuständig. Algorithmen führen als Bots ein Eigenleben in den Sozialen Medien, wo sie inzwischen für den Großteil des Datenverkehrs verantwortlich sind, sie erzeugen Filter-Blasen und sind letztlich sogar an der Wahl von Donald Trump zum US-Präsidenten schuld.

Auch im Feuilleton wird inzwischen viel über sie geredet und ihr Ruf wird zusehends schlechter, sie sind mittlerweile etwa so populär wie Viren oder der IS. Sogar die *Neue Zürcher Zeitung* munkelt: »Social Media. Die dunkle Macht der Algorithmen«[1]: Laut diesem Beitrag, in dem es um algorithmisch generierte Nachrichten in Sozialen Medien geht, überwachen und kontrollieren uns Algorithmen auf Schritt und Tritt, drohen flächendeckender Arbeitsplatzverlust sowie die Einschränkung von Entscheidungsspielräumen. Die *taz* wiederum hegt die Überzeugung, wir alle seien »Algorithmen-Zombies«: »Algorithmen steuern uns alle fern. Sie bestimmen Entscheidungen, ohne dass wir es merken, und machen uns so manipulierbar.«[2] Die Kirche stimmt ein und fragt besorgt, ob Algorithmen schon dem Allmächtigen Konkurrenz machen: »Allmacht der Algorithmen?«[3], so der Titel einer Konferenz, die die Stiftung der Evangelischen Kirche in Hessen und Nassau kürzlich in Frankfurt am Main veranstaltete.

Auch in der Geisteswissenschaft wird von der Algorithmisierung so ziemlich aller Lebensaspekte gesprochen, in schöner Tradition der metaphorischen Verwendung von Begriffen aus den »harten Wissenschaften«. Bei Matteo Pasquinelli[4] etwa ist vom *Algorithmic Capitalism* die Rede. Hier werden Algorithmen als neueste Herrschaftsinstrumente des Kapitals charakterisiert. Menschliches Leben schlechthin werde bedroht und kolonisiert von einem Kapitalismus, der jeden Aspekt unseres Lebens durch Algorithmen aus- und verwerte. Frank Pasquales hervorragendes Buch *Black Box Society*[5] verspricht im Untertitel über »geheime Algorithmen, die Geld und Information kontrollieren« aufzuklären. Die Liste ließe sich beliebig verlängern. In der Opposition von menschlichem Leben und seelenlosen Algorithmen werden letztere endgültig zum Fetisch. Zeit für eine Entmystifizierung.

Die universelle Maschine

Schauen wir uns folgende Formel an: 213 x 7. Die Zahlen 2, 1, 3 und 7 sind Daten, Symbole aus einem endlichen Zeichenvorrat, während das x ein Symbol für eine Rechenoperation darstellt, in diesem Fall eine Multiplikation, die wiederum aus einer wohldefinierten Liste an Schritten besteht, die nacheinander vorzunehmen sind. Man könnte diese Vorschrift etwa so formulieren:

1. Die erste Ziffer von rechts der zweiten Zahl merken (Speicher a)
2. Die erste Ziffer von rechts der ersten Zahl merken (Speicher b)
3. Speicherinhalt a und b multiplizieren
4. Das Ergebnis notieren (21)
5. Die zweite Ziffer von rechts der ersten Zahl merken (Speicher b)
6. Speicherinhalt a und b multiplizieren
7. Ergebnis mit 10 multiplizieren und das Ergebnis unter das Ergebnis aus Zeile 4 notieren (70)
8. Die dritte Ziffer von rechts der ersten Zahl merken (Speicher b)

9. Speicherinhalt a und b multiplizieren
10. Ergebnis mit 100 multiplizieren und das Ergebnis unter das Ergebnis aus Zeile 7 notieren (1400)
11. Die drei untereinanderstehenden Zahlen (21, 70 und 1400) mit dem Algorithmus für Addition addieren: fertig.

Wir alle haben das so oder ähnlich in der Schule gelernt. Wir haben ein Verfahren dadurch verinnerlicht, dass wir seine sture, immer gleiche Anwendung an zahllosen Aufgaben immer wieder einübten. Zur Lösung eines Problems haben wir eine endliche Anzahl elementarer Operationen abgearbeitet, deren Abfolge im Voraus in einer endlich langen Beschreibung eindeutig festgelegt ist. Nichts anderes ist ein Algorithmus.

Ein Algorithmus kann, das macht ihn erst interessant, eine ganze Klasse von Problemen lösen. Die beiden Zahlen in diesem Beispiel können durch jede beliebige natürliche Zahl ersetzt werden, das Lösungsverfahren bleibt exakt gleich. Ein und derselbe Algorithmus kann auf alle beliebigen Varianten eines Problems angewendet werden. Dabei müssen Eindeutigkeit (Reihenfolge der Operationsschritte), Determiniertheit (keine Entscheidungsspielräume), Unterscheidbarkeit (der Objekte, die prozessiert werden) und Allgemeinheit (Klasse von Problemen, keine spezifischen Fragen) gewährleistet sein.

Der Algorithmus in seiner Adressierung an eine Maschine ist eine der wichtigsten Erfindungen des 20. Jahrhunderts – vielleicht wichtiger als der Computer selbst. Der Algorithmus ist zentral für das digitale Zeitalter, welches oft Computerzeitalter genannt wird – Algorithmenzeitalter wäre treffender. Der Begriff Algorithmus geht übrigens zurück auf den Mathematiker Al-Chwarizmi, der vor 12 Jahrhunderten in Bagdad wirkte. Sein Name wurde später latinisiert und zum Synonym für die Kunst des Rechnens überhaupt.[6] Die Geburtsstunde des Algorithmus, wie wir ihn heute kennen, liegt jedoch deutlich später, nämlich mitten in der industriellen Hochphase des viktorianischen England.

Der britische Industrielle, Nationalökonom und Erfinder Charles Babbage war einer der ersten, der versucht hat, eine vollautomatische Rechenmaschine zu bauen. Seine *Analytical Engine* enthielt bereits alle wesentlichen Elemente moderner Computer. Mechanische Recheneinheit und Datenspeicher waren zwei voneinander getrennte Module – heute sprechen wir von Prozessor und Arbeitsspeicher. Die Programmierung der *Analytical Engine* sollte durch Lochkarten geschehen (Input) und die Ergebnisse durch eine Art Drucker auf Papier ausgegeben werden (Output). Seine Maschine ließ sich nicht realisieren, die Feinmechanik jener Zeit und das Fehlen eines Budgets und geeigneten Teams ließen das nicht zu.

Ein Computer ist nur ein nutzloser Haufen Blech (Hardware), wenn es kein Programm gibt, das »auf ihm läuft«. Die Erste, die diesen Gedanken hatte, und die Erste, die ein Programm, ein Stück Software schrieb, war Lady Ada Lovelace. Sie arbeitete mit Babbage zusammen und schrieb im Jahre 1842 ein paar von ihr in aller Bescheidenheit »Anmerkungen« titulierte Überlegungen zu Babbages Maschine auf. Hier beschrieb sie in detaillierten Schritten, wie »die Maschine die Berechnung der Bernoulli-Zahlen, ein eher komplexes Beispiel für deren Leistungsfähigkeit, vornehmen könnte«[7]. Diese Vorschrift gilt als das erste Computerprogramm der Welt. Zum ersten Mal hatte jemand einen Algorithmus geschrieben, eine Schritt-für-Schritt-Lösung einer Klasse von Problemen, und an eine (damals nur als Konzept) existierende Maschine adressiert.

Damit nicht genug: Ada Lovelace war auch die Erste, die auf die Idee kam, dass die mathematischen Objekte, die ein solcher Algorithmus verarbeitet, auch Anderes repräsentieren könnten als nur Zahlen. »[Die Analytical Engine] könnte auf andere Dinge als Zahlen angewandt werden, wenn man Objekte finden könnte, deren Wechselwirkungen durch die abstrakte Wissenschaft der Operationen dargestellt werden können und die sich für die Bearbeitung durch die Anweisungen und Mechanismen des Gerätes eignen.«[8] Die These, ein solcher Automat könnte nicht nur Zahlen verarbeiten, sondern allgemeine Symbole, die beliebige Objekte repräsentieren, eröffnet ihm eine schier unendliche Anwendungsvielfalt.

Bis der erste Computer tatsächlich gebaut wurde, verging noch fast ein Jahrhundert. Im Jahre 1936 begann Konrad Zuse im elterlichen Wohnzimmer in der Methfesselstraße in Berlin-Kreuzberg seine Z1 aus Aluminiumblechen zusammenzuschrauben. Dieser Rechenautomat gilt heute als erster programmierbarer, auf dem Binärsystem basierender Computer der Welt. Während Zuse noch am Schrauben ist, erscheint in England eine wissenschaftliche Arbeit, die zum Gründungsdokument des Computerzeitalters werden sollte: »On Computable Numbers with an Application to the Entscheidungsproblem«[9]. Darin geht sein Autor, Alan Turing, der Frage nach, ob für bestimmte mathematische Funktionen entschieden werden kann, ob sie in einem endlichen Prozess beweisbar sind oder nicht – eine vom Mathematiker David Hilbert 1928 formulierte Frage, die als »Entscheidungsproblem« bekannt ist. Turing konnte nachweisen, dass dem nicht so ist, die Frage nach der Entscheidbarkeit also negativ beantwortet werden muss.

Dass Turings Beweis weit über die Mathematik hinaus Berühmtheit erlangt hat, liegt nicht so sehr am Beweis selbst, sondern an dessen Voraussetzung: Jede Aufgabe, gelang es ihm zu zeigen, deren Lösung als Folge eindeutig definierter Einzelschritte notiert werden kann – also in Form eines Algorithmus – kann auch von einer Rechenmaschine erledigt werden. Im Rahmen seiner Beweisführung schlägt Turing eine Maschine vor, die aus einem langen Band aus Nullen und Einsen besteht sowie einem Lesekopf, der lesen und schreiben kann – sonst nichts. Das lange Band ist der Arbeitsspeicher, die Einsen und Nullen stellen die Befehle an die Maschine dar. Turings Maschine ist nichts anderes als eine Manifestation des Konzepts Algorithmus. Und Turings bahnbrechende These lautet: »Jede Operation im Rahmen eines formalen Systems kann durch eine Turing-Maschine vorgenommen werden.«

Computer bei der Arbeit

Alan Turing hat in seinem kurzen Leben – er starb 41-jährig an einem vermutlich von ihm selbst vergifteten Apfel, nachdem er wegen seiner Homosexualität zu einer Hormontherapie verurteilt worden war – eine Menge geleistet. Vielen dürfte er bekannt sein als derjenige, der die Verschlüsselung deutscher Funksprüche durch die Chiffriermaschine Enigma im Zweiten Weltkrieg geknackt hat, indem er Kryptographen aus Fleisch und Blut durch eine Maschine ersetzte, die Turing-Bombe. Auch der Turing-Test der Künstlichen Intelligenz dürfte dem Einen oder Anderen geläufig sein. Es sind jedoch die Gedanken in seinem 36 Seiten umfassenden Aufsatz von 1936, die unsere Welt für immer nachhaltig verändert haben.

Von der NASA gibt es ein Foto aus dem Jahr 1949, das die Bildunterschrift »Computer Room« trägt. Es ist im Dryden Flight Center aufgenommen, dem Luftfahrtforschungszentrum der NASA in Edwards, Kalifornien. Auf dem Foto ist allerdings kein Raum mit Rechnern, Kabeln, Serverschränken oder Ähnlichem zu sehen, er sieht eher aus wie ein normales Büro. Frauen sitzen an Schreibtischen, vor ihnen liegen Blätter, Stifte und Papier. Sie sind »computers at work«, Computer bei der Arbeit. Bis in die 1950er Jahre hinein bezeichnete das Wort »Computer« (deutsch: »Rechner« bzw. »Rechnerin«) reale Personen, die Rechnen als Beruf ausübten – eine Frauendomäne. Das Militär, Observatorien, Banken und Versicherungen beschäftigten Hunderte solcher Mitarbeiterinnen.

Turing hat sich mit der Frage beschäftigt, was so ein Computer eigentlich tut beim Rechnen. Werden höhere Hirnfunktionen wie Intelligenz, Bewusstsein und Einsicht in die Zusammenhänge beim Ausführen von Berechnungen benötigt? Oder ist das überflüssig, geht es nur um das sture Befolgen von Regeln, kann das auch ein Roboter machen? Das vollständige Verschwinden des Berufszweigs und seine Ersetzung durch Maschinen, und damit auch der Bedeutungswandel des Wortes »Rechner« bzw. »Computer« selbst, haben diese Frage in überwältigender Eindeutigkeit beantwortet: Um zu rechnen, muss man nicht denken können, das kann eine nach formalen Regeln arbeitende Maschine genauso gut.[10]

Dienst nach Vorschrift

Ebenfalls 1936 kommt Charlie Chaplins Film *Moderne Zeiten* in die Kinos. Die Eröffnungssequenz ist vielleicht eine der besten Slapstick-Nummern im Kino des 20. Jahrhunderts, der Film eine einmalige Satire auf die Ära der Maschinisierung der Arbeitswelt. Die Hauptfigur, der Tramp, gespielt von Chaplin selbst, arbeitet in einer Fabrik. Er versucht verzweifelt, sich an die vorgeschriebenen Einzelbewegungen, die das unaufhaltsame Fließband und die riesigen, stetig ineinandergreifenden Maschinen vorschreiben, anzupassen, und scheitert grandios daran.

Frederick W. Taylor hatte 1911 Arbeitsabläufe von Fabrikarbeitern untersucht. Der Erfinder der wissenschaftlichen Arbeitsorganisation sah Arbeitsabläufe als Prozesse an, die von einem zentralen Management gesteuert und überwacht werden müssten. In *The Principles of Scientific Management*[11]zerlegte er diese in Einzeloperationen und speiste sie optimiert ins System zurück als kleinteilige Vorschrift, der minutiös zu folgen war. Taylor kann als Vollender von Babbage gesehen werden, der bereits ein Jahrhundert zuvor in seinem *On the Economy of Machinery and Manufactures*[12] der Fragmentierung von Arbeitsprozessen das Wort geredet hatte, parallel zu seinen Versuchen, Rechenvorgänge zu mechanisieren und in eine algorithmische Maschine zu gießen. Bei Henry Ford schließlich wurden Taylors Ideen verwirklicht und die ganze Fabrik zu einer einzigen Maschinerie – die Arbeiter eingeschlossen.

Ist die Ähnlichkeit zwischen Fords Fließband und Turings Bandmaschine rein zufällig, oder steckt mehr dahinter? Sind der taylorisierte Arbeiter, der »Roboter« (das Wort kommt vom tschechischen ›robota‹: Arbeit, Fronarbeit) und die Turing-Maschine (ein Roboter, der Nullen und Einsen prozessiert) letztlich das Gleiche? Ist der Arbeiter also nur ein lebendiger Roboter?

Die Antwort findet sich in einer wiederum 1936 (was für ein Jahr!) von einem anderen Mathematiker verfassten Veröffentlichung zum Entscheidungsproblem.[13] Emil Post gelangt in seiner Beweisführung zu exakt denselben Schlussfolgerungen wie Alan Turing, mit dem einzigen Unterschied, dass in seinem Modell ein Fließbandarbeiter am Werk ist, der mechanisch Handlungsanweisungen durch das Programm befolgt. Post stellt exakt die gleichen Anforderungen an das Verhalten der Fließbandarbeiter, wie Turing sie für seine Maschine formuliert hatte. Aus dem Vergleich beider Arbeiten folgt, dass zwischen einer Turing-Maschine und einem Fließbandarbeiter in Bezug auf ihre Tätigkeit keinerlei Unterschied besteht, sie sind beliebig durch einander ersetzbar, Arbeiter und Bandmaschine sind äquivalente Manifestationen des Algorithmus.

Alan Turing selbst hat diese Austauschbarkeit konstatiert, wenn er schreibt: »Ein mit Papier, Bleistift und Radiergummi ausgestatteter Mensch, der einer straffen Disziplin unterworfen ist, ist in Wahrheit eine allgemeine Maschine.«[14] Zumindest formal ist damit der Arbeiter im Kapitalismus der modernen Zeiten vom Roboter ununterscheidbar geworden – Chaplin hat das geahnt und diesem Fakt in *Moderne Zeiten* ein unvergessliches Denkmal gesetzt. Die Gültigkeit dieser Homologie kann beliebig erweitert werden, sie gilt nicht nur für mathematische Beweisverfahren. Mit den Worten des Philosophen Will Caffentzis: »Wenn der Begriff der Computerisierung angemessen verallgemeinert wird auf jede regelgeleitete Tätigkeit, dann ist eine daraus folgende Implikation, dass alle repetitive Arbeit – sei sie geistig oder körperlich – mechanisiert werden kann.«[15] Das »Roboten Gehen« (Die Toten Hosen) fühlt sich nicht nur so an, es ist auch maschinell. Roboter, Mensch, Maschine – alle drei erledigen schließlich ihren Job *simply by following a set of rules*, also ohne Zutun von Intelligenz, Intuition etc. Die These von Marx, der Mensch höre in der kapitalistischen Produktion auf, Mensch zu sein, er werde zum bloßen Anhängsel der Maschine, wird durch Turing und Post radikalisiert. Es besteht zumindest formal kein Unterschied zwischen ihnen, oder, wie Emil Post trocken notiert: »The conclusion that man is not a machine is invalid.«

Das Befolgen von Regeln ist ein Kennzeichen der modernen Welt überhaupt: Auf Schritt und Tritt ist der moderne Mensch Regeln unterworfen. Bei der Arbeit, im Verkehr, ja selbst beim Einkaufen verhalten wir uns regelkonform (durchs Drehkreuz rein, Einkaufswagen füllen, am Kassenfließband vorbei und wieder raus). Oft schon ist der moderne Alltag als monoton und stupide, sind unsere Handlungen darin als roboterhaft und mechanisch beschrieben worden. Die Herausbildung einer rationalen, abstrakten Denkweise, die Trennung zwischen objektiver und subjektiver Rationalität, das Konzept der Gleichheit ohne Ansehen der Person und des Standes sind Charakteristika der Moderne an sich. Formalisierung, regelgeleitetes Handeln oder das Befolgen abstrakter Regeln – mit diesem Vokabular definieren die Klassiker der Soziologie den Modernisierungs-prozess selbst.

Max Weber etwa beschreibt den Richter als Automaten, in welchen oben die Akten und die Kosten hineingeworfen wür-den, damit er unten das Urteil nebst den mechanisch aus Para-graphen abgelesenen Gründen ausspeie. Das Recht verkörpert hier den Algorithmus, der konkrete Fall stellt die Daten dar, und der Richter bildet die Inkarnation einer Maschine, die den Algorithmus abarbeitet – der Richter als Turing-Maschine! Webers Bild ist brandaktuell: Nach einer Studie der Unterneh-mensberatung McKinsey könnten 23 Prozent der Tätigkeiten in der Rechtsprechung automatisiert werden.[16] Und dabei geht es nicht um Alltagstätigkeiten im Büro: Anwältinnen und Richte-rinnen sollen in Zukunft mit Hilfe von Algorithmen ihre Arbeit effizienter durchführen, ihre Fälle auf einer breiten Daten-grundlage bearbeiten und mit fundierten Argumenten gewin-nen. Big Data und Künstliche Intelligenz halten Einzug in die Rechtsprechung. Javier de Cendra, Dekan der IE Law School in Madrid, merkt dazu an, Europa stehe erst am Anfang der Digitalisierung der Justiz.[17]

Die Schweizer Soziologin Bettina Heintz schreibt: »For-male Rationalität ist in den Augen von Max Weber das grund-legende Strukturprinzip der modernen abendländischen Ge-sellschaft. Berechenbarkeit und Orientierung an allgemeinen Regeln kennzeichnen das moderne Recht, die (staatliche) Bürokratie und den kapitalistischen Betrieb, um nur die drei Hauptbereiche formaler Rationalisierung zu erwähnen.«[18] Soziale Verhältnisse in der Moderne sind charakterisiert durch die Entpersonalisierung sozialer Beziehungen. Willkür und Despotismus, aber auch persönliche Abhängigkeiten werden zurückgedrängt und ersetzt durch allgemeingültige Regeln. Entscheidungen werden getroffen, indem Daten nach fest-gelegten Regeln prozessiert werden. Die Vermessung der Welt ist ein wesentliches Kennzeichen der Moderne: Es scheint so, als wären die Errungenschaften der Moderne, Rationalität im Denken, durch Regeln strukturierte Lebenswelten, Abstraktionsfähigkeit und Quantifizierung zutiefst algorithmisch.

Ada Lovelace schrieb: »Die Maschine ist kein denkendes Wesen, sondern lediglich ein Automat, der nach Gesetzen handelt, die ihm auferlegt wurden.«[19] Algorithmen sind keine neue Erfindung, und sie sind auch keine Werkzeuge der Herrschenden, um uns zu unterdrücken. Vielmehr sind sie der modernen Gesellschaft tief eingeschrieben. Algorithmen übernehmen also nicht die Weltherrschaft, schon gar nicht als kalte, unbeseelte nüchterne Codes, die uns lebendige Wesen unterjochen, gar von bösen Kapitalisten eingesetzt, um uns zu maßregeln. Es ist die kapitalistische Gesellschaft selbst, die in einem starken Maße algorithmisiert ist: Zu den alten Fließbändern aus *Moderne Zeiten* gesellen sich neue: die Arbeits- und Freizeitwelt des Digitalen Kapitalismus ist geprägt von einer neuen Form gesellschaftlichen Fließbands: 24/7 aktiv, immer vernetzt, einen konstanten Strom an Daten generierend, regelhaft kommunizierend – wie eine Maschine.

Alan Turing hat ein Verfahren gefunden, mechanisches Denken und Verhalten von nicht-mechanischem Denken, durch Algorithmen lösbare Aufgaben von unlösbaren Aufgaben, redundantes (rationales) Denken und Verhalten von kreativem Denken und Verhalten zu unterscheiden. Die Turing-These markiert ein Grenzland, auf der einen Seite verbleibt das Regelhafte, Repetitive, Maschinelle. Und jenseits das, was (noch) nicht von einer Maschine erledigt werden kann. Die Grenze verläuft zwischen der Schaffung des Neuen – und die Generierung neuer Programme gehört unbedingt dazu – und der schlichten Ausführung eben dieser Programme. Der Kapitalismus wiederum hat es geschafft, diese theoretische Maschine konkret werden zu lassen, in Gestalt von Computern und Robotern. Sie geben uns die Möglichkeit, Interessanteres zu tun oder zumindest zu wissen, was interessant sein könnte. Alles, was algorithmisiert werden kann, sollte demzufolge auch algorithmisiert werden – sprich: von einer Maschine erledigt werden.

Algorithmen, die dazulernen

Im Jahr 1997 besiegte erstmals ein Computer, IBMs Deep Blue, den amtierenden Großmeister im Schach, Garry Kasparow. Vierzehn Jahre später schlug IBM wieder zu: diesmal wurde die Quiz-Show Jeopardy von IBMs Watson souverän gewonnen. Zwischen diesen beiden Aufgaben liegen Welten. Das Schachspiel beruht auf wenigen glasklaren Zugregeln, und die Strategie im Schach ist für einen Computer leicht zu lösen: Es gilt, so viele Züge wie möglich zu antizipieren und die daraus entstehenden Stellungen zu evaluieren. Die sizilianische Eröffnung lässt sich leicht formalisieren, aber wie bringt man einem Computer bei, die richtige Antwort auf eine Scherzfrage zu finden? Etwa: Wessen Ansprüche sollen hierzulande gesetzlich neu geregelt werden? A: Bargeldeltern, B: Scheinväter, C: Münzmütter, D: Kreditkartenfamilien.

Deep Blue war einfach nur ein Rechner, den heute leistungsmäßig jedes Smartphone in die Tasche steckt. IBMs Watson hingegen ist eine Software-Plattform, die natürliche Sprache versteht, Ironie erkennen und unterschiedlichste Strategien parallel verfolgen und evaluieren kann. Watson kombiniert Künstliche Intelligenz (KI) und anspruchsvolle analytische Software. Das ist wie eine Karosserie zu lackieren (können Roboter schon seit den 1970er Jahren) im Vergleich zum Autofahren (lernen sie erst jetzt). Apple-CEO Tim Cook hat gerade offiziell bestätigt, dass seine Firma an Software für das autonome Fahren arbeite und dieses Projekt als »die Mutter aller KI-Projekte« bezeichnet.

Neuronale Netze, maschinelles Lernen, Künstliche Intelligenz sind Schlagworte für eine qualitativ neue Stufe im Einsatz von Algorithmen. Hierbei stehen Systeme im Vordergrund, die sich selbst optimieren und umprogrammieren. Beim maschinellen Lernen analysiert ein Programm eine große Menge an Daten, versucht Strukturen zu erkennen und Modelle zu generieren, aus denen dann Schlussfolgerungen gezogen werden können. KI-Systeme entscheiden heute bereits über Kreditvergaben, helfen bei juristischen Entscheidungen und erledigen die Vorsortierung von Bewerbungsunterlagen. Es wird dabei immer schwerer, nachzuvollziehen, wie die Ergebnisse zustande gekommen sind. Laut dem Algorithmen-Forscher Felix Stalder werden in den USA und in Großbritannien bereits 60 Prozent aller Bewerbungen von Algorithmen vorsortiert, während es hierzulande gerade einmal 6 Prozent sind.[20] Aber nach welchen Kriterien entscheidet der Algorithmus? Formale Kriterien wie Anzahl der Rechtschreibfehler oder der erzielte Abschluss des Bewerbers oder der Bewerberin scheinen zunächst unproblematisch. Aber selbst bei solch einfachen Kriterien steckt der Teufel im Detail: Weibliche Formen müssen ebenso berücksichtigt werden wie auch lokale, regionale oder nationale Varianten der deutschen Rechtschreibung, um nicht Frauen oder beispielsweise Menschen aus Österreich herauszufiltern (Es ist ein bekanntes Problem, dass bei der Jobsuche im Internet eher nach »Mechatroniker« gesucht wird und eben nicht nach »Mechatronikerin«). Nur wer Zugang zu den zugrundeliegenden Modellen hat, kann diese Entscheidungen nachvollziehen, kritisieren und korrigieren. Aber Banken, Militär, Arbeitgeber und andere Anwender wollen sich hier ungern in die Karten schauen lassen bzw. ziehen sich auf die Position zurück, sie wüssten selbst nicht genau, wie die Entscheidungen zustande gekommen seien, aber das werde schon seine Richtigkeit haben.

Immer öfter entsteht so eine Black Box, die nicht nur für die Öffentlichkeit, sondern selbst für das technische Personal nicht mehr nachvollziehbare Entscheidungen trifft. Und wie kann man etwa Diskriminierung durch Algorithmen vermeiden? Füttert man etwa ein solches System überwiegend mit Fotos von hellhäutigen Menschen, ist es kaum verwunderlich, wenn es dann das Foto einer Person dunklerer Hautfarbe als nichtmenschlich identifiziert. Die Systeme sind sicher neutral in ihren Entscheidungen, Müdigkeit oder Willkür sind inexistent, aber was, wenn Vorurteile bereits einprogrammiert oder eben erlernt sind? Was könnte die Lösung sein? Man ahnt es bereits:

noch mehr Algorithmen! Ein Forscherinnenteam mit Google-Beteiligung hat ein Programm geschrieben, das in der Lage sein soll, in Algorithmen eingebaute Diskriminierung nach Gender oder Herkunft zu detektieren.[21]

Der Rechtswissenschaftler Frank Pasquale hat mit seinem Buch *Black Box Society*[22] eine Debatte um die Rechenschaftspflicht von Algorithmen angestoßen. Algorithmen sind geheim, in bizarrem Gegensatz zum Credo der digitalen Welt, wir sollen freigiebig mit unseren Daten sein. Die Art und Weise, wie mit diesen dann auf den Plattformen verfahren wird, welche Algorithmen hier am Werk, welche Ziele hier zugrunde gelegt sind, ist Betriebsgeheimnis. In Deutschland hat etwa die Initiative Algorithm Watch den Gedanken der Rechenschaftspflicht aufgenommen, Forderungen nach einem Algorithmen-TÜV sind laut geworden. Das widerspricht offensichtlich den Interessen der Firmen, die sie einsetzen. Andererseits ist z.B. der Suchalgorithmus von Google im Wesentlichen bekannt, selbst seine Veröffentlichung würde Google nicht unbedingt aus der Ruhe bringen, haben sie doch ihre Monopolstellung eher ihren angesammelten Daten als der konkreten Ausgestaltung des Algorithmus zu verdanken.

Die Ziele und Werte, die in Algorithmen implementiert werden, stellen keineswegs rein technische Fragen dar, sondern werden zum herausragenden Feld gesellschaftlicher Auseinandersetzung. Datenschutzrechte wie Einsicht in die Daten und Entscheidungen sowie Einklagbarkeit sollten gewährleistet sein. Die ab Mai 2018 geltende Europäische Datenschutzrichtlinie sieht zum ersten Mal vor, dass Entscheidungen von Algorithmen transparent und nachvollziehbar gemacht werden sollen. Bundesjustizminister Heiko Maas (SPD) spricht sich für ein »Antidiskriminierungsgesetz für Algorithmen gegen digitale Diskriminierung und für vorurteilsfreies Programmieren« aus.[23, 24] Algorithmen sollten rechenschaftspflichtig sein, d.h. es muss klar sein, wer oder was für ihre Entscheidungen haftet. Sie sollten transparent sein, d.h. ihre Entscheidungen sollten nachvollziehbar sein, es sollte verantwortliche Ansprechpartner geben.

Ein Beispiel: Ubers Algorithmen berechnen die Fahrpreise dynamisch, versuchen höchstmögliche Preise zu erzielen ohne dabei Kunden abzuschrecken, also den Profit der Plattform zu maximieren. Demgegenüber wäre es geradezu ein Leichtes, bestimmte Tarifstrukturen vorzugeben oder antidiskriminatorische Standards zu implementieren, wie das beim Taxi-Gewerbe auch geschieht, sowie Transparenz über Auftragsvergabe zu erreichen – und das letztlich dann sogar neutraler, als das etwa bei Telefon-Vermittlungszentralen möglich wäre, bei denen der menschliche Faktor eine große Rolle spielt.

Aber bleiben Algorithmen nicht wenigen Firmen und Spezialisten vorbehalten? Bei Anwendungen, die mit KI-Methoden arbeiten, stehen wir kurz davor, diese Schwelle zum Massenprodukt zu überschreiten. Es zeichnet sich eine ähnliche Entwicklung ab, wie sie einst mit der PC-Revolution eingetreten ist, als der Computer zum Massenprodukt wurde: »2017 wird das Jahr sein, in dem KI zum Mainstream wird. Tech-Firmen setzten seit letztem Jahr sehr stark auf KI-Anwendungen«, sagt etwa Dave Elkington, Gründer und CEO von Insidesales.[25] Shazams Musikerkennung, Apples Sprachassistent Siri, Googles Bilderkennungssoftware – alles Beispiele für maschinelles Lernen. Auch auf dem autonom fahrenden Shuttle-Bus »Olli« von Openmotors »läuft« IBMs Watson als Betriebssystem und kann natürliche Spracheingaben verstehen und beantworten.

Google und andere haben gerade den Schritt unternommen, ihre eigenen KI-Plattformen den Nutzerinnen und Nutzern zur Verfügung zu stellen. Kürzlich stellte das Unternehmen neue Services vor, die es Entwicklern oder Unternehmen ermöglicht, auf die KI-Technologien zuzugreifen, die das Unternehmen auch selbst nutzt, etwa für die Identifikation von Bildinhalten, die Spracherkennung beim mobilen Betriebssystem Android oder für die Optimierung von Suchergebnissen: »Das ist die nächste Transformation«, sagte Alphabets Vorstandsvorsitzender Eric Schmidt aus Anlass der Präsentation.[26] Künstliche Intelligenz wird kostenlos und für alle nutzbar, bezahlt wird mit den Daten, aus denen sich Google wiederum die Verbesserung der eigenen Systeme verspricht – kommt uns das irgendwie bekannt vor?

Es ist abzusehen, dass das Wissen und die Fähigkeiten rund um KI, Big Data Analysen und maschinelles Lernen ebenfalls zum Alltag werden. Nicht nur die Ziele und Verantwortlichkeiten von KI-Anwendungen, sondern auch deren Kontext und Codierung sollten Gegenstand breiter Diskussion werden. Und das Wissen und die Fähigkeit, das selbst zu machen, gerät auch für zivilgesellschaftliche Akteure in Reichweite.

Weltverbesserung™ Inc.

Google, Facebook, Amazon und eBay – diese vier Unternehmen loteten vor ein paar Jahren mit ihren Geschäftsmodellen, Unternehmenskulturen und Strategien die Grenzen kapitalistischen Wirtschaftens aus. Als »herrschende Klasse der digitalen Welt« bezeichnete sie etwa im Jahr 2010 der Aktivist und Internetkritiker Marcell Mars.[1] Ein paar Jahre zuvor waren noch eBay und MySpace in aller Munde gewesen. Sascha Lobo und Holm Friebe etwa beschrieben 2006 die neuen Möglichkeiten für die »Digitale Bohème« auf diesen Plattformen.[2] MySpace, StudiVZ, Friendster, Diaspora und Google+ sind heute in der Bedeutungslosigkeit versunken. Die Entwicklung ist rasant, vor zehn Jahren gab es Facebook noch nicht wirklich. Dass heute eher Firmen wie Uber und Airbnb im Focus der Aufmerksamkeit stehen und eher Plattformen wie Twitter, Snapchat oder Instagram diskutiert werden, zeigt, wie schnell sich diese Branche selbst transformiert.

Werden zwei aufgeblasene Luftballons mit einem Strohhalm verbunden, so dehnt sich der größere der beiden aus, bis der kleinere ganz in sich zusammengefallen ist. Genau das passiert bei digitalen Plattformen: Sobald ein Konkurrent eine kritische Masse erreicht hat, saugt er alle anderen auf und wird zum Monopol. Das nennt man Netzwerkeffekt: Der Nutzen eines Netzwerks steigt mit der Anzahl der User überproportional an, und das Netzwerk mit den meisten Usern setzt sich durch. Digitalen Plattformen ist die Tendenz zum Monopol inhärent, diese führt zu schneller Konzentration. Das Monopol kann aber auch kurzlebig sein, im Digitalen ist ein Wechsel der Nutzer zu einem anderen Anbieter wiederum schnell möglich.

Der Löwenanteil des boomenden Online-Geschäfts wird folglich von einer kleinen Minorität eingeheimst, den Eigentü-

Unternehmen	Branche	Marktwert (Mrd. Dollar)
Apple	Hardware und Software	534
Alphabet	Internetdienste	507
Microsoft	Software	413
Exxon Mobil	Erdölverarbeitung	326
Facebook	Internetdienste	321
Berkshire Hathaway	Versicherung	312
Johnson & Johnson	Pharma	288
General Electric	Mischkonzern	271
Amazon	Internetdienste und Einzelhande	250
Wells Fargo	Geschäftsbanken	242

Die zehn wertvollsten Unternehmen 2016[10]

mern der »Sirenen-Server«, wie Jaron Lanier die Plattformen aus dem Silicon Valley in Anlehnung an die verlockenden, aber auch tödlichen Fabelwesen aus der *Odyssee* nennt.[3] Fast 70 Prozent des Umsatzes von 300 Milliarden Dollar, den alle börsennotierten US-Internetfirmen 2015 gemacht haben, flossen in die Kassen von nur vier Konzernen: Amazon, Alphabet, eBay und Facebook, davon 57 Prozent allein in die von Amazon und Alphabet.[4] Ständig gruppieren sich die Player neu: Im September 2016 wurde eine Allianz großer Internet-Firmen aus der Taufe gehoben, die ihre Forschungsprojekte im Bereich Künstliche Intelligenz (KI) bündeln will. Bei der »Partnership on Artificial Intelligence« sind neben Alphabet (über seine Tochterfirma Deep Mind) noch Amazon, Facebook, IBM und Microsoft mit von der Partie.[5]

Aber sind diese Unternehmen wirklich auch gesamtgesellschaftlich so bedeutend? Schaut man sich die Beschäftigtenzahlen an, fallen diese kaum ins Gewicht. Die größten Arbeitgeber der Welt sind die US-Armee, gefolgt von der chinesischen Roten Armee und Walmart; der größte kommerzielle Arbeitgeber zählt ca. 2,3 Millionen Beschäftigte.[6] Alphabet – die 2015 gegründete Holding, deren bedeutendster Teil Google ist – zählte im Jahr 2016 weltweit 72.053 Beschäftigte, das ist knapp ein Viertel der Beschäftigten von Daimler.[7,8] Alphabets Umsatz belief sich 2015 auf 75 Milliarden Euro, ziemlich genau das Doppelte wurde in Stuttgart-Untertürkheim umgesetzt. Der Gewinn der Alphabet-Holding hingegen, 23 Milliarden Euro, kann sich sehen lassen gegenüber den als »Rekordgewinn« bezeichneten 13,8 Milliarden von Daimler. In der Liste der zehn wertvollsten Unternehmen im Jahr 2016 firmiert Apple an erster Stelle. Apple ist zwar in erster Linie ein Hardware-Hersteller, im ersten Quartal 2016 schlagen aber – zurückzuführen auf den neuen Apple Music Dienst und Gewinne aus dem App-Store – zum ersten Mal Services (Dienste) als zweitwichtigste Einnahmequelle nach den iPhone-Umsätzen zu Buche.[9] Nach Apple folgt an zweiter Stelle Alphabet, und mit Microsoft, Facebook und Amazon finden sich die wichtigsten digitalen Firmen in den Top Ten.

Go West!

So lautete der Schlachtruf der Goldsucher, die um 1850 nach Kalifornien strömten. Dort fand der große Treck gen Westen seine geografische Grenze – weiter westlich ging es nicht! Einer der großen Mythen der USA ist die *frontier*, die Grenzregion, hinter der unbekanntes und unverteiltes Land nur darauf wartet, entdeckt, erobert und besiedelt zu werden: Hier liegt das Land der unbegrenzten Möglichkeiten. Der Pazifik bot dieser Expansion geografisch endgültig Einhalt, die Abenteurer, Siedler und Entrepreneure mussten daraufhin eine neue Richtung einschlagen: in den Hyperraum. »Die Frühzeit des Cyberspace ähnelte der des amerikanischen Westens«, schrieb der Chronist William D. Mitchell, in Erinnerungen an die 1960er Jahre schwelgend: »In seinem gegenwärtigen Zustand ist der Cyberspace ein Grenzland, das besiedelt ist von den wenigen, zähen Technologen, die mit der Dürftigkeit seiner primitiven Computerschnittstellen, seiner inkompatiblen Kommunikationsprotokolle, Eigentumsgrenzen, kulturellen und rechtlichen Unklarheiten und dem allgemeinen Fehlen nützlicher Landkarten oder Metaphern leben können.«[11] Aus dem geografischen Grenzland der Gründerzeit der USA wurde Mitte der 1960er Jahre ein kulturelles Grenzland, in dem wieder alles möglich schien, und das statt von unerschrockenen Cowboys mit Colts diesmal von enthusiastischen Nerds mit Lötkolben bevölkert wurde.

Dass das Internet ursprünglich eine militärische Entwicklung war, dürfte allgemein bekannt sein. Der Internet-Vorläufer Arpanet entsprang dem Versuch, ein dezentrales Kommunikationssystem aufzubauen, das selbst einem Atomangriff standhalten könnte. Das Projekt wurde 1969 verwirklicht und verband anfangs lediglich vier Forschungseinrichtungen, von denen drei in Kalifornien lagen. Eine davon war das Stanford Research Institute, bis heute die wichtigste Kaderschmiede für das Silicon Valley. Aber nicht nur das Internet selbst ist eine militärisch motivierte und finanzierte Angelegenheit, dasselbe gilt für die Blüte des Silicon Valley in den 1960er Jahren überhaupt: Das Pentagon war der wichtigste Kunde der entstehenden High-Tech-Industrie: 1965 kaufte es etwa 70 Prozent der produzierten Computerchips. Bis heute sei das Department of Defense der bedeutendste Unterstützer technologischer Entwicklungen im Valley und verantwortlich für den Aufkauf von innovativen Produkten zu Höchstpreisen, schreibt Thomas Heinrich in seiner Untersuchung der Abhängigkeit der Technologieregion vom staatlichen Auftraggeber Nummer eins, dem Verteidigungsministerium.[12]

Das Silicon Valley steht für unermüdliche Innovationen, die von wagemutigen Unternehmern (und hier sind wirklich nur Männer gemeint) und fähigen Ingenieuren vorangetrieben werden. Es kommen aber Zweifel auf, untersucht man einmal bahnbrechende Innovationen, die aus dem Silicon Valley kommen, auf ihren Ursprung hin. Die Ökonomin Mariana Mazzucato tat genau das und förderte Verblüffendes zu Tage: Am Beispiel des iPhones von Apple weist sie nach, dass dessen Schlüsseltechnologien letztlich Ergebnisse staatlich organisierter Forschung und Entwicklung sind. Das Knowhow über Touchscreen-Technologien beispielsweise erlangte Apple durch den Kauf des Unternehmens Finger-Works. Die Forschungsarbeiten wurden von der National Science Foundation finanziert, daraufhin gründeten Institutsangehörige das Unternehmen und bauten die ersten kommerziellen Prototypen. Apple sicherte sich neben dem Knowhow und dem Personal auch gleich sämtliche Patente. Auch das globale Positionierungssystem GPS entstand auf Initiative und Betreiben des Pentagon.[13]

Ganz zu schweigen von HTML und Webtechnologien, die das Leistungsspektrum etwa des iPhones abrunden: Diese wurden am Europäischen CERN entwickelt und von Anfang an als Open Source veröffentlicht. Durch Tim Berners-Lees Erfindung des World Wide Web Anfang der 1990er Jahre wurde das Internet erst zum weltweiten Massenmedium. Das WWW beruht auf gleich drei Erfindungen, die alle auf Berners-Lee zurückgehen: zum einen HTML, der Dokumentensprache zur Beschreibung und Verknüpfung von Hypertext-Dokumenten. Zweitens HTTP, einem Internet-Protokoll zum Abrufen dieser Seiten. Und schließlich drittens dem Browser selbst, ein Programm zu deren Darstellung.

Auf der 2009 abgehaltenen Konferenz der US-amerikanischen National Venture Capital Association verkündete der einflussreiche Risikokapital-Manager John Doerr sein Erfolgsrezept für lohnende Investments. Er glaubt, herausgefunden zu haben, dass Gründer am ehesten profitable Projekte zustande bringen, die folgende Eigenschaften aufweisen: Sie sind Nerds, weiß, männlich, unter dreißig, haben kein Sozialleben und in Stanford oder Harvard studiert – und meist nicht einmal abgeschlossen.[14]

In anderen Branchen würde man solche Kriterien Profiling oder schlicht Vorurteile nennen. Nicht so im Silicon Valley. Diskriminierungsvorwürfe werden mit dem Hinweis abgewehrt, dass die Daten das nun einmal hergäben: Sie nennen es Mustererkennung. Die Daten zeigen zweifelsfrei, dass männliche, junge, weiße Stanford-Absolventen die erfolgreichsten Unter-

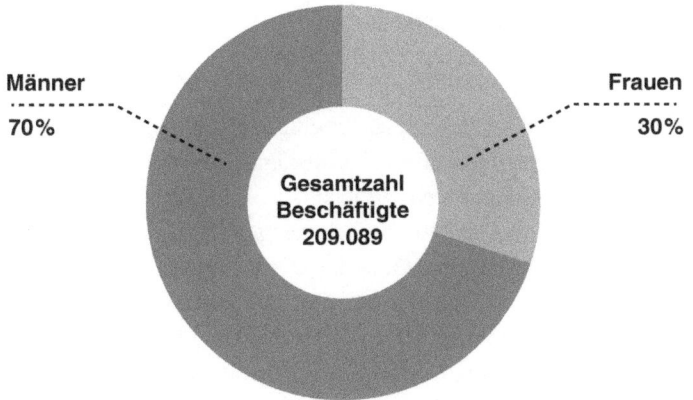

Männer
70%

Frauen
30%

Gesamtzahl Beschäftigte 209.089

Männer und Frauen im Silicon Valley[17]

nehmen gründen, also werden diese Bewerber auch höher gerankt – das ist doch wie bei Google-Suchergebnissen…

All die erfolgreichen Nerds haben meist Eltern mit akademischem Background, die selbst an den Schlüssel-Universitäten tätig sind und es ihren Sprösslingen an nichts haben fehlen lassen. Ein Mindestmaß an Wohlstand ist nötig, um an der Szene teilzuhaben und auf Konferenzen präsent zu sein. Dabei ist die Selbstwahrnehmung eine ganz andere: 83 Prozent der Mitarbeiter halten ihre Firma für ausreichend divers, fand der Softwaredienstleister Atlassian in Umfragen heraus.[15] Dabei liegt der Frauenanteil bei Microsoft bei etwa 29,1 Prozent, in Führungspositionen bei 23 Prozent, in technischen Berufen gar bei nur 16,6 Prozent. Bei Google sieht es noch schlechter aus: Frauen finden sich in 17 Prozent der Tech-Jobs, und 21 Prozent sind Führungskräfte.[16] Gegenüber den ziemlich exakt 50 Prozent Frauenanteil im US-Durchschnitt sind das bescheidene Quoten.

Was man nicht messen kann,
kann man auch nicht verbessern

Google ist das Paradebeispiel für eine *digitale Firma* – ein Unternehmen, das Geschäfte fast vollständig im Virtuellen tätigt. Und doch ist Google mehr als das: Der ehemalige Google-CEO Eric Schmidt wollte 2006 nichts weniger als »die Welt verändern«[18]. Das Motto von Google, »die Informationen der Welt zu organisieren und für alle zu jeder Zeit zugänglich und nutzbar zu machen«[19] – klingt größenwahnsinnig und ist es auch, bloß: Sie tun es trotzdem und haben damit Erfolg. Google hat keine Angst vor globalen Herausforderungen, seine Unternehmensziele gleichen Menschheitsaufgaben: Alle Informationen im Web zugänglich machen (Google Search), allen eine kostenlose E-Mail-Adresse anbieten (Gmail), alle Bücher der Welt digitalisieren (Google Books), alle Straßen dieser Welt fotografieren (Google Street View), die Erdoberfläche kartieren (Google Maps), die Erde in einer 3D-Simulation darstellen (Google Earth) usw. Die Bewältigung dieser Aufgaben erfolgt mit der immer gleichen digitalen Holzhammermethode: ein guter Algorithmus plus massenhaft Rechnerpower.

Information auf diese Weise zu betrachten, geht auf Claude Shannon zurück. Der bei den Bell Labs beschäftigte Mathematiker entwarf Ende der 1940er Jahre eine mathematische Theorie, in der Information als statistische Größe angesehen und damit messbar und berechenbar wird. In seiner Theorie wird Information quantifizierbar, und es ist kein Platz mehr für Wahrheit oder Unwahrheit: »2+2=5« enthält genauso viel Information wie »2+2=4«. Er erfand auch gleich einen Namen für die Einheit für Information: Bit (binary digit). Google & Co. haben Shannons Philosophie internalisiert und globalisiert: Lüge und Wahrheit sind eins – einzig relevant Algorithmus, Ranking und Wahrscheinlichkeit. Googles Monopolstellung führt zu einer eingeschränkten Sicht auf die Welt, alles drängt zum Licht bzw. zu den ersten Plätzen im Page-Rank. Mit der Suchmaschinenoptimierung (SEO) ist ein ganzer Wirtschaftszweig entstanden, dessen Geschäft darin besteht, Informationen für Google relevanter erscheinen zu lassen. Was vielen gefällt, wird für relevant erklärt. Der Mainstream, das Altbewährte, wird befördert gegenüber dem Neuen, der Nische.

2017 werden so viele Informationen neu digital entstehen wie in den letzten 50.000 Jahren – die gespeicherte Information wächst exponentiell. Die Bibel als reiner Text entsprach noch ganzen vier Megabyte, heute werden 132 Petabyte (Milliarden Megabyte) pro Monat neu generiert – was gestern viel war, ist heute wenig. Keine Angst vor großen Zahlen – das ist das grundlegende Credo von Google, daher auch der Firmenname, der sich von Gogol ableitet, einer Eins mit hundert Nullen. Bei Google haben Ingenieure das Sagen und nicht Kreative oder Business-Leute. Ein guter Ingenieur kann jedes Problem auf der Welt lösen, und es gibt keine Probleme, die nicht von guten Ingenieuren gelöst werden könnten – so in etwa ließe sich das *mindset* des Silicon Valley zu Technik und Gesellschaft formulieren. Jared Cohen, Leiter des Google Think Tank, bringt das folgendermaßen zum Ausdruck: »Ingenieure waren niemals so wichtig wie heute, um die Probleme der Welt zu lösen. Daraus resultiert auch eine ganze Menge an politischem Aktivismus. Nimm nur die tunesischen Revolutionäre, die jetzt als Android-Entwickler arbeiten.«[20] Schwierige Probleme können von guten Ingenieuren gelöst werden. Der Internet-Kritiker Evgeny Morozov bezeichnet dieses Dogma, für alles eine pragmatische Lösung zu finden, als »Solutionism«.[21] Google attestiert er demzufolge einen enthusiastischen Glauben an die befreiende Kraft der Technik.

Mittelpunkt aller Aktivitäten bei Google Search ist nach wie vor ein Such-Algorithmus, der im Schnitt ca. 3,6 Milliarden Anfragen pro Tag verarbeitet.[22] Die Suchmaschine Google begann 1996 als Forschungsprojekt der späteren Firmengründer Sergej Brim und Larry Page in Stanford.[23] Das ist unser Zugang zur digitalen Welt, er erschließt uns die frei im Internet verfügbaren Informationen und funktioniert dabei ähnlich wie der Katalog einer öffentlichen Bibliothek. In dieser Funktion als

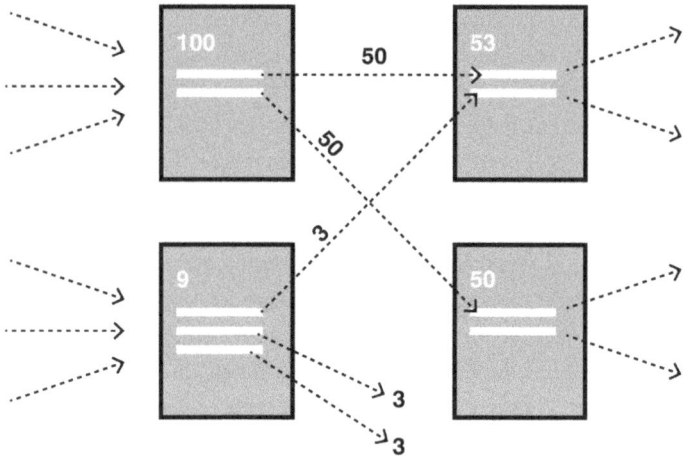

Der Google Page-Rank und seine Vererbung

»Gatekeeper« operiert Google in weiten Teilen der Welt als Monopol, in Deutschland z. B. werden über 94 Prozent aller Suchanfragen über Google abgewickelt, weltweit waren es 2016 laut Statista 88 Prozent.[24]

Die beiden Google-Gründer haben sich für ihre alternative Ranking-Methode von der wissenschaftlichen Community inspirieren lassen. Die hat ein ähnliches Problem: Wie kann die Qualität wissenschaftlicher Veröffentlichungen gemessen werden? Von zig Veröffentlichungen zu einem Thema sind welche relevant? Antwort: diejenigen, die am häufigsten zitiert werden. Eine Arbeit, die häufig zitiert wird, muss gut sein, und wie oft sie zitiert wird, kann ich feststellen, auch ohne die Arbeit gelesen oder gar verstanden zu haben.

Google übernimmt diese Idee für das World Wide Web: Was in der Wissenschaft Zitate sind, sind hier Verlinkungen von anderen Seiten. Ein Link von einer anderen Seite auf meine eigene (Backlink) stellt eine Empfehlung dar. Google erstellt also einen Page-Rank, ohne den Inhalt der Seiten zu kennen, allein durch die Analyse von Anzahl und Qualität der Backlinks. Dabei werden Links von Seiten, die selbst einen hohen Page-Rank haben, als qualitativ höher bewertet.

Googles Algorithmus hat sich als vorherigen Ansätzen überlegen erwiesen, und alle Suchmaschinen haben das Konzept übernommen. Der Algorithmus wird ständig weiterentwickelt und ist, abgesehen von der Grundidee, Betriebsgeheimnis. Laut Google fließen mittlerweile etwa zweihundert weitere Faktoren in die Bestimmung des Page-Ranks jeder Internetseite ein. Solche sind z.B. das Alter der Domain, ob der Suchbegriff im Domain-Namen enthalten ist bis hin zur Seitenladezeit. In den letzten Jahren haben Links aus Social-Media-Plattformen erheblich an Einfluss auf die Suchergebnisse gewonnen.[25]

Google macht 90 Prozent seines Umsatzes mit Werbung auf Webseiten und mobilen Anwendungen[26], also Werbeanzeigen, die zusätzlich zu den organischen Suchergebnissen angezeigt werden. Als Werbetreibender kann ich Anzeigen für präzise definierte Situationen und Suchbegriffe buchen. Im Vergleich zu anderen Werbeformen wie Fernseh- und Radiospots oder Plakatwerbung hat diese Methode kaum Streuverluste und ist außerdem viel günstiger. Werbekunden können Budget und Zielgruppe exakt einstellen, bezahlt wird nur bei »erfolgreicher Vermittlung«, sprich dem tatsächlichen Klick auf die Anzeige.

Die verschiedenen Geschäftsmodelle für Seitenbetreiber und Werbetreibende schöpfen den Rahm ab, den nach wie vor ein einziger Algorithmus generiert: der Google Page-Rank, der für die Suchergebnislisten verantwortlich ist. Das ist eigentlich ein paradoxes Geschäftsmodell: Frei verfügbare Information – denn Google kann nur Seiten indizieren, die öffentlich und frei verfügbar sind – wird für uns neu sortiert und aufbereitet. Google produziert selbst nichts, noch nicht einmal eigene Informationen, wenn man vom Ranking selbst absieht.

Der Digitale Kapitalismus übernimmt das Steuer

Google ist in die Jahre gekommen, spätestens seit der Gründung von Alphabet als Holding 2015 ist ein Weltkonzern entstanden, der auf weit mehr Gebieten operiert als dem World Wide Web. Die neue Holding umfasst zwei Bereiche. Ein Teil heißt nach wie vor Google und vereint die zentralen Aktivitäten des Konzerns: Suche, Anzeigen, Karten, Apps, YouTube, das mobile Betriebssystem Android und die dazugehörenden Infrastrukturen. Die anderen Geschäftsfelder sind die zukunftsorientierten Projekte; hier zeigt sich, wohin die Reise geht.

Damit soll einerseits erreicht werden, dass die einzelnen Projekte in ihrer Attraktivität für Investoren schärfer zu trennen sind. Gleichzeitig markiert die erwähnte Umstrukturierung eine Hinwendung zu weiteren Geschäftsfeldern, die den Bereich des Internet-basierten Geschäfts verlassen.[27] Solche Unternehmensbereiche sind z. B. Verily (aus Google Life Sciences hervorgegangen), ein Forschungslaboratorium, das sich der Erforschung des Lebens widmet. Zusammen mit Calico, einer Biotechnologie-Firma, die 2013 gegründet wurde, deckt sie das Interesse von Alphabet an der Verlängerung des Lebens ab. Ihr Ziel besteht darin, die biologischen Faktoren zu verstehen, die die menschliche Lebensdauer bestimmen und sich dem Kampf gegen das Altern und altersbedingte Krankheiten zu widmen. Das Silicon Valley arbeitet ernsthaft an der Unsterblichkeit!

Verily hat gerade einen Roboter entwickelt, der autonom Insekten heranzüchten kann, und zwar eine Million pro Woche. Derzeit werden Moskitos produziert, die mit dem in der Natur vorkommenden Wolbachia-Bakterium infiziert wurden, das zur Unfruchtbarkeit führt. Die Firma züchtet mit Hilfe von Algorithmen und Anlagen zur automatisierten, kostengünstigen Produktion in großem Maßstab Insekten mit dem Ziel, diese zur Bekämpfung etwa des Zika-Virus einzusetzen, das durch Moskitos übertragen wird. Im Juli 2017 startet Verily einen Feldversuch mit zwanzig Millionen Tieren in Fresno County, Kalifornien.[28] Ein Segen für die Menschheit und ein lukratives

Geschäft für die Bio-Tech-Firma Verily – mit dem bewährten Prinzip: ein Algorithmus, und viel Rechen- bzw. in diesem Fall Roboter-Power!

Dann gibt es die handfesteren Unternehmungen wie Nest und Fiber. Nest Labs ist ein Hersteller von Smart-Home-Anwendungen und Geräten, wie Thermostaten mit WLAN, Rauchdetektoren, Sicherheitssystemen etc. Google Fiber ist ein Anbieter von Breitband-Internetverbindungen, die ca. 453.000 Kunden, z. B. in Kansas City, mit Breitband-Anschluss versorgen.[29] Das ist nicht viel mehr als genug, um bei Verhandlungen mit Regulierungsbehörden wie der Federal Communications Commission (FCC) mit am Tisch sitzen zu können, worin das Hauptziel dieser Operation zu bestehen scheint. Im Oktober 2016 wurden Fibers Aktivitäten ausgesetzt, man wolle sich angesichts des Drahtlos-Trends strategisch neu aufstellen; hier wird also viel experimentiert. Mit GV (ehemals Google Ventures) und CapitalG (vormals Google Capital) sind zwei Firmen im Portfolio, die Risikokapital für Technologie-Projekte bereitstellen. Der Ridesharing-Dienst Uber ist das vielleicht bekannteste Engagement von Google Ventures. Dann gibt es da noch die eigentlichen Start-up-Projekte wie Google X und Waymo, bei denen es um futuristische Forschungsthemen wie Internetverbindung über Fesselballone oder Software für Lieferdrohnen geht.

Im Herbst 2014 stellte Google der Öffentlichkeit ein kleines, eiförmiges Gefährt vor: das Google-Auto. Das Fahrzeug besitzt kein Lenkrad, kein Bremspedal, kein Gaspedal, keine Kupplung, es ist batteriebetrieben und fährt von allein. Der Prototyp, von dem Google selbst einhundert Stück gebaut hat, ist das erste in Kleinserie produzierte vollautomatische Fahrzeug, das für den Einsatz im normalen Straßenverkehr gedacht ist. Es hat einen einzigen Knopf: an/aus. Fahrtziele werden per App eingegeben – eine Benutzerschnittstelle, wie man sie vom Smartphone kennt: Es ist, wenn man so will, ein Smartphone auf Rädern. Das kleine Gefährt verfügt über eine Vielzahl von Sensoren, einen Laserscanner auf dem Dach – ähnlich dem auf den

Google-Street-View-Autos –, mit denen ständig die Umgebung gescannt wird. Das Gefährt verfügt über präzises Kartenmaterial und GPS-Navigation, in Kombination mit den Sensor- und Scanner-Daten kann es seine Position auf Zentimeter genau bestimmen. Exakte Positionsbestimmung und präzise Erfassung sämtlicher Umgebungsdaten sind essenzielle Voraussetzung für autonomes Fahren. Laut Google werden ein Gigabyte Daten pro Sekunde verarbeitet, um dem kleinen Gefährt die Orientierung zu ermöglichen und die exakte Position des Fahrzeugs sowie die von anderen Verkehrsteilnehmern, Hindernissen, Verkehrszeichen etc. zu bestimmen.

Wie können die Leute bei Google davon ausgehen, dass das Steuern eines Fahrzeugs durch komplexe Verkehrssituationen, das wir Menschen mühsam lernen müssen, von einer Maschine erledigt werden kann? Sind für die Bewältigung solcher Aufgaben nicht höhere Hirnfunktionen wie Intelligenz, Erfahrung, Empathie nötig? Gibt es nicht Aspekte am Autofahren, die prinzipiell nicht von Computern erfasst werden können? Die Ingenieurinnen und Ingenieure bei Google (und anderswo) scheinen jedenfalls davon überzeugt zu sein, dass Autofahren auf Regeln reduziert werden kann, die stur befolgt werden müssen. Chris Urmson, der ehemalige Leiter des Google-Car-Projekts, sagt: »Letztlich geht's nur um zwei Zahlen, so schwer kann das nicht sein.«[30] Zunächst müssen sämtliche Aspekte, die beim Autofahren vorkommen – das Einhalten der Verkehrsregeln, das Erfassen von Situationen und Erkennen von anderen Verkehrsteilnehmern, die Reaktion auf Unvorhergesehenes – in Form einer (langen, aber endlichen) Liste an Vorschriften niedergelegt werden. Ist dieser Code einmal geschrieben, dann kann in letzter Konsequenz eine Maschine, die diesen Code ausführt, Auto fahren – womöglich besser als alle Menschen zuvor.

Ein weiterer Effekt des Autofahrens als IT-Lösung ist, dass die Erfahrung sämtlicher gefahrener Kilometer dem Gesamtsystem zu Gute kommt und auf ewig konserviert werden kann. Sie fließt in die Verfeinerung des Algorithmus ein, der lernt,

Verkehrsteilnehmer und Situationen immer besser zu erkennen. Das einzelne Gefährt hat auch aus anderen Gründen das Zeug, zum besten Autofahrer der Welt zu werden: Es wird nie müde, hat immer Rundumsicht und es kann, vernetzt man es mit anderen Autos, mit Ampeln, Verkehrszeichen, mit potenziellen Mitfahrerinnen und Mitfahrern, mit Wetter- oder Staudaten und stattet man es mit einer globalen Sicht auf die gesamte Verkehrssituation aus, auf all das reagieren. Alle Informationen, die dem Gesamtsystem zur Verfügung stehen, z. B. auch die geplante Route des vorausfahrenden Autos, all diese Informationen stehen prinzipiell auch jedem einzelnen Fahrzeug zur Verfügung. Das vernetzte Automobil ist vergleichbar mit einem Computer, der ans Internet angeschlossen wird und der plötzlich Zugang zu einer Unmenge von Informationen hat. Das Auto wird zum IT-Produkt, zum Teil eines Mobilitäts-Netzwerks.

Noch gibt es nur 100 Prototypen des Google Car, noch sind erst 300.000 Kilometer an Testfahrten absolviert, aber es ist absehbar, dass Google mit dem Konzept Erfolg haben wird. Am 13. Dezember 2016 fand in Austin (Texas) die weltweit erste Fahrt im öffentlichen Verkehr mit einem von Googles Autos statt: erstmals ohne Begleitperson wurde der Blinde Steve Mahan durch die Stadt kutschiert.[31] Damit wird das Ende des motorisierten Individualverkehrs absehbar; der auto-mobile Fahrer wird ersetzt durch eine vernetzte Selbstfahr-App. John Krafcik, CEO von Waymo, der Firma, die aus dem Google-Car-Projekt entstanden ist, charakterisiert deren Ziel folgendermaßen: »Unser Geschäft ist es nicht, bessere Autos zu bauen. Unser Ziel ist es, bessere Fahrer herzustellen.«[32]

Bei autonom fahrenden Fahrzeugen kommt es auf die Sensorik, einen sich ständig verbessernden Algorithmus, auf die Vernetzung mit anderen Fahrzeugen, Verkehrsteilnehmern, Ampeln etc. und auf die Speicherung und Verarbeitung großer Datenmengen an. Das sind genau die Anforderungen an große komplexe Internet-Anwendungen, wie geschaffen für Google & Co. Auf Motoren, Getriebe, Ausstattung und Design kommt es hier nicht mehr in erster Linie an: Wer die besten Algorithmen, die meisten Daten und die beste Nutzererfahrung bieten kann, hat die größten Chancen, zu reüssieren – die Kernkompetenzen der Automobilindustrie sind hier nicht mehr gefragt. Experten befürchten demzufolge, diese könnte zum bloßen Zulieferer bzw. Teilehersteller werden: »Seit über hundert Jahren hat die Automobilindustrie mit Ingenieurleistungen um Marktanteile gefochten. In der Zukunft wird das nicht mehr ausreichen«[33], schreiben Analysten vom IBM Center for Applied Insights in einer vielzitierten Studie zur Disruption in der Autobranche.

Der Hersteller der Hardware wird zweitrangig, entscheidend wird die Software, die »auf dem Auto läuft«. Eine Entwicklung, die die Computerhersteller bereits hinter sich haben: Hier ist seit vielen Jahren Software das lukrative Geschäft, während sich die Hardware-Hersteller auf einem umkämpften Markt mit kleinen Margen gegenseitig Konkurrenz machen. Auf dem Smartphone-Sektor fand ein ähnlicher Verdrängungsprozess statt, innerhalb weniger Jahre wurden die »dummen« Telefone von Nokia und Blackberry von Smartphones verdrängt, und das Geschäft verschob sich vom Gerät hin zur Software – Apple und insbesondere Google sind die dominanten Player, weil sie die Software-Plattform kontrollieren. Der CEO von Nokia, Stephen Elop, beschrieb diesen rasanten Wandel damals als »Moment der brennenden Plattform«: Er habe sich gefühlt wie ein Ölarbeiter auf einer brennenden Plattform, dem nur wenige Sekunden bleiben, um folgenschwere Entscheidungen zu treffen. »Unsere Konkurrenten nehmen uns nicht mit Geräten Marktanteile ab, sondern mit einem ganzen Ökosystem«, schrieb er damals in einem an die Belegschaft gerichteten Memo.[34]

Seitdem das erste Auto von Carl Benz auf die Straße gebracht wurde, hat sich nichts Grundsätzliches verändert: Ein Verbrennungsmotor treibt das Fahrzeug an, ein Mensch steuert es mehr oder weniger geschickt – übrigens ist Carl Benz bei der ersten Testfahrt 1885 gleich gegen eine Mauer gefahren – und der Fahrer ist meist auch Besitzer des Fahrzeugs, das die überwiegende Zeit ungenutzt irgendwo herumsteht. Auf allen drei Gebieten – elektrischer Antrieb, Grad der Autonomie der Fahrzeuge und neue Nutzungsmodelle – stehen einschneidende Veränderungen bevor.

2017 wird möglicherweise als das Jahr in die Annalen eingehen, in dem die größte Veränderung des Automobils seit der Massenproduktion durch Ford eingeläutet wurde. Der Dieselskandal befördert den elektrischen Antrieb, Fahrverbote in Städten tun ihr Übriges. Auch die großen Autohersteller wollen dem Trend zum autonomen Fahren folgen, und Carsharing-Modelle sind in aller Munde. Die bisherigen Innovationsbremser geben sich geläutert oder haben es schon immer gewusst, und wir erleben mit, wie die bisher sich auf die Domäne von Internetdiensten beschränkenden Firmen wie Alphabet die Schwelle zur Realökonomie mehr und mehr überschreiten und diese mit ihren Geschäftsmodellen revolutionieren – wie immer mit der Holzhammer-Methode: Eine gute Software gekoppelt mit massiver Rechenpower und schier unbegrenztem Speicherplatz.

Aus kleinen kalifornischen Start-ups aus dem Stanford-Umfeld sind innerhalb von ein, zwei Jahrzehnten mächtige, vielleicht die mächtigsten Konzerne der Welt geworden, die sich nicht hinter den Giganten früherer Epochen verstecken müssen. Sie sind die Eisenbahntrusts, die Stahlkartelle, die Energieriesen von heute – und all das mit dem tückischen kleinen Ding: Information.

Wer sind die Roboter?

In den automobil-futuristischen 60er Jahren debattierte man die Frage, ob Tankwarte bald durch Roboter ersetzt werden würden. Im Zuge einer allgemeinen Technikeuphorie schien es nur noch eine Frage der Zeit, bis deren einfache Tätigkeit durch maschinelle Kollegen übernommen werden würde, was erhebliche Kosteneinsparungen zur Folge hätte. Demgegenüber gaben andere zu bedenken, der Job sei doch zu facettenreich, um von einem Automaten erledigt werden zu können, und außerdem würden die Kunden die menschliche Interaktion sicher vermissen. Der Job erscheine nur auf den ersten Blick einfach und mechanisch, die Jobs der Tankwarte seien also sicher.

Schlussendlich hat keine von beiden Seiten Recht behalten. Das Selbsttanken kam in Mode und wurde durch begleitende Werbekampagnen als modern und zeitgemäß verkauft. Binnen weniger Jahre machten die Kunden der Tankstellen den Job selbst, die Tankwarte wurden arbeitslos und von Tankrobotern sprach niemand mehr. Zweierlei kann man daraus lernen: Erstens wird nicht alles, was automatisiert werden kann, auch tatsächlich automatisiert. Zweitens bleiben aber auch nicht zwangsläufig die »Arbeitsplätze erhalten«. Oft wird einfach rationalisiert, indem Arbeitsabläufe zum Kunden hin verlagert werden: Ob in Schnellrestaurants und Selbstbedienungscafés oder beim Flugbuchen, beim Online-Banking oder beim Fahrkartenkauf – die Beispiele sind Legion. Zur Zeit überall in Deutschland in der Testphase in Baumärkten und Supermärkten: Kassier selbst! Das hat Zukunft.

So alt wie der Kapitalismus ist die Frage, ob menschliche Arbeit durch Maschinen ersetzt werden wird. Im Jahr 1964 lieferte das *Ad hoc Committee on the Triple Revolution* ein Memorandum für den damaligen US-Präsidenten Lyndon Johnson, an dem so illustre Persönlichkeiten wie der Chemie-Nobel-preisträger Linus Pauling mitgearbeitet hatten. Eine neue Ära der Produktion habe begonnen, deren Grundlagen sich von der industriellen so sehr unterschieden, wie diese sich von der Landwirtschaft unterschieden habe, schrieben die Autoren: Diese »Cybernation Revolution« werde hervorgebracht durch »die Kombination des Computers und automatisierter selbstregulierender Maschinen«[1]. Deren Einsatz werde zu einer »nahezu grenzenlosen Produktionskapazität« führen, die zunehmend weniger menschliche Arbeit erfordere. So beschrieben die Autoren die kommende digitale Revolution. Die Turing-These wird hier offensiv vertreten: Computern als nach genauen Regeln funktionierenden symbolverarbeitenden Maschinen kommt ein nahezu grenzenloser Aktionsradius zu. Im Jargon der zu jener Zeit modernen Kybernetik formuliert, findet sich hier ein frühes Beispiel für eine euphorische Automatisierungsprognose. Die Frage, ob und wie Roboter unsere Jobs übernehmen, ist also nicht neu. Und die Überschätzung des Aktionsradius der Turing-Maschine ebenso wenig.

Zehn Jahre später kommentierte Daniel Bell, Verfasser des Gründungsdokuments der sogenannten Informationsgesellschaft, das Memorandum folgendermaßen: »Die kybernetische Revolution hat sich schnell als illusorisch erwiesen. Es gab keine spektakulären Sprünge in der Produktivität. Das Bild einer völlig automatisierten Produktionswirtschaft – mit einer endlosen Fähigkeit, Waren auszuspucken – war einfach nur eine sozialwissenschaftliche Fiktion der frühen 1960er Jahre.«[2] Bell und andere hielten zwar die Abschaffung einfacher körperlicher Arbeit für einen realen Trend, sahen aber gleichzeitig eine neue Klasse entstehen, die Wissensarbeiter. Als Folge der Automatisierung entstehe eine neue, gut ausgebildete und besser verdienende Elite von Wissensarbeiterinnen und -arbeitern (*white-collar workers*). Bell wurde mit seiner These von der Höherqualifizierung (*up-skilling*) durch Computerisierung weltberühmt und nahm dieser ihren Schrecken. Die These vom Ende der Arbeit durch Automatisierung griff in den 1990er Jahren, neben zahlreichen anderen wie dem Philosophen André Gorz, insbesondere Jeremy Rifkin auf. In seinem 1995 erschienenen Buch *Das Ende der Arbeit und ihre Zukunft* wird die Turing-Maschine wiederum als direkte Ursache für eine kommende, irreversible Massenarbeitslosigkeit angeführt. Rifkin behauptet darin, dass sich die Arbeitslosigkeit der Welt infolge der Automatisierung und der Ausbreitung der Informationstechnologien in der Arbeitswelt massiv erhöhen werde, während Millionen Arbeitsplätze in Industrie, Einzelhandel, Landwirtschaft und Dienstleistungssektor durch die Digitale Revolution überflüssig würden. Er schreibt: »Das Informationszeitalter hat begonnen, und dank immer leistungsfähigerer Computerprogramme werden wir schon bald in einer Welt ohne Arbeit leben.«[3]

Auch diese Vorhersage ist nicht eingetreten. Führen die mikroelektronische Revolution, die Digitalisierung, der Einsatz von Robotern nun zu einem globalen Effekt auf Arbeitsplätze? Es ist schwierig, verlässliche Zahlen zu bekommen – es gibt selbstständige oder scheinselbstständige Arbeit, die Gesamtzahl der Arbeitsstunden ist schwer zu ermitteln, mindestens ebenso ungenau ist die Bestimmung des Umfangs der arbeitsfähigen Bevölkerung. Die Internationale Arbeitsorganisation liefert eine Zahl, die vielleicht als Anhaltspunkt dienen kann. Sie gibt für 2014 eine weltweite Arbeitslosenquote anteilig an der gesamten Erwerbsbevölkerung von 5,9 Prozent an. Die entsprechende Zahl für 1994 lag bei 6,3 Prozent.[4] Hier scheint kein eindeutiger Trend vorzuliegen. In Levys und Murnanes breit angelegter Studie zur Jobentwicklung in den USA finden sich folgende Zahlen: Sie geben für das Jahr 2000 eine Arbeitslosenquote von 4 Prozent an und vergleichen sie mit 1969 (3,5 Prozent).[5] Die Quote dieser beiden Boom-Jahre ist ziemlich ähnlich, allerdings ist die absolute Zahl der Erwerbstätigen in diesem Zeitraum von 83 Millionen auf 135 Millionen gestiegen. Beide Quellen geben in ihrem jeweiligen Geltungsbereich keine Hinweise darauf, dass die negativen Effekte von Automatisierung nicht aufgefangen worden wären.

Bei Paul Mason kann man schließlich nachlesen: »Der Harvard-Ökonom Richard Freeman hat ausgerechnet, dass sich die Erwerbsbevölkerung der Welt zwischen 1980 und 2000 in absoluten Zahlen verdoppelte, womit sich die Kapitalintensität halbierte. Das Bevölkerungswachstum und der Anstieg der ausländischen Direktinvestitionen ließen die Erwerbsbevölkerung in den Entwicklungsländern deutlich wachsen, in China entstand infolge der Verstädterung eine Arbeiterklasse von 250 Millionen Menschen, und die Arbeitskräfte in den früheren Ostblockstaaten drängten über Nacht auf den globalen Arbeitsmarkt.«[6] Es sieht so aus, als sei die Vorhersage, der Einsatz von Computern führe zu Massenarbeitslosigkeit, schlicht falsch.

Wissenschaftlicher Kapitalismus

In den 1970er Jahren widmete der amerikanische Marxist Harry Bravermann der Rationalisierung und der Automatisierung eine ausführliche Untersuchung.[7] Er machte einen Daniel Bells *up-skilling* durch Wissen und Rationalisierung widersprechenden Mechanismus aus. Er stellte fest, dass qualifizierte Arbeit von erfahrenen, geschickten Arbeitern durch die Einführung neuer Techniken systematisch entwertet wird. In deren Folge werden fachlich qualifizierte durch nicht-qualifizierte Arbeiter ersetzt. Braverman zeichnete diesen Mechanismus – er nannte ihn *de-skilling*, etwa Entqualifizierung – seit den Zeiten der Manufaktur nach. Dieser Prozess führt aus Sicht des Kapitals zu Kosteneinsparungen: Gut ausgebildete teure Arbeiter werden durch billigere Arbeitskräfte ersetzt. Zusätzlich wird die Verhandlungsposition der gelernten Arbeiterschaft geschwächt. Nach Braverman und an ihn anknüpfende Theorien sind Taylorisierung und insbesondere Maschinisierung nicht nur Mittel zur Verbilligung der Produktion, sondern auch direkte Herrschaftsinstrumente. Erfinder-Kapitalisten wie Charles Babbage oder Henry Ford haben immer schon versucht, den Produktionsprozess zu systematisieren, die Fabrik zu rationalisieren,

Zufälliges und Überflüssiges zu eliminieren. Der kanadische Medienwissenschaftler Nick Dyer-Whiteford knüpft an Braverman an, wenn er schreibt: »Babbages Suche nach mechanischen Mitteln, um die Arbeiter sowohl manuell als auch geistig zu automatisieren, war die logische Erweiterung des Wunsches, den menschlichen Faktor zu reduzieren und schließlich zu eliminieren, der den neuen Industriellen nur als Quelle ständiger Fehleranfälligkeit, Disziplinlosigkeit und Bedrohung erschien.«[8] Neben der Maximierung des Mehrwerts verfolgte diese Strategie auch den Zweck, den mit Wissen, Erfahrung und Intelligenz ausgestatteten Handwerker-Arbeiter zum nicht-denkenden Roboter zu degradieren.

Überhaupt hielten die Fabrikherren nie besonders viel von ihren Arbeitern und deren Wissen oder Erfahrung. So sprach etwa Carl Friedrich von Siemens von seinen Angestellten als »Scharen von minderwertigen Organen, die rein mechanisch arbeiten«[9]. Das Wissen der Arbeiter zu nutzen, ihre Erfahrung abzufragen, sie gar aufgrund ihrer Eigeninitiative oder Kreativität einzustellen, davon war das Kapital damals noch weit entfernt. Verblüffend, wie sich angesichts dieser Haltung der Fabrikherren auf der Gegenseite der Stolz der Industriearbeiterschaft auf ihre Tätigkeit, ihre emotionale Verbundenheit mit dem Unternehmen und ein proletarisches Arbeitsethos herausbilden konnten.

Ähnliche Zustände finden sich auch bei den neuen digitalen Unternehmen. Ein bei Amazon in der Logistik Beschäftigter berichtet, dass dort nicht nur Arbeitsabläufe, Pausenzeiten und die konkrete Tätigkeit detailliert geregelt sind. Das Einsammeln von Waren für den Versand in den Lagerhallen des Logistik-Unternehmens organisiert ein Algorithmus. Dem mit dem Einsammeln betrauten »Picker« wird auf einem tragbaren Gerät angezeigt, welcher Punkt als nächstes angesteuert werden muss und auf welchem Weg. Dabei ist das Grundproblem der Logistik bis heute nicht exakt mathematisch gelöst: Welcher Weg der kürzeste ist, um eine gegebene Anzahl Lieferpunkte anzusteuern, wird bis heute mit rein heuristischen, auf Erfahrung basierenden Ansätzen errechnet – das macht der menschliche Lieferheld z. B. auch so. Der Algorithmus ist auch nicht schlauer, kann aber in kürzester Zeit einfach alle Möglichkeiten durchprobieren: Die digitale Brechstangen-Methode kommt hier wieder zum Einsatz. Nicht nur die Arbeitsabläufe werden bis hinunter zum einzelnen Handgriff vorgeschrieben und überwacht, auch wie Treppen zu steigen und wie(viel) Klopapier zu benutzen ist, ist geregelt. Ein Schild verkündet: »Halte beim Treppenlaufen immer die Hand griffbereit am Handlauf.« Kontrolle und Vorschriften gehen über wissenschaftliches Management von Arbeitsabläufen hinaus, man könnte fast von programmierter Demütigung der Beschäftigten durch viele kleine Regeln sprechen. Deren Versuche, sich ein bisschen Autonomie, Würde oder minimale Handlungsspielräume zu erhalten, sind schlicht unerwünscht. Das Vorwissen, das sie mitbringen, ist irrelevant: »Mir war schnell klar:«, erinnert sich ein mittlerweile fest Beschäftigter, »Selberdenken ist nicht gefragt. Bei den täglichen Meetings wird immer wieder erklärt, wie wir unsere Schuhe binden oder die Treppe runterlaufen sollen. Wir sind doch keine Kinder, denen man so was beibringen muss.«[10]

Wer ersetzt hier wen?

Selten werden Arbeitsplätze direkt für »Kollege Computer« freigeräumt, vielmehr findet eine Reorganisation rund um neue Technologien statt. In den meisten Fällen ist die Auswirkung der Einführung neuer Informationstechnologien komplexer als der reine Ersatz. Am Ende stehen andere Abläufe, andere Berufsbilder, andere Leute mit anderen Qualifikationen. Werden etwa autonom fahrende LKWs, wie sie derzeit von allen Herstellern entwickelt und getestet werden, den LKW-Fahrer oder die -Fahrerin arbeitslos machen? Frank Rieger vom Chaos Computer Club warnt genau vor diesem Szenario: Über eine halbe Million Fernfahrer könnten arbeitslos werden – allein in Deutschland, befürchtet er.[11] Andere Szenarien sehen keine leere Fahrerkabine vor, stattdessen verschöben sich die Aufgaben in Richtung der Erledigung von Korrespondenz, Kontakt mit Kunden und Lieferanten sowie buchhalterische Tätigkeiten – der LKW wird zum Büro auf Rädern. Klaus Ruff von der Berufsgenossenschaft für Transport und Verkehrswirtschaft dazu:»Die Übernahme anderer Tätigkeiten wird das Berufsbild des LKW-Fahrers deutlich verändern. Hieraus ergeben sich Aufstiegsmöglichkeiten von der reinen Fahrtätigkeit zum Transportmanager.«[12] Mal sehen, wer Recht behält!

Es geht aber auch andersherum: Daimler kündigte vor kurzem an, Roboter zu entlassen und in der Fertigung wieder auf Menschen zu setzen. Der Grund seien die vielen Individualisierungsmöglichkeiten der Fahrzeuge:»Roboter können mit dem hohen Individualisierungsgrad und den vielen Varianten, die wir heute haben, nicht umgehen«, sagte Markus Schäfer, Produktionschef von Mercedes Benz, der Nachrichtenagentur Bloomberg.»Wir sparen Geld und sichern unsere Zukunft, in dem wir mehr Menschen einstellen.«[13] In Zukunft werden Menschen aber Hand in Hand mit kleinen Robotern am Band arbeiten, die sich ständig wiederholende Handgriffe ausführen, so Schäfer weiter. Ist das eine gute Nachricht? Für diejenigen, die wieder einen Job bekommen beim gut zahlenden Daimler, schon. Aber enthält das nicht auch eine Kränkung? Das Management entscheidet mehr oder weniger sachlich begründet, ob Roboter oder Menschen eingestellt werden. Ob die neu eingestellten Kollegen wohl auch von den Robotern eingelernt werden?

Foxconn Technology Group ist der weltweit größte Hersteller von elektronischen Komponenten, größter Exporteur Chinas und drittgrößter kommerzieller Arbeitgeber der Welt mit 1,3 Millionen Beschäftigen. Weltweit bekannt wurde die Firma, die unter anderem Tablets für Apple fertigt, vor ein paar Jahren durch ihre skandalösen Arbeitsbedingungen, die an die Frühzeit des Kapitalismus erinnerten, und denen sich zahlreiche Arbeiterinnen und Arbeiter nur durch Fenstersturz entziehen zu können glaubten. Der Hinterhof-Sweatshop Foxconn, das Paradebeispiel für die Schattenseiten des Digitalen Kapitalismus, verblüffte mit der Ankündigung, in den nächsten drei Jahren eine Million Roboter einstellen zu wollen, was Jeremy Rifkin 2015 in einem Interview zur Sprache brachte.[14] Ziel sei es, Lohnkosten zu senken und die Effizienz zu steigern. Im Mai 2016 verkündete dann ein Regierungsbeamter der *South China Morning Post*, die Fabrik habe die Mitarbeiterstärke dank der Einführung von 60.000 Robotern reduziert, wie BBC berichtete.[15]

Martin Ford schreibt in seinem Buch *Rise of the Robots*, dass zwar nicht alle Berufe automatisiert werden können, dass aber insbesondere Tätigkeiten, die aus einer vorhersagbaren Routine bestehen, in den kommenden Jahren gefährdet seien.[16] Viel diskutiert wurde eine Studie der Oxford School, nach der nunmehr auch *white-collar jobs*, die sogenannten Wissensarbeiter, die bei Bell noch die Gewinner der Computerisierung waren, gefährdet sind. Die Universität von Oxford untersuchte 700 Berufsgruppen in den USA und kam zu dem Ergebnis, dass 47 Prozent davon durch die Computerisierung bedroht sind.[17] Neben Jobs in der Logistikbranche finden sich auch so illustre Beschäftigungen wie Kreditberater und Immobilienmakler in der Liste. Längst schützt eine gute Ausbildung nicht mehr davor, durch eine Maschine ersetzt zu werden. Außerdem finden sich in der Liste immer mehr Wissensberufe, nicht nur einfache Tätigkeiten in der Produktion: Partnervermittlungen setzen auf Algorithmen, um Mr. oder Mrs. Right zu finden, und Anlageberater werden zunehmend durch Algorithmen ersetzt, die das erledigen, was einst nur Absolventinnen von Business Schools schafften.

Kaufempfehlungen à la »Kunden, die dieses Produkt kauften, kauften auch…« sind beim Online-Shopping gang und gäbe geworden – das erledigen Programme, und keine Kundenberater mehr. Die Wissensgesellschaft wird herausgefordert – durch Programme wie die Such-Roboter (Crawler, Search Robots) der Suchmaschinen und all die Algorithmen, die zunehmend auch den Denk-Arbeiter oder Kopflanger (Bertolt

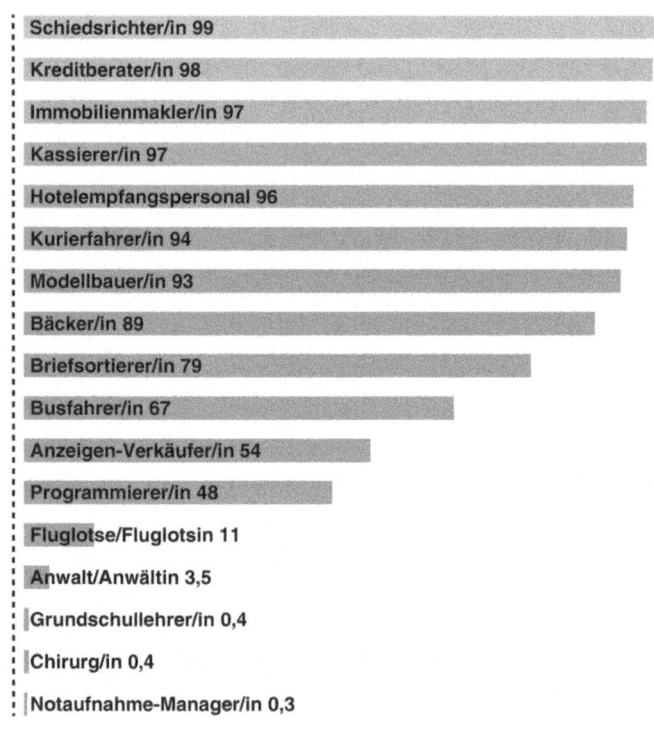

Schiedsrichter/in 99
Kreditberater/in 98
Immobilienmakler/in 97
Kassierer/in 97
Hotelempfangspersonal 96
Kurierfahrer/in 94
Modellbauer/in 93
Bäcker/in 89
Briefsortierer/in 79
Busfahrer/in 67
Anzeigen-Verkäufer/in 54
Programmierer/in 48
Fluglotse/Fluglotsin 11
Anwalt/Anwältin 3,5
Grundschullehrer/in 0,4
Chirurg/in 0,4
Notaufnahme-Manager/in 0,3

Wahrscheinlichkeit in Prozent

Die Wahrscheinlichkeit, ersetzt zu werden[18]

Brecht) ersetzen. Das beispielsweise von Jaron Lanier beklagte Verschwinden der Mittelklasse ist nur eine andere Formulierung der Befürchtung, dass Maschinen zunehmend auch die Jobs von gut Qualifizierten ersetzen. Die Hoffnung, die Wissensgesellschaft werde neue Arbeitsplätze hervorbringen, ist zudem trügerisch. Zwar sind neue Berufe entstanden wie z. B. Social-Media-Experten und Suchmaschinen-Optimiererinnen, die es so vorher nicht gab, aber auch diese können damit rechnen, in der nächsten Runde der Computerisierung gleich wieder zu verschwinden.

»Wisconsin appears to be in the driver's seat en route to a win, as it leads 51-10 after the third quarter. Wisconsin added to its lead when Russell Wilson found Jacob Pedersen for an eight-yard touchdown to make the score 44-3.« (Wisconsin scheint auf der Zielgeraden Richtung Sieg zu sein, sie liegen nach dem dritten Viertel 51 zu 10 vorne. Wisconsin baute seinen Vorsprung auf 44 zu 3 aus, als Russell Wilson Jacob Pedersen zu einem acht Yard Touchdown verhelfen konnte.)[19] Diesen Spielbericht aus der US-amerikanischen Football-Liga hat ein Computerprogramm der Firma Narrative Science mit Hilfe im Netz gefundener Information binnen Sekunden verfasst. *Data Storytelling* heißt das Ganze dann. Martin Ford hat bei Narrative Science nachgefragt, wie deren Prognose für den ehrwürdigen Beruf des Journalisten/der Journalistin aussehe angesichts solcher algorithmisch erzielten Achtungserfolge: 90 Prozent aller Nachrichten werden Narrative Science zufolge demnächst von Algorithmen geschrieben.[20] Der Aktionsradius der Turing-Maschine dehnt sich mal wieder aus: Touchdown.

Content Moderation

Ende 2016 wurde einer breiten Öffentlichkeit bekannt, dass Facebook die Bertelsmann-Tochter Arvato damit beauftragt hatte, unerwünschte Inhalte auf ihrer Plattform zu beseitigen. Man könnte vermuten, hier werden avancierte Software und massenhaft Rechnerpower eingesetzt für das digitale Großreinemachen. Weit gefehlt: Das wird – kaum zu glauben – in Handarbeit gemacht. Im Januar 2017 hatte ich Gelegenheit, mit einer der Beschäftigten der in Berlin ansässigen Firma ein Interview zu führen:

»Ich arbeite für dieses Social-Media-Unternehmen, ich mache Content Moderation, ich arbeite für den spanischen Markt. Wenn jemand ein Bild meldet, das in irgendeiner Weise missbräuchlich ist, oder einen Fake Account meldet, muss ich das analysieren. Es gibt eine massive Queue [Kaskade an Tickets], wir haben großen Druck, weil wir 1.800 Tickets pro Tag abarbeiten müssen, das macht 14 Sekunden pro Ticket, aber ich arbeite acht Stunden plus eine halbe Stunde Mittagspause. Die

Trefferquote muss 98 Prozent sein, irgendwann bin ich so müde, ich kann dann nicht mehr denken. Selbstverstümmelung, Pornografie, vor allem mit Minderjährigen, das ist nicht schön. Einige Leute haben Albträume bekommen. Kollegen, die Videos bearbeiten, sind stark betroffen. Es gibt Beratung, aber nur eine Person, die aber nicht richtig qualifiziert ist.

Außerdem muss ich noch E-Mails überprüfen, ich muss strittige Fälle besprechen. Niemand schafft 1.800 Tickets, normalerweise mache ich 1.500, manchmal 1.600. Ein Mädchen hat es geschafft, die Anforderungen zu erfüllen, dann fing sie an, Schmerzen in ihrer Hand zu fühlen. Sie kontrollieren alles, die Durchschnittswerte etc. Es gibt vier Hierarchie-Ebenen: Die Teamleiter prüfen jeden einzelnen Beitrag, den wir auswählen, eine andere Gruppe überprüft unsere Arbeit, und wir werden sehr oft angerufen. Tickets und andere Kommentare von Supervisoren erscheinen dann auch auf dem Bildschirm. Ich verdiene 1.070 € im Monat, mehr oder weniger Mindestlohn.«

Hunderte Bildschirmarbeiterinnen und Bildschirmarbeiter aus vielen Nationen klicken sich in Höchstgeschwindigkeit durch die Masse an Scheußlichkeiten, die bei Facebook gemeldet wird, um im Auftrag des Social-Media-Giganten die Plattform von Hass-Kommentaren, Enthauptungsvideos und allerlei nackter Haut zu befreien. Die Arbeitsbedingungen ähneln denen einer misslungenen Kreuzung von frühkapitalistischen Manufakturen mit der Dystopie aus *Der Circle* von Dave Eggers, zu deren Wesensmerkmalen Kontrolle und Übertaktung zählen. Nachdem im Magazin der *Süddeutschen Zeitung* eine ausführliche Recherche erschien und der Selbstmord eines ehemaligen Mitarbeiters von Arvato bekannt wurde, prüft nun das Berliner Amt für Arbeitsschutz die Bedingungen, unter denen die sogenannten Content-Moderatoren bei der Bertelsmann-Tochter Beiträge bei Facebook löschen.[21]

Gibt es nicht längst Software dafür, möchte man fragen? Gibt es. Bei Google Images bspw. kann man ein digitales Bild hochladen, die Software versucht, die Bildinhalte zu erkennen und schlägt passende Schlagworte vor.[22] Es gibt auch spezialisierte

Software, die Nackt-Anteile in Fotos erkennen kann, wie z. B. die der Firma Algorithmia, die damit Inhalte auf Webseiten für Kinder filtert.[23] Kaum vorstellbar, dass ein Silicon-Valley-Unternehmen das nicht hinbekommen könnte. Die menschlichen Roboter scheinen einfach billiger zu sein.

Lob der Automatisierung

Die kapitalistische Realität zeigt, dass die beschriebene Ersetzung in beide Richtungen übrigens tagtäglich stattfindet – ob die Maschine den Arbeiter oder der Arbeiter die Maschine ersetzt, hängt nur davon ab, was günstiger ist. Die Beispiele zeigen die wechselseitige beliebige Austauschbarkeit. Die »Herren der Algorithmen« (Alfredo Valladão) sind gleichermaßen Herren über Arbeiter und Roboter. Sie besitzen die Produktionsmittel, die Fabriken und Programme und befehlen Menschen und Robotern gleichermaßen, was sie zu tun und zu lassen haben.

Der Ökonom John Maynard Keynes sah schon in den 1930er Jahren eine Wochenarbeitszeit von fünfzehn Stunden voraus. Die Mehrheit der Ökonomen und Historiker war in den 1970ern überzeugt davon, dass eine radikale Reduzierung der Wochenarbeitszeit bevorstünde.[24] Und man wähnte sich doch schon auf dem Weg dahin: Die wöchentliche Arbeitszeit war im Kapitalismus stetig gesunken, in den 1950ern wurde der freie Samstag erkämpft, in den 1980ern stand in Frankreich und Deutschland die 35-Stunden-Woche auf der Agenda der Gewerkschaften ganz oben. Musste ein Vollzeitbeschäftigter 1880 im Schnitt noch 66 Stunden arbeiten – das freie Wochenende war noch nicht erfunden –, so waren es Ende der 1970er nur noch 40 Stunden. Im Rückblick kann man die 1980er Jahre als Wendepunkt ausmachen. Knapp unter 40 Stunden, je nach Land, ist die Wochenarbeitszeit stehen geblieben. Ein paradoxer Effekt – sollte doch die mikroelektronische Revolution das genaue Gegenteil bewirken!

Für die Festangestellten kam die historische Abnahme der Wochenarbeitszeit damit zum Stillstand, in den neuen flexibilisierten Arbeitswelten, die sich seitdem ausgebreitet haben, hingegen strebt die Arbeitsleistung immer neuen Rekorden zu. Überstunden, ständige Erreichbarkeit, das Verschwimmen der Grenzen zwischen Arbeitszeit und Freizeit kennzeichnen eine Arbeitswelt, die durch Computer und digitale Kommunikation geprägt ist: Die heute weitgehend abgeschafften Fabriksirenen markierten noch eine klare Trennung zwischen Arbeitszeit und Freizeit, heute sind die Grenzen der Arbeitszeit weich und unscharf geworden, und die Freizeit ist zum Stand-by mutiert. Eine Studie der Harvard Business School, die sich mit dem Arbeitsalltag von Führungskräften und Fachleuten in Europa, Asien und Nordamerika beschäftigt, stellt fest: 80 bis 90 Stunden pro Woche sind diese damit beschäftigt zu arbeiten, die Arbeit anderer zu überwachen oder erreichbar zu sein.[25] Der niederländische Historiker Rutger Bregman zitiert eine weitere Studie aus Korea, nach der das Smartphone zu einer Erhöhung der Wochenarbeitszeit um elf Stunden geführt habe.[26]

Tatsächlich schafft der Kapitalismus auch einen Haufen »Bullshit Jobs«. Diese kernige Formel prägte der Anthropologe David Graeber in einem 2013 veröffentlichten Artikel. Technologisch mögliche Potenziale für Arbeitszeitverkürzung seien nie umgesetzt worden, »stattdessen wurden die technischen Möglichkeiten dafür genutzt, um Wege zu finden, uns alle noch mehr arbeiten zu lassen. Um das zu erreichen, mussten Arbeitsplätze geschaffen werden, die schlichtweg nutzlos sind. Massen von Menschen, vor allem in Europa und Nordamerika, verbringen ihr gesamtes Berufsleben mit dem Verrichten von Tätigkeiten, die sie insgeheim als sinnlos bewerten.«[27] Er zählt Online-Marketing, Personalabteilungen, Social-Media-Teams, Public Relations sowie jede Menge Verwaltungsjobs auf, von deren Stupidität und Nutzlosigkeit selbst diejenigen, die sie ausführen, überzeugt sind.

Diesen Zwang des Kapitalismus, irgendwo doch wieder Arbeit zu schaffen, so unsinnig sie auch sei, hatte schon Guy

Debord beschrieben. Er schrieb in *Die Gesellschaft des Spektakels*: »… die technische Instrumentierung, die objektiv die Arbeit abschafft, muß gleichzeitig die Arbeit als Ware und als einzigen Geburtsort der Ware erhalten. Damit die Automation oder jede andere weniger extreme Form der Produktivitätssteigerung der Arbeit, die gesellschaftlich notwendige Arbeitszeit wirklich nicht verkürzt, müssen neue Arbeitsplätze geschaffen werden. Der Tertiärsektor, die Dienstleistungen sind das ungeheure Ausdehnungsfeld für die Etappenlinien der Distributions- und Lobpreisungsarmee der heutigen Waren; gerade in der Künstlichkeit der Bedürfnisse nach solchen Waren findet diese Mobilisierung von Ergänzungskräften glücklich die Notwendigkeit einer solchen Organisation der Nachhut-Arbeit vor.«[28] Als diese Zeilen geschrieben wurden, stand der Aufstieg des Dienstleistungssektors erst noch bevor, die Bullshit-Jobs von heute gehorchen jedoch dem gleichen Mechanismus. Der bereits erwähnte Bregman nahm kürzlich in einem Interview Bezug auf Graebers Bullshit-Jobs. »Wir haben die Fähigkeit des Kapitalismus, unnötige Jobs zu schaffen, unterschätzt. Der Kapitalismus kann diese Zahl locker auf 40, 50 oder 60 Prozent erhöhen.«[29] Und damit wäre dann bald jeder Zweite direkt mit ausgemachtem Unsinn beschäftigt, eine einigermaßen ernüchternde Bilanz für die Automatisierung im Kapitalismus.

Anderthalb Jahrhunderte nachdem Karl Marx die Proletarier der Welt dazu aufrief, sich zu vereinigen, verkündete der französische Wirtschaftswissenschaftler Jacques Attali: »Die Maschinen sind das neue Proletariat, die Arbeiterklasse kann sich ihre Entlassungspapiere holen.«[30] Daraus ist offensichtlich nichts geworden. Der Journalist Matthias Martin Becker bilanziert in einem 2016 erschienenen Buch zum Thema: »Der Kardinalfehler der neuen Automatisierungsdebatte besteht darin, technische Möglichkeiten mit tatsächlichen Arbeitsprozessen zu verwechseln.«[31] Nicht alles, was automatisiert werden kann, wird auch automatisiert.

Müßten wir nicht froh sein über jeden Arbeitsplatz, der erhalten bleibt? Diese Haltung ist verständlich vom Standpunkt desjenigen, der seinen Lebensunterhalt verdienen muss. Aber ist das nicht eigentlich ein Skandal? Müssten wird nicht eher froh sein über jeden Bullshit-Job, der verschwindet, den ab sofort eine Maschine oder ein Algorithmus übernehmen kann? Wer will schon Tätigkeiten ausführen, die auch eine Maschine erledigen kann? Einer der Väter der Kybernetik, Norbert Wiener, warnte davor, mit den Automaten konkurrieren zu wollen, denn »jeder Automat [ist] das genaue wirtschaftliche Äquivalent des Sklaven ... Jede Arbeit, die sich mit Sklavenarbeit misst, muss sich an die wirtschaftlichen Bedingungen von Sklavenarbeit angleichen.«[32]

Der ehemalige McDonald's-CEO Ed Rensi sagte kürzlich in einem Interview mit FOX Business, eine Anhebung des Mindestlohns auf fünfzehn Dollar in den USA würde dazu führen, dass Unternehmen den Einsatz von Robotern in Angriff nehmen. »Es ist billiger, einen 35.000 Dollar teuren Roboterarm zu kaufen, als einen unzuverlässigen Angestellten unter Vertrag zu nehmen, der für fünfzehn Dollar die Stunde Pommes verpackt.«[33] Eine Schlussfolgerung aus dieser Einschätzung könnte wie folgt lauten: Je höher der Mindestlohn, je höher Sozialleistungen oder ein Grundeinkommen ausfallen, desto eher wird maschinelle Arbeit auch tatsächlich ersetzt.

Verkaufsautomaten gibt es schon ein Jahrhundert lang, trotzdem gehört der Taschentücher-Verkäufer an den Kreuzungen der Metropolen des globalen Südens zum 21. Jahrhundert wie Google und Smartphone. Der Kapitalismus der Turing-Maschine hat ein enormes Potenzial entwickelt, uns alle tendenziell arbeitslos zu machen. Er hat mit Deep Blue erst den Schachweltmeister geschlagen und mit Watson *Wer Wird Millionär?* gewonnen, die Grenzen des technisch Machbaren immer weiter ausgedehnt. Aber er ist völlig inkonsequent in der Realisierung dieses Potenzials, wie man am Beispiel Daimler sieht, wo stählerne Roboter durch menschliche ersetzt werden, oder an Amazon, die ihre Beschäftigten behandeln, als seien sie dumme Maschinen, oder an Arvato mit ihrer würdelosen Click-Arbeit. Es gibt im Kapitalismus keine Automatisierungs-

Rationalität, die nach vernünftigen Maßstäben entscheiden würde, was automatisiert werden soll und was nicht.

Wir sollten den Kapitalismus daran messen, was er *nicht* automatisiert, obwohl es automatisiert werden könnte. Man muss ihm vorwerfen, dass er das *nicht* konsequent tut. Der eigentliche Skandal ist nicht, dass Prozesse automatisiert werden, dass die Herstellung roboterisiert wird, dass Algorithmen Aufgaben übernehmen, die vorher Menschen vorbehalten waren. Niemand möchte Taschenrechner und Registrierkassen abschaffen und wieder ein Heer von Frauen und Männern mit Bleistift und Papier rechnen lassen, obwohl sich mit dieser Maßnahme sicherlich Vollbeschäftigung erzielen ließe. Skandalös ist vielmehr, dass es immer noch Bullshit-Jobs gibt, Arbeitern mit ihrer Ersetzung durch Roboter gedroht wird und umgekehrt. Möge dem Begriff »Arbeiter« das Gleiche widerfahren wie dem Begriff »Computer«, und mögen unsere Nachkommen verwundert den Kopf schütteln, wenn man ihnen von früher erzählt, als man mit »Arbeitern« tatsächlich Menschen meinte, deren Beruf es war, diese oder jene mehr oder weniger stupide Tätigkeit auszuführen.

Auf den Science-Fiction-Autor Isaac Asimov gehen die Grundregeln für das Verhalten von Robotern zurück. Er hatte diese in seinem Buch *Runaround*[34] einem fiktiven Robotik-Handbuch aus dem Jahre 2058 zugeschrieben. Regel eins besagt, dass ein Roboter keinen Menschen verletzen darf. Regel zwei legt fest, dass ein Roboter den Befehlen von Menschen gehorchen muss, es sei denn, dadurch würde Regel eins tangiert. Und drittens muss ein Roboter seine Existenz schützen, es sei denn, das widerspricht einer der ersten beiden Regeln. Später fügte er noch eine vierte hinzu, derzufolge ein Roboter nicht der Menschheit als Ganzes schaden soll. Wir sollten noch eine fünfte hinzufügen, die den gesellschaftlichen Aspekt der Robotik berücksichtigt und gleichzeitig die Würde des Menschen und der Maschine: Kein Mensch soll Tätigkeiten ausführen, zu denen ein Roboter in der Lage ist.

User-Generated Capitalism

Von 1927 bis zu seinem Tod 1940 arbeitete Walter Benjamin an einer Sammlung von Texten über das Pariser Stadtleben des 19. Jahrhunderts, dem berühmten *Passagen-Werk*.[1] Er beschäftigte sich insbesondere mit den *passages couvertes*, den überdachten Passagen aus Glas und Stahl, die für das Paris des Stadtplaners Haussmann so charakteristisch waren. »Diese Passagen, eine neuere Erfindung des industriellen Luxus, sind glasgedeckte, marmorgetäfelte Gänge durch ganze Häusermassen, deren Besitzer sich zu solchen Spekulationen vereinigt haben. Zu beiden Seiten dieser Gänge, die ihr Licht von oben erhalten, laufen die elegantesten Warenläden hin, so dass eine solche Passage eine Stadt, ja eine Welt im Kleinen ist«, zitierte Walter Benjamin aus einem Reiseführer seiner Zeit. Er beschrieb diese Passagen als Zwischenwelten zwischen dem Privaten und dem Öffentlichen, als dem Warenfetisch huldigende, die lärmige Straßenwelt mit spektakulären Innenräumen verbindende Orte der Verführung.

Auch die App Stores der mobilen Plattform-Betreiber (Apple App Store, Google Play Store, Windows Store und Amazon App Store) erinnern in mehrfacher Hinsicht an Benjamins Passagen. Diese *virtuellen* Ladenpassagen bilden eine Halbwelt, in der offener Zugang und freie Nutzung nur simuliert werden – ganz wie in einer Shopping Mall. Umzäunte Gärten (Walled Gardens), Zwischenräume zwischen öffentlich und privat sind hier entstanden, in denen nur ein Gesetz gilt: das des Konsums.

In der Frühgeschichte der Computer gehörten Betriebssysteme und Programme noch zum Lieferumfang der Hardware. Führende Computerhersteller wie IBM oder Digital Equipment Corporation (DEC) verkauften oder vermieteten Hardware und

Software im Paket an Großkunden aus Industrie, Verwaltung und Militär. Dann kam das Jahr 1980 und mit ihm der vermutlich wichtigste Moment in der gesamten Software-Geschichte der vergangenen fünfzig Jahre: IBM benötigte dringend ein Betriebssystem für die neue Sparte der Personal Computer, deren Potenzial sie zunächst unterschätzt hatten. Weil eine hausinterne Entwicklung zu lange gedauert hätte, und weil IBM sich vor kartellrechtliche Probleme gestellt sah, beauftragten sie kurzerhand eine kleine Firma namens Microsoft damit, ein PC-Betriebssystem zu liefern.

Microsoft selbst kaufte wiederum ein Betriebssystem mit allen Nutzungsrechten von Seattle Computer Products, strickte es ein wenig um und gab es als IBM-DOS (Disk Operating System) an IBM weiter. Allerdings verkaufte Microsoft die Software nicht, sondern verlangte für jede Kopie seines Betriebssystems eine Lizenzgebühr. Dieser Deal erwies sich später angesichts des PC-Booms als genialer Schachzug von Microsofts jugendlichem CEO Bill Gates. Sein Unternehmen behielt nämlich die Rechte an der Software und lizenzierte sie in der Folgezeit an alle IBM-Konkurrenten unter dem Namen MS-DOS. Aus den Verteilungskämpfen um PC-Marktanteile in den 1980er Jahren (*Clone Wars*) ging einzig Microsoft als Sieger hervor. Während ruinöse Preiskämpfe zu einem Verfall der Hardware-Preise führten, hatten die Personal Computer aller konkurrierenden Hersteller eines gemeinsam: Microsofts Betriebssystem. Das Erste, was User beim Start des Computers zu sehen bekamen, war das Firmen-Logo des Software-Herstellers – die Hardware-Hersteller hatten Microsoft den Weltvertrieb abgenommen, und MS-DOS verbreitete sich wie ein Virus. Als Folge des IBM-Deals wurde Microsoft zum bis heute dominierenden Anbieter von PC-Betriebssystemen mit Marktanteilen um die 80 Prozent, und ganz nebenbei wurde Bill Gates zum reichsten Mann der Welt.

Umzäunte Gärten

Die PC-Betriebssysteme sind Paradebeispiel für ein Geschäftsmodell, das sich als Gelddruckmaschine entpuppen sollte: die
Lizenzierung proprietärer Software an Endnutzer. Allerdings
waren die Plattformen der Personal Computer für Entwickler
offen und sind es bis heute: Jeder und jede kann für diese Systeme Software entwickeln und vermarkten, ohne dass der Be-
triebssystemhersteller darauf Einfluss nehmen kann oder daran
mitverdient.

Die Firma Apple trat im Jahre 2007 an, das zu ändern. Als
Apple-CEO Steve Jobs das iPhone präsentierte, führte er eine
zweite ebenso wichtige Neuerung ein: das Konzept App Store.
Jobs' Idee war es, die Kontrolle über alle Anwendungen, die auf
dem Gerät installiert werden, zu behalten. Es sollte nicht mehr
möglich sein, Software zu installieren oder zu nutzen, Inhalte
bereitzustellen oder abzurufen, ohne dass Apple diese Nutzung
überwachen und daran verdienen könnte. Anonyme Nutzung,
freie Software und unzensierte Verbreitung von Inhalten sollten
by design verhindert werden.

Im Gegensatz dazu erlaubt eine offene Plattform wie z. B.
das freie Betriebssystem Linux uneingeschränkten Zugang zu
Inhalten und Anwendungen. Auch im World Wide Web können
wir sowohl anonym surfen, Inhalte publizieren, Anwendungen entwickeln und bereitstellen als auch Anwendungen und
Inhalte nutzen. Bei den App Stores oder auch bei Streaming-
Diensten wie Spotify oder Netflix ist der Zugang nur für re-
gistrierte Nutzerinnen und Nutzer möglich. In den Allgemeinen
Geschäftsbedingungen dieser Plattformen behalten sich diese
weitreichende Änderungen vor: Sie können Nutzer wie auch
Anbieter ausschließen, Funktionalitäten an- oder ausschalten,
den Betrieb ganz einstellen etc.

Plattformen stellen eine virtuelle Infrastruktur zur Verfügung, auf der zwischen Nutzern und Besuchern bzw. Kunden
vermittelt wird. Der englische Begriff *Platform* wird in der
Softwareentwicklung verwendet und bezeichnet dort die tech-

nische Basis einer Anwendung, also z. B. eine bestimmte Hardware oder ein Betriebssystem, das eine spezifisch abgestimmte Softwareentwicklung nach sich zieht. Die Metapher der Plattform als einer Grund-Technologie, auf der dann bestimmte Dienste aufbauen, ist diesem Bereich entlehnt. Bei Plattformen handelt es sich um eingehegte technologische Infrastrukturen, bei denen der Betreiber die Kontrolle über die Anwendungen, den Inhalt und die Medien behält: Ergebnis ist ein geschlossenes System. Ganz wie in einem umzäunten Garten können User es nur durch bestimmte Ein- und Ausstiegspunkte betreten oder verlassen.

Das Kontrollregime der Plattformen hat für die Nutzerinnen und Nutzer auch Vorteile. Die App-Stores beispielsweise geben technische, inhaltliche und funktionale Standards vor, denen jede App genügen muss. Das Risiko, etwas Unbrauchbares zu installieren, sich Schadsoftware einzuhandeln oder in die Irre geführt zu werden, wird minimiert. Die Endnutzer finden alles unter dem Dach der kuratierten Plattform, der Installationsprozess ist standardisiert, Sicherheit und Komfort sind ungleich höher als z. B. bei Windows-PCs. Auch für die App-Hersteller bietet das System Vorteile: Der Zugang zur weltweiten Vertriebsplattform, die der App Store darstellt, ist gegen eine geringe Gebühr zu haben. Die Plattform behält allerdings satte 30 Prozent aller Umsätze rund um die Apps ein. Dank des Bewertungssystems der Apps wird ab einer kritischen Masse gewährleistet, dass nützliche und qualitativ hochwertige Apps im Ranking nach oben gespült werden – ein zusätzlicher Qualitätsfilter: eine App, die millionenfach heruntergeladen wurde und 4,5 von 5 Sternen als Durchschnitt aller Userbewertungen erhält, kann so schlecht nicht sein – so zumindest die Theorie. Der Endnutzer muss sich allerdings anmelden, jeder Schritt wird protokolliert, keine Software kann installiert oder benutzt werden ohne die Erlaubnis und die Mitwisserschaft der Plattform: Totale Transparenz ist die Folge. Und es gibt nur einen einzigen Anbieter, Alternativen sind nicht vorgesehen.

Die griffige Formel »Plattform-Kapitalismus« hat Sascha Lobo in seinem bekannten Artikel für *Spiegel Online* »Die Mensch-Maschine: Auf dem Weg in die Dumpinghölle« bereits 2014 geprägt.[2] Sie bezeichnet Online-Portale, die als monopolistische Zentralinstitution auftreten, Nutzerinnen und Nutzern meist kostenlos eine Plattform für deren Aktivitäten bieten, dabei aber despotische Kontrolle ausüben. Das Prinzip der Plattform hat den Bereich der Software längst verlassen. Plattformbasierte Geschäftsmodelle haben in den letzten Jahren einen ungeahnten Siegeszug angetreten, nicht nur in der Online-Welt, wo Google und Facebook als Flaggschiffe gelten können, sondern auch bei Logistik, Einzelhandel oder der Vermittlung von Übernachtungen. Diese »Sirenen-Server« (Jaron Lanier) locken User mit kostenlosen Services an, lassen sie dann aber nie mehr aus der Umklammerung los. Die Sirenen waren erfolgreich, sobald ein Wechsel nicht mehr möglich ist, sei es aus Mangel an Alternativen, weil er zu kostspielig wäre oder schlicht, weil alle bei demselben Anbieter sind.

Das Paradebeispiel für so eine Plattform ist Google: Die Websuchmaschine Google stellt selbst keine Inhalte ins Netz, sie vermittelt lediglich zwischen Webseitenbetreibern und deren Besucherinnen und Besuchern. Die eigentliche Arbeit erledigen in Googles Modell nicht Angestellte der Firma, sondern das Publikum, die Kunden und Nutzer selbst – und erhalten dafür keinerlei Bezahlung. Google war der Vorreiter, inzwischen gibt es eine ganze Reihe Unternehmen, die den gleichen Trick in ganz unterschiedlichen Branchen wiederholen.

Dez Blanchfield von IBM zählte 2015 unter dem Titel »Die digitale Disruption ist schon da«[3] eine Reihe an Beispielen auf, die diesem Modell folgen: »Der umsatzstärkste Großhändler der Welt verfügt über keinerlei Warenbestand.« Damit spielt er auf das hierzulande wenig bekannte chinesische Unternehmen Alibaba an. Alibaba sammelt nur die Angebote von anderen Firmen und besitzt selbst keine Waren, Lagerhallen oder dergleichen.

»Die weltgrößten Anbieter von Telefondienstleistungen besitzen keine eigene Telekommunikations-Infrastruktur.« Die Rede ist von WhatsApp und WeChat. Die beiden Plattformen vereinen 1,2 bzw. 1,1 Milliarden Nutzerinnen und Nutzer auf sich, allein WhatsApp vermittelt 55 Millionen Anrufe pro Tag.[4] Die Telefongesellschaften verdienten ihr Geld noch damit, für Gespräche und Kurznachrichten, die über ihre proprietären Netze transportiert wurden, Gebühren zu verlangen. WhatsApp und WeChat sowie Skype und andere hingegen wandeln Audio-, Video- oder Text-Nachrichten in Datenpakete um, die dann auf die gleiche Weise wie E-Mails, Webseiten oder sonstige Daten im Internet vom Sender zum Empfänger transportiert werden. Die beiden Internet-Protokolle IP (Internet-Protocol, für die Adressierung der Datenpakete zuständig) und TCP (Transmission Control Protocol, für die paketweise Versendung zuständig) übernehmen die Aufgaben, die vorher Telekommunikationsunternehmen besorgten.

»Die weltweit am stärksten wachsende Bank verfügt über keinerlei flüssige Geldmittel.« Die in Australien ansässige Peer-to-Peer-Kreditvermittlungsplattform *Society One* bringt auf ihrer Plattform Anbieter und Empfänger von Kleinkrediten zusammen. Seit 2013 haben sie Kredite in Höhe von über 250 Millionen Australischen Dollar (etwa 171 Millionen Euro) vermittelt.[5] Diese »Bank« ist lediglich eine Online-Vermittlungsplattform ohne eigene Bargeldreserven, Rücklagen oder sonstige Wertbestände.

»Die weltweit dominierenden Software-Anbieter für mobile Endgeräte stellen die Software nicht selbst her.« Apple und Google sind die dominierenden Software-Anbieter für Mobilgeräte. Mit den App Stores, die mit den jeweiligen Betriebssystemen gekoppelt sind, vereinen sie über zwei Millionen einzelne Programme auf sich. In den ersten sechs Jahren seit dem Start des Apple App Stores, zusammen mit der Vorstellung des iPhones am 9. Januar 2007, wurden 40 Milliarden Apps heruntergeladen. In den darauffolgenden dreieinhalb Jahren kamen noch einmal 100 Milliarden Downloads hinzu, das entspricht

Wachstumsraten um die 40 Prozent.[6] Die überwiegende Mehrheit dieser Programme stammt von selbstständigen Entwicklern und Software-Firmen, die die Plattformen Android und iOS als Vertriebskanal nutzen.

All diese Plattformen produzieren selbst nichts, sie stellen nur eine virtuelle Begegnungsstätte dar. Ihr einziger Besitz sind Daten und Algorithmen. Sie finanzieren sich über Gebühren, Werbung oder Nutzerdaten. Oft wirken sie sich disruptiv auf bestehende Branchen aus – weil sie einen privaten, viel weiter gefassten Markt schnell und günstig bedienen oder diesen erst schaffen. Durch den Netzwerkeffekt, bei dem der Nutzen eines Gutes mit steigender Nutzerzahl zunimmt, erzielen sie rasch eine Monopolstellung. Sie stoßen oft in unbekanntes und damit nicht reguliertes Terrain vor, setzen damit eigene Standards oder umgehen bestehende gesetzliche Regelungen. An den Frühkapitalismus erinnernde Arbeitsverhältnisse sind die Folge, z. B. bei der Vermittlung privater Fahrten wie bei Uber oder der Vermittlung von Mikrojobs auf Click-Work-Plattformen wie Amazons *Mechanical Turk*. Bewertungssysteme, die wiederum durch die Nutzer der Plattform selbst genährt werden, ersetzen Standards und Regeln. Sie erzielen ihren Zweck durch eine Art disziplinierenden Feedback-Loop: Wer braucht noch staatliche Gütesiegel, Arbeitsrecht oder Bauvorschriften, wenn wir den *Overall Score* aller User-Bewertungen konsultieren können?

Benjamins Arkaden wurden von Flaneuren und Prostituierten bevölkert, den urbanen Charakteren der Haussmann-Ära. Und wer tummelt sich in den Walled Gardens der Smartphone-Welt? Zum einen die vielen Entwicklerinnen und Entwickler, die hoffen, mit der Killer-App das große Geld zu machen. Und zum anderen das Heer der Smartphone-Besitzerinnen und -Besitzer, die dankbar die Services der Plattform nutzen und dabei auf Schritt und Tritt beobachtet werden, deren Daten analysiert und vermarktet werden, und die keinerlei Einblick in – geschweige denn Mitspracherecht über – die zugrunde liegenden Mechanismen haben. Einmal eingetreten in die umzäunten Gärten, finden sie nie wieder heraus.

Wo Mensch und Bot sich Gute Nacht sagen

»On the internet, nobody knows you're a dog.« Peter Steiners Cartoon aus dem Jahre 1993[7] zeigte zwei Hunde vor einem Bildschirm und beschreibt gut den Möglichkeitsraum in der Anfangszeit des World Wide Web: anonymes Surfen mit frei gewählten, veränderlichen Identitäten. Für einen Augenblick schien es möglich, unkontrolliert und von Gleich zu Gleich zu kommunizieren. Individuen und soziale Bewegungen hatten ein neues Kommunikationsmedium an die Hand bekommen. Der Protest der Zapatisten Anfang der 1990er Jahre wäre anders verlaufen, um nur ein Beispiel zu nennen.

Heute hingegen ist das Selfie, das inszenierte Selbstporträt, die häufigste Darstellungsform im Netz. Anonymität und Avatare sind out, Selbstdarstellung und Status-Updates von Klar-Personen sind angesagt. Privacy und Anonymität sind zu Privilegien geworden – zunehmend umkämpft und oft nicht einmal mehr gewollt. Statt anonym durchs Netz zu surfen, sind wir Teil einer netzbasierten »partizipatorischen Kultur« (Geert Lovink) geworden. Neue Kulturtechniken wie Teilen, Liken, Twittern, Ranken, Tweeten und Re-Tweeten sind alltäglich geworden. Überraschend daran ist, dass die Plattformen und Services auf den gleichen offenen, dezentralen Netzwerkprotokollen basieren wie alle anderen Dienste im Internet zuvor auch. Es ist also durchaus möglich, rigide eingehegte privat(wirtschaftlich)e Räume auf den gleichen offenen Standards zu errichten, auf denen das gesamte Internet beruht.

Tim O'Reilly erfand den Terminus Web 2.0 vor zehn Jahren als Oberbegriff für ein neues, auf User Generated Content innerhalb geschlossener Systeme beruhendes Netz. Dieses zentrale Paradigma zog den Drang zu klaren Identitäten und kanalisiertem Verhalten nach sich: Von den Milliarden Websites nutzen die Meisten einige wenige als Einstiegsportale, wie die einst belächelten AOL-Nutzer, die sich nicht ins richtige Internet trauten, sondern nach der Einwahl von AOL vorgegebene Inhalte bevorzugten. Die wichtigsten Plattformen gehören

Privatunternehmen, die ein neues Geschäftsmodell realisieren: Infrastruktur wird kostenlos zur Verfügung gestellt, User füllen die Plattformen mit Inhalt und Leben. Der Grandseigneur der europäischen Netzkritik, Geert Lovink, schreibt: »Zwei einander widersprechende Tendenzen scheinen im Herzen des heutigen Kapitalismus zu wohnen: das Ermöglichen eines freien Austausches und die kommerzielle Ausbeutung sozialer Beziehungen gleichermaßen.«[8] Schaut man sich Strukturen, Nutzungsbedingungen und bevorzugte Aktivitäten an, drängt sich der Vergleich mit der Gated Community oder der Shopping Mall auf. Es handelt sich um Privatgelände, das Konzernen gehört, Öffentlichkeit und Transparenz werden nur simuliert. Wie in einem Shoppingparadies werden Waren und Werbung strategisch platziert und unerwünschte Personen und fragwürdiges Verhalten strukturell und aktiv ausgeschlossen.

Die Transformation des Netzes von der offenen, anonymen Spielwiese hin zu den goldenen Käfigen der Plattformen hat Dave Eggers in seinem Roman *Der Circle* als *near-future*-Dystopie weitergesponnen.[9] »Geheimnisse sind Lügen« und »Datenschutz ist Diebstahl« lauten zwei Slogans des Circles, der fiktiven – an Google angelehnten und das Netz beherrschenden – Metaplattform in Dave Eggers' Buch, das 2015 erschien und gleich zum Bestseller wurde. Die heutigen Klar-Identitäten, mit denen wir immer identifizierbar eine breite Datenspur auf den Sirenen-Servern des Digitalen Kapitalismus hinterlassen, wird hier zugespitzt zum »True You«: Online-Identität und Realperson sind identisch und werden in Echtzeit in all ihren Aktivitäten von der »Community« beobachtet und bewertet.

»Facebook ermöglicht es dir, mit den Menschen in deinem Leben in Verbindung zu treten und Inhalte mit diesen zu teilen«[10] lautet Facebooks Mission Statement. Handelt es sich bei Facebook also um eine Plattform, die den Austausch zwischen Freunden und Bekannten ohne Hierarchien ermöglicht? Die unidirektionale Beziehung zwischen Sender und Empfänger, wie sie bei den klassischen Medien Fernsehen, Radio und Zeitung vorliegt, wird abgelöst durch ein bidirektionales, demokratisches Kommunikationsmodell. Die Nutzerzahlen der Social-Media-Plattformen gehen in die Milliarden – aber sind diese auch aktiv als Sender und Empfänger? »Ein Anteil von zehn Prozent aktiver Nutzer ist schon viel. Diese Nutzer werden unterstützt von einer pflichtbewussten Armee hart arbeitender Software-Bots. Der Rest der Konten ist inaktiv«, merkt dazu Geert Lovink an.[11]

Im Netz tummeln sich eine Menge Computerprogramme, die in Netzwerken automatisierte Aufgaben erledigen und mehr als die Hälfte des globalen Datenverkehrs verursachen: Bots. Am bekanntesten sind die Search Robots (Suchroboter) der Suchmaschinen, die das Netz ständig nach Inhalten durchsuchen; auch die News-Feeds etwa in Facebook gehen auf ihr Konto (»gute Bots«). Aber es gibt auch Bots, die für automatisierte Blogbeiträge, Spamversand oder Ähnliches verantwortlich sind (»böse Bots«). Auch auf Social-Media-Websites wird der meiste Traffic nicht etwa durch »Freunde« generiert, sondern vielmehr durch Algorithmen, die untereinander kommunizieren.

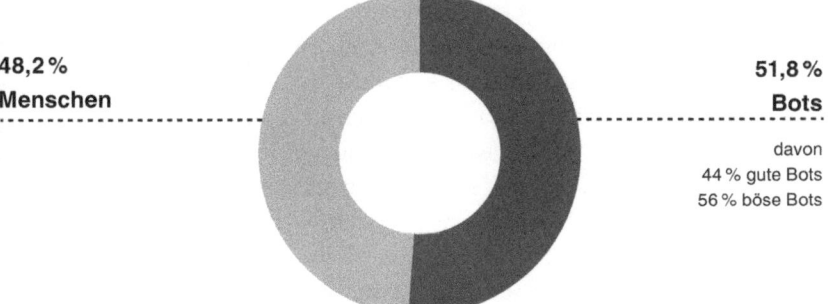

48,2 %
Menschen

51,8 %
Bots

davon
44 % gute Bots
56 % böse Bots

Menschen und Bots im Netz[12]

Richtig populär wurden die Bots im Zusammenhang mit Donald Trumps Wahl zum 45. US-Präsidenten. Schon im Wahlkampf war die massive Generierung von Social-Media-Inhalten durch maschinelle Trump-Fans Thema. Und auch seine erste Rede vor dem Kongress wurde mutmaßlich von Pro-

Trump-Bots unterstützt. Fake Accounts, also Twitter-Konten, die kein Profilbild enthalten und noch nie in Erscheinung getreten sind, begannen die offiziellen Hashtags #JointAddress und #JointSession mit maschinellen Aktivitäten künstlich aufzublasen. Die breite Zustimmung zu seiner Rede – die meistgetwitterte Rede eines US-Präsidenten aller Zeiten – scheint nicht nur auf Trumps aktiver Fanbase zu beruhen, sondern auch auf algorithmischen Claqueuren.

Auch Unternehmen und Institutionen tummeln sich in den sozialen Medien. Deren Inhalte werden von Agenturen und spezialisiertem Personal generiert und professionell betreut. Eine Armee von Social-Media-Experten kümmert sich um Corporate Blogging, also das Betreiben und Bespielen von Unternehmensblogs. Content Marketing und Pflege der Fanbase gehören ebenfalls zur Angebotspalette von Werbeagenturen. Neue Berufsbilder und Geschäftsmodelle rund um Soziale Medien sind entstanden. Einer Studie von InSites Consulting zufolge sind acht von zehn US-amerikanischen Unternehmen auf Facebook aktiv und 45 Prozent bei Twitter.[13] Ein großer Teil der »Freundschaften« bei Facebook sind von der Art: Person A ist Follower von Firma B und hofft, in den Genuss von Rabattaktionen zu kommen – man könnte das auch zielgruppenorientierte Werbung nennen. Ein Blick auf Twitter-Statistiken[14] ergibt, dass es einige wenige Accounts gibt, die Millionen Follower haben und professionell betreut werden – Katy Perry schreibt natürlich nicht selbst. Der Großteil der Accounts ist entweder passiv, hört nur zu oder bleibt komplett inaktiv: es wird nur gefolgt, nicht aktiv kommuniziert. So gesehen erscheint Twitter als Verkündigungsplattform von Marken und Prominenten, die eine große Masse an Konsumenten mit Werbebotschaften traktieren.

User sozialer Netzplattformen geben ihre Daten preis, die Firma verwandelt diese in Angebote für Werbekunden bzw. verkauft die Daten in mehr oder weniger anonymisierter Form. Die Nutzungsrechte an digitalen Medien beispielsweise gehen an Facebook über, sobald sie hochgeladen sind: »Du gibst uns eine

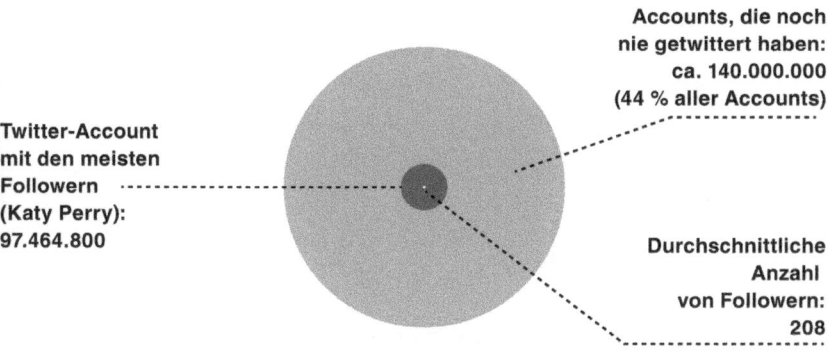

Twitter-Account mit den meisten Followern (Katy Perry): 97.464.800

Accounts, die noch nie getwittert haben: ca. 140.000.000 (44 % aller Accounts)

Durchschnittliche Anzahl von Followern: 208

Twitter als Einbahnstraße[15]

nicht-exklusive, übertragbare, unterlizenzierbare, unentgeltliche, weltweite Lizenz für die Nutzung jeglicher IP-Inhalte, die du auf oder im Zusammenhang mit Facebook postest (IP-Lizenz).«[16] Facebook darf also alle hochgeladenen Bilder kostenlos für eigene Zwecke wie Werbung nutzen, kann damit Geld verdienen und muss das nicht mit dem Nutzer teilen. Das schöne Festival-Selfie kann also im Extremfall demnächst auf Werbeplakaten prangen.

Das *Forbes Magazine* verkündete vor einer Weile: »Dein Facebook Account ist im Schnitt $ 128 wert!«[17] Die Identität unserer Freunde, deren Vorlieben, Wohnorte, Themen, über die geredet wird etc. ergeben sehr spezifische Nutzerprofile und erlauben eine Vielzahl an Schlüssen, die für Werbekunden interessant sind. Auf der Seite commodify.us kann man das selbst mal ausprobieren und den individuellen Wert schätzen lassen, quasi dabei zusehen, wie unsere soziale Aktivität zur geldwerten Ware wird. Welche Daten sammeln sich im Laufe der Zeit bei einer Social-Media-Plattform an? Der junge Österreicher Max Schrems versuchte, alle Daten, die Facebook von ihm gespeichert hat, zu erstreiten – laut europäischem Recht ist der Plattformbetreiber dazu verpflichtet, sie herauszugeben. Der Umfang, die Detailtiefe und die möglichen Schlussfolgerungen aus diesen Aktivitätsdaten sind beeindruckend.[18] Nicht nur Adressen und Telefonnummern, sondern auch zeitbasierte Daten (wann, wie lange aktiv) und Lokalisierung (GPS-Koordinaten in Fotos) werden gespeichert. Auch Bewegungsprofile und biometrische Gesichtsmerkmale können ermittelt werden.

Das Kapital sind wir

Digitale Plattformen sind inhaltsleere, leblose Strukturen, die von uns allen mit Inhalten gefüllt und dadurch erst zum Leben erweckt werden. Facebook, Twitter oder YouTube produzieren selbst keine Inhalte, das unterscheidet sie von klassischen Medienunternehmen. Die User füttern ein System, das es ohne sie gar nicht gäbe, haben aber kein Mitbestimmungsrecht über dessen Form und keine Kenntnisse über dessen Struktur. Die Suchalgorithmen von Google sind geheim, Details um die Gewinnung und Verwertung von Nutzerdaten werden gehütet wie Staatsgeheimnisse. Für diese Plattformen und ihre Werbekunden ist allein die Quantität der generierten Daten entscheidend, das Gold der digitalen Ökonomie bemisst sich nur nach der Menge: je mehr, desto besser. Welchen Content die User produzieren, ist der Plattform egal; wahr oder falsch, banal oder relevant. Benötigt werden Daten *sans phrase*, Information als rein statistische Wahrscheinlichkeitsgröße, wie sie Claude Shannon definiert hat: Der Informationsgehalt eines Zeichens ist durch seine statistische Auftrittswahrscheinlichkeit bestimmt.[19] Die Plattformen sind dementsprechend darauf designt, möglichst viel Traffic zu generieren, uns dazu anzuhalten, ständig auf der Plattform aktiv zu sein, einen endlosen Strom an Aktivitätsdaten zu produzieren.

Ist es mit dem Kapitalismus nicht ähnlich? Er wird ja erst zum Leben erweckt durch unser Handeln, durch unsere Betätigung innerhalb einer gegebenen Form: Wir schaffen die Strukturen, die durch unser Handeln (Arbeiten gehen, Geld verdienen, Rechnungen bezahlen) Realität werden und uns »hinter unserem Rücken« beherrschen. Dem Inhalt, dem Konkreten, steht der Kapitalismus indifferent gegenüber, Hauptsache, es nimmt die Form von Waren an, die auf dem Markt einen Preis erzielen – und zwar einen möglichst hohen. Und er ist unersättlich, nie zufrieden, ein Strom an Waren muss produziert und verkauft werden, egal um was es sich konkret handelt. Der Kapitalismus ist keine fremde, uns knechtende Macht: Wir selbst sind der Kapitalismus. Wir schaffen selbst die Abstraktionen, von denen wir uns beherrschen lassen. Karl Marx hat dieses Phänomen als Fetischismus der bürgerlichen Gesellschaft bezeichnet. Ein Fetisch ist eine von Menschen geschaffene Sache, ein Objekt, von dem ebendiese Menschen glauben, dass es Macht über sie habe. »So leben die Agenten der kapitalistischen Produktion in einer verzauberten Welt, und ihre eigenen Bedingungen erscheinen ihnen als Eigenschaften der Dinge, der stofflichen Elemente der Produktion.«[20] Diesen religiösen Aberglauben, den wir aus sogenannten primitiven Gesellschaften kennen, sieht Marx also im Herzen des Kapitalismus am Werk. Auch im Digitalen Kapitalismus tritt das offen zutage – wir lassen uns von Strukturen beherrschen, die wir selbst durch unser Handeln erst zum Leben erwecken: *user-generated capitalism*.

Warum gibt es keine Alternativen? Was ist mit Appleseed, BuddyCloud, Diaspora, GNU Social, Nose Rub oder Protonet – um nur einige gescheiterte Versuche zu nennen, alternative soziale Netzwerke zu etablieren? Zum einen ist da der Netzwerkeffekt: das größte Netzwerk bietet den höchsten Nutzen, zieht weitere Nutzer an, bis am Ende alle bei einem einzigen Anbieter sind – eine sich selbst verstärkende Feedbackschleife. Ein weiterer Grund ist das Scheitern nicht-kommerzieller, alternativer Modelle am kapitalistischen Markt. Selten gelingt es, nicht-kommerzielle Graswurzel-Alternativen zu schaffen, die dann aber auf dem Markt bestehen sollen gegen die großen Unternehmen mit ihren Ressourcen und ihrem Fokus auf den kommerziellen Erfolg. Oft sind diese einfach schlecht designed und gewartet, Selbstausbeutung bis zur Selbstaufgabe der Engagierten oder der Rückzug in eine Nische sind die Folgen.

Warum dann nicht einfach nicht mitmachen? Zunächst erfordert das Abmelden von Facebook eine Menge Cleverness und Beharrlichkeit, die Plattform macht es einer da schwer.[21] Geert Lovink hat kürzlich darauf hingewiesen, dass Facebook und andere plattformkapitalistische Angebote für viele überlebensnotwendig geworden sind. Viele Nutzerinnen und Nutzer würden sich in Ausbildung, Beruf, Familie und Freundeskreis in eine Außenseiterrolle begeben, so Lovink auf dem ums-Ganze-Kongress in Hamburg im November 2016. Boykott oder Verzicht sind also eher eine Luxusoption für das Bildungsbürgertum, ähnlich wie viele Aufrufe, individuelle Konsumgewohnheiten zu ändern, und keinesfalls eine ernsthafte bewegungspolitische Forderung.

Ausbeutung 2.0.

Karl Marx griff seinerzeit den Begriff der Ausbeutung auf und transformierte ihn von einer moralischen Kategorie, die die Ungerechtigkeit und das Elend des Fabriksystems anprangerte, zu einer ökonomischen und messbaren Kategorie. Ähnlich wie Shannon hundert Jahre später den schillernden Begriff Information zu einer quantitativen Messgröße der Informationstheorie erhob, gelang es Marx, die Ausbeutung zu quantifizieren, indem er den Mehrwert zu ihrem Maßstab machte. Mit seiner Theorie des Mehrwerts, der im kapitalistischen Produktionsprozess durch die Aneignung fremder Arbeit entsteht, lässt sich Ausbeutung quantifizieren: Der Mehrwert bestimmt sich aus der Differenz zwischen der Aufwertung, die der bearbeitete Gegenstand im Arbeitsprozess erfährt, und dem Arbeitslohn, den die Arbeiterin dafür erhält. Marx schreibt: »Die Arbeit vergegenständlicht sich im Arbeitsprodukt und ist Quelle des Mehrwerts, dieser wird beim Verkauf der einzelnen Ware realisiert. Der Arbeiter selbst produziert daher beständig den objektiven Reichtum als Kapital, als ihm fremde, ihn beherrschende und ausbeutende Macht, und der Kapitalist produziert ebenso beständig die Arbeitskraft als subjektive, von ihren eignen Vergegenständlichungs- und Verwirklichungsmitteln getrennte, abstrakte, in der bloßen Leiblichkeit des Arbeiters existierende Reichtumsquelle, kurz den Arbeiter als Lohnarbeiter. Diese beständige Reproduktion oder Verewigung des Arbeiters ist das sine qua non der kapitalistischen Produktion.«[22]

Im Zeitalter digitaler Informationen wird es schwieriger, den Mehrwert zu berechnen: Wenn ohne Arbeitsaufwand beliebig vervielfältigt werden kann, in einer Stunde also einer oder auch tausend »digitale Stühle« produziert werden können, ergibt die Rechnung keinen Sinn mehr. Erst recht nicht, wenn das Erzeugen digitaler Kopien durch Netzwerke automatisch stattfindet und auf eine öffentliche Infrastruktur ausgelagert ist. Vollends sinnlos wird es beim Plattform-Kapitalismus: Sobald Unternehmen mit einer Handvoll Beschäftigter und automatisierter Infrastruktur Milliarden-Profite erzielen, kommt nur noch Unsinn heraus, wenn man diesen Gewinn durch die Anzahl Arbeitsstunden der unmittelbar Beschäftigten teilt, es entsteht eine Art Mehrwert-Singularität, als würde man durch Null teilen.

Wer sind heute die Arbeiter des Digitalen Kapitalismus? Allein die Beschäftigten von Google & Co.? Im Plattform-Kapitalismus muss man Arbeiterinnen und Angestellte zwar nicht mit der Lupe suchen, aber mit dem eigentlichen Produktionsprozess auf den Plattformen sind diese nicht beschäftigt: Bei Facebook, Pinterest, Google gibt es niemanden, der Beiträge erstellt, Fotos hochlädt oder Suchanfragen bearbeitet. Alle Aktionen und Inhalte, von denen sich diese Plattformen nähren, entstehen einzig und allein durch das Userverhalten. Das wäre anders auch gar nicht möglich. Google bearbeitet 59.141 Suchanfragen weltweit – pro Sekunde![23] Würde Google diese Anfragen von Menschen in einem Callcenter beantworten, und nehmen wir an, die Beantwortung jeder Suchanfrage

Firma (Gründungsjahr)	Mitarbeiter	Umsatz pro Mitarbeiter (€)
McDonald's (1940)	375.000	65.600
Walmart (1962)	2.300.000	209.600
Intel (1968)	106.000	560.200
Microsoft (1975)	114.000	748.000
Google (1998)	72.000	1.253.000
Facebook (2004)	17.000	1.626.000

Umsatz pro Mitarbeiter 2016[24]

dauerte eine Minute, dann müsste Google dreieinhalb Millionen »Searcher« in Vollzeit einstellen. Betrachtet man Umsätze und Beschäftigtenzahlen und vergleicht diese mit denen anderer kapitalistischer Unternehmen, wird deutlich, dass diese bei den Plattformen zusehends auseinanderdriften.

Welche Rolle spielen aber die User? Der linke Medientheoretiker Christian Fuchs etwa sieht die User als Teile eines neuen Informationsproletariats, das vom Kapital ausgebeutet wird. Er geht davon aus, dass hier Mehrwert produziert wird: »Das Web-2.0-Kapital beutet also die User selbst aus, die ja immer gleichzeitig Konsumentinnen und Produzentinnen sind.«[25] Ob ich einen Beitrag schreibe oder nur lese oder ihn like oder verlinke – immer entstehen Inhalte und neue Verknüpfungen von Daten, die die Plattform bei ihren Werbekunden zu Geld machen kann.

Der kanadische Wissenschaftler und Aktivist Dallas Smythe hatte bereits in den 1970ern die Idee, Fernsehzuschauer in die Überlegungen miteinzubeziehen, wie eigentlich Werbung in der Medienindustrie zu fassen sei. Im Rahmen seiner kritischen »Communications Studies« entwirft er das Konzept der Aufmerksamkeitsware (*audience commodity*).[26] Das Publikum selbst leiste Arbeit beim Konsumieren, verwende Zeit und Aufmerksamkeit, um Werbung über sich ergehen zu lassen. Diese von den Fernsehzuschauerinnen und -zuschauern geleistete Aufmerksamkeits- oder Publikumsarbeit werde an Werbetreibende verkauft, bzw. deren *attentive capacities* (Aufnahme-fähigkeit). Marxistisch gesprochen wird hier die ganze Familie auf dem Sofa ausgebeutet, leistet fremde Arbeit und führt zur Mehrwertproduktion: Die *couch potato* wird zum produktiven Fernsehproletarier!

Das möglichst lebenslange Einfangen der Nutzerinnen und Nutzer in einen Kokon aus proprietären Produktwelten, am besten für immer, und die Stimulierung von deren Aktivität zur Generierung von Aufmerksamkeit, Optimierungsschleifen, Bewertungen, kurz: Rege Useraktivität allerorten in abgezäunten virtuellen Welten – so sieht die soziale Fabrik der Informationsökonomie unserer Zeit aus. Und das Proletariat, das zum Arbeiten in die Walled Gardens strömt, kennt keine Fabriksirenen mehr, es gibt keine Schicht im Schacht, stattdessen 24/7 Aufmerksamkeit und Aktivität schlafloser Prosumer...

Jaron Lanier hat die Erkenntnis, dass die User eigentlich diejenigen sind, die die ganze Arbeit machen, aufgegriffen. Er hält es für ungerecht, dass wir kein Einkommen beziehen aus den Informationen, aus denen sich die Big-Data-Geschäftsmodelle speisen. Auf der Suche nach einer Einkommensquelle für die informationellen Mittelschichten der Zukunft hat sich Lanier ein *Micro-Payment*-System für Onlineaktivitäten ausgedacht: Jede Useraktivität auf den Plattformen soll vergütet werden, ein Teil der Werbeeinnahmen, die ja letztlich aus unseren Posts, Tweets, Suchen und unserem Bilder-Teilen generiert wird, soll uns zufallen. In Deutschland griff Tilmann Baumgärtel die Idee auf und regte in der *taz* eine Art Gema für Posts, Likes und Tweets an: »Facebook soll zahlen. [...] Eine Art Gema müsste diese Gelder verwalten, die ich Daten-Tantiemen nennen will. Die würde die Gewinne, die die datensammelnde Industrie weltweit jährlich erwirtschaftet, verrechnen mit meinem Beitrag zu deren Datenbanken: Je nach Zahl meiner Instagramme, Foursquare-Logins oder Tumblr-Postings bekäme ich einmal im Jahr einen Scheck samt Abrechnung.«[27]

Das größte Problem sieht Lanier allerdings in der von den Sirenen-Servern propagierten »Umsonst-Kultur«. Die Sirenen-

Server gewöhnen uns daran, dass Informationen und insbesondere Kulturgüter kostenlos zu haben seien, mit der Folge, dass ganze Wirtschaftszweige und die Arbeitsplätze darin gefährdet seien. So wie die einstmals erfolgreiche Firma Kodak, die in den 1970er Jahren mit über hunderttausend Angestellten Marktführer für analoge Fotografie gewesen war, im digitalen Zeitalter aber in die Bedeutungslosigkeit verschwunden ist und deren Erbe digitale Plattformen wie Instagram angetreten haben, die mit einem Bruchteil von Angestellten auskommen.

1973

KODAK

- -

120.000 Angestellte

**28 Mrd. Dollar
Unternehmenswert**

2012

INSTAGRAM

- -

13 Angestellte

**1 Mrd. Dollar
Unternehmenswert**

Angestellte – eine rare Spezies

Lanier und Baumgärtel plädieren dafür, den Spieß umzudrehen und uns die Möglichkeit zu geben, mit unseren Daten Geld zu verdienen. Werden wir damit nicht alle zu Mikro-Unternehmern, die vor dem Frühstück eine Stunde surfen, um das Frühstück zu verdienen? Evgeny Morozov beschreibt diese beiden Alternativen folgendermaßen: »Derzeit gehen wir von der Annahme aus, dass Daten der jeweiligen Firma gehören, mit deren Ressourcen sie hergestellt worden sind. ... Das ist das Paradigma des Silicon Valley. Gerade entsteht noch ein anderes Paradigma, das besagt: Die Daten gehören den Bürgern. Und die könnten mit ihren Daten handeln, Geld verdienen. Vielleicht ist das so ein neuer Ansatz, um Arbeitslosigkeit zu bekämpfen. Man verkauft seine Daten, damit man dafür Geld bekommt. Ich glaube, beide Ideen führen in eine demokratische und politische Sackgasse.«[28]

Ferdinand Lassalle, einer der Gründerväter der Sozialdemokratie, forderte einst den gerechten Lohn für die Proletarier des 19. Jahrhunderts und wollte die Verhältnisse ansonsten unangetastet lassen. Karl Marx geißelte dies stets als Illusion und zeigte, dass es so etwas im Kapitalismus nicht geben kann. Jaron Lanier und andere sind auch im 21. Jahrhundert wieder auf der Suche nach gerechter Bezahlung für die Informationsarbeiter, die von den Geschäftsmodellen des Silicon Valley ins Prekariat abgedrängt werden. Laniers Vorschlag verpuffte weitgehend, während ein anderes neues Finanzierungsmodell als Rettungsanker für die Mittelklasse immer mehr Zuspruch bekommt: das Bedingungslose Grundeinkommen. Dazu später mehr.

Die Sache mit den Daten

Jedes Kind weiß, dass Google und Facebook unsere Daten sammeln, uns mit gezielter Werbung versorgen und damit Geld verdienen. Aber was ist so schlimm daran? Werden wir nicht eh auf Schritt und Tritt mit Werbung versorgt, und das meist ohne einen kostenlosen Service, etwa im Kaufhaus, im Kino oder im Fernsehen? Selbst beim U-Bahn-Fahren zahlen wir dreifach: die öffentlichen Subventionen, die Fahrscheine und obendrein gibt es noch Werbung, beim öffentlich-rechtlichen Rundfunk und Fernsehen ist es ähnlich. Selbst in der ganz analogen Welt werden unsere Daten z. B. von den Meldeämtern an Werbetreibende verkauft. Nach einer Gesetzesnovelle aus dem Jahre 2012 können Kommunen personenbezogene Daten verkaufen, darunter insbesondere Adressen und Telefonnummern.[29] Eine Rückkehr zu Zeiten, als sich außer etwa der Stasi niemand für private Daten, Details unseres Lebens, gar eine engmaschige

Protokollierung derselben interessiert hat – auch weil das schlicht nicht ohne erheblichen technischen und personellen Aufwand möglich war –, erscheint heute illusorisch. Zu sehr haben wir uns an die Bequemlichkeit von Services gewöhnt und nehmen in Kauf, dass Unternehmen und staatliche Institutionen jeden Aspekt unseres Lebens protokollieren.

Die Forderung nach öffentlicher Kontrolle der App Stores wie auch vieler anderer Plattformen des Digitalen Kapitalismus wird laut. Derzeit bestimmen private Firmen, ohne rechenschaftspflichtig zu sein, über alle Aspekte eines Quasi-Standards: Software für mobile Endgeräte, Websuche, Social Media. Das sind Dienste, die durchaus mit Energieversorgung, Bibliotheken, Nahverkehr oder den Leistungen von Behörden zu vergleichen sind. Wenn es sich also um *public services* (Dienst an der Allgemeinheit) handelt, sollte der auch öffentlich kontrolliert sein. Dazu gehörte auch, dass die Daten öffentlich sind, niemandem gehören bzw. allen. Das würde mehr Transparenz bedeuten, und vielen Initiativen, anderen Firmen, der Zivilgesellschaft etc. die Möglichkeit geben, diese Daten erstens einzusehen und zweitens auch zu verwenden. Z. B. könnten Städte mit diesen Daten besser planen. Ein Beispiel: Amazon kennt unseren Buchgeschmack sehr genau, kann uns daraufhin Empfehlungen anzeigen, wir können ein Buch nachbestellen etc. Und sie geben uns nebenbei die Möglichkeit, die Bücher auch wieder zu verkaufen. Wer das möchte und auch bereit ist, die entsprechenden Konsequenzen zu tragen, kann das gerne tun. Es sollte aber erstens mit einem einfachen Klick jederzeit möglich sein, diese Daten zu löschen. Wie bei einem Cookie: alle personenbezogenen Daten auf null zurücksetzen. Und zweitens sollten die Daten anonymisiert der Allgemeinheit zur Verfügung stehen. Amazons Konkurrenten, den Buchläden, aber auch Bibliotheken, der Wissenschaft und schließlich auch den Autorinnen und Autoren der Bücher selbst.

Facebooks Mark Zuckerberg hat gerade ein Manifest veröffentlicht. Im Stil einer »Rede an die Nation« spricht er da nicht als Unternehmer, sondern als am Gemeinwohl interessierter Weltbürger. Mit über einem Jahrzehnt Erfahrung im *connecting people* fühlt er sich jetzt zu Höherem berufen. Facebook werde sich in Zukunft darauf konzentrieren, »die soziale Infrastruktur für die Gemeinschaft zu entwickeln – um uns zu unterstützen, für unsere Sicherheit zu sorgen, uns zu informieren, für zivilgesellschaftliches Engagement und für die Inklusion aller.« Aufschlussreich ist seine Begründung für Facebooks globale Weltverbesserungsagenda. Als Anlass für die Initiative, als Weltretter aufzutreten, führt der Gründer der größten Social-Media-Plattform »den eklatanten Niedergang der wichtigen sozialen Infrastrukturen lokaler Gemeinschaften«[30] an. Wegen des Scheiterns öffentlicher Strukturen und Institutionen »können Facebook-Gruppen Sinn machen, um soziale Organisation zu gewährleisten«, schreibt er weiter. Das Scheitern öffentlicher Institutionen, Folge des in den 1980er Jahren eingeleiteten und in den 1990er Jahren zur herrschenden und einzigen Option gewordenen Programms des Neoliberalismus, hat eine Situation geschaffen, in der die Silicon-Valley-Millionäre diese Institutionen mit großer Geste übernehmen. Der *Guardian* schreibt nicht ohne Sarkasmus: »Von Klimawandel und Pandemien bis hin zu Terrorismus und Ungleichheit, Zuckerberg hat einen – allerdings recht vagen – Plan für den Aufbau dessen, was er für eine bessere Zukunft hält.«[31] Die Enkel der Computer-Nerds der 1960er Jahre erben auch deren Weltverbesserungsanspruch.

Mark Zuckerberg liefert selbst die Steilvorlage für die zentrale Forderung unserer Tage: Wenn Plattformen den Status globaler medialer Grundversorgung erreicht haben, unser Tor zur digitalen Welt und Sachwalter öffentlicher Institutionen und Aufgaben geworden sind, dann ist es an der Zeit, sie an dieser Stelle ernst zu nehmen und unter öffentliche Kontrolle und Verwaltung zu stellen. Es ist an der Zeit, hier eine Alternative zu entwickeln, die aber nicht die Zustände von früher hervorkehrt, als wir noch nicht alle bei Facebook waren, sondern die Plattformen transzendiert. Das kann aber nicht bedeuten, zu den Zeiten der Proteste gegen die Volkszählung zurückzukehren, zu einer Situation, in der es das Phänomen Big Data, also das automatische Anfallen großer Datenmengen, die insbesondere durch Onlineaktivität generiert werden, noch gar nicht gab. Die Debatte um Privacy und Datenschutz gerät sonst in eine individualistische Sackgasse. Vielmehr brauchen wir eine Perspektive, die die Potenziale dieser ungeheuren Datensammlungen für die Allgemeinheit erforscht und die revolutionären Aspekte der Plattformen tatsächlich ausschöpft, sprich die Datensammlungen von der Verschlusssache, die sie zurzeit sind, zum *general intellect*, zu allgemeinem Wissen macht. Wirklich private Daten sollten geheim und privat bleiben, aber anonymisierte Metadaten sollten allen zur Verfügung stehen.

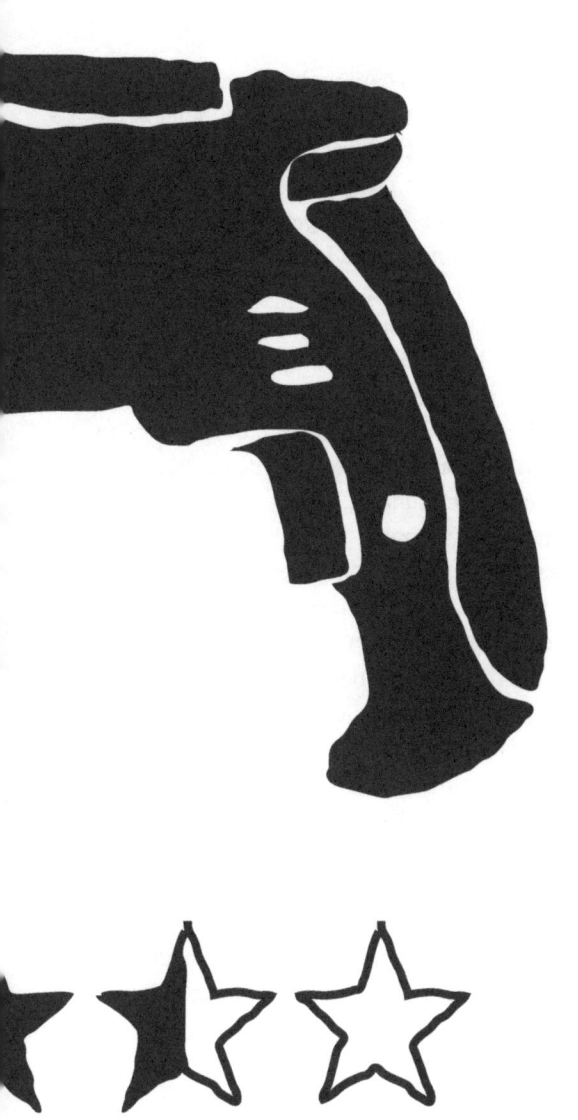

Sharing is Caring?

Haben wir nicht alle schon einmal darüber nachgedacht, wie die Welt aussähe, wenn sie vernünftig geplant wäre? Wenn Autos nicht 90 Prozent der Zeit ungenutzt herumstünden, wenn Werkzeuge, Wohnraum, Lebensmittel etc. optimal verteilt und genutzt würden? Und könnte man das nicht ganz einfach über das Internet organisieren? Schon bevor das Internet in unser Leben trat, war es ja möglich, eine Bohrmaschine zu verleihen, die Wohnung übers Wochenende zu vermieten oder Mitreisende für eine Autofahrt zu finden. In den meisten Fällen war das aber zu mühevoll, als dass es sich jedes Mal gelohnt hätte. Mit Hilfe des Internets ist das hingegen jederzeit möglich, auch von unterwegs. Technologien wie Satellitenortung (GPS) ermöglichen Standort- und Routenbestimmungen, Kontaktaufnahme und Kommunikation mit völlig Fremden sind gang und gäbe geworden. Online-Bezahlsysteme sind allgemein akzeptiert und unkompliziert zu bedienen. Mit Benutzerprofilen und Bewertungssystemen sind Kulturtechniken der Vertrauensbildung (*Trust Building*) etabliert, so dass einer reibungslosen Online-organisation von Sharing-Transaktionen und -Matches nichts mehr im Wege steht. »Das revolutionäre Potenzial dieser Technologien und Modelle ist offensichtlich«[1], stellt der britische Marxist Adam Booth in seiner Kritik der Sharing-Ökonomie anerkennend fest. Anstatt Güter zu produzieren, die nur einen Bruchteil der Zeit tatsächlich genutzt werden, können Ressourcen effizient eingesetzt und ihre Nutzung maximiert werden. Mit wenigen Klicks kann eine ganze Palette an Dienstleistungen vermittelt und mit den Bedürfnissen der einzelnen Benutzer effektiv abgestimmt werden.

Demgegenüber zielt kapitalistisches Wirtschaften darauf ab, möglichst viele Produkte und Dienstleistungen gewinnbringend zu verkaufen – ob diese dann benutzt werden, ist egal. Der Kapitalismus ist Meister darin, neue Bedürfnisse zu generieren und diese dann in Warenform zu befriedigen, nur um gleich das nächste Produkt zu entwickeln. Jedes Jahr ein neues Smartphone soll es sein! Wenn die Werbung nicht greift, dann muss eben eingebaute Obsoleszenz herhalten: Einem Gutachten für die Grünen aus dem Frühjahr 2013 zufolge geben die Haushalte in Deutschland pro Jahr 101 Milliarden Euro mehr aus als nötig, weil die Haltbarkeit vieler Produkte künstlich reduziert worden ist.[2]

Kritik an diesem unbegrenzten Wachstum und gesteigerten Konsum haben nicht etwa die Linken erhoben, die ja bis weit in die 1970er Jahre hinein an der Entwicklung der Produktivkräfte durch das Kapital zunächst mal nichts auszusetzen hatten, sondern die kalifornischen Hippies. Selbstverwirklichung durch ökologischen, bewussten Konsum löste hier die kollektiven Revolutionsvorstellungen der alten Linken ab. Diese Kritik floss auch in die Kalifornische Ideologie, das *mindset* des Silicon Valley, ein. In dessen Zentrum steht die Überzeugung, mit Hilfe von Kommunikationstechnologien, freiem Markt und erleuchteten Unternehmerpersönlichkeiten eine bessere Welt errichten zu können. Die Utopien der Hippies, so die Vorstellung, können heute durch intelligente Software und Kommunikation über globale Netzwerke verwirklicht werden. Die Sharing-Ökonomie nimmt die Kritik am verschwenderischen Kapitalismus auf und verspricht nicht nur eine Schonung der Ressourcen, sondern eine egalitäre Gesellschaft, die auf gegenseitigem Vertrauen beruht. Jeremy Rifkin und andere sehen in der Sharing Economy oder Shareconomy und deren partizipatorischem Geist gar den Kapitalismus überwindende Ansätze, die Vorboten einer »kollaborative Commons« genannten neuen postkapitalistischen Gesellschaft. Ist also ein vernünftiger, nachhaltiger Kapitalismus möglich oder gar schon dabei, sich herauszubilden?

Lieblingsbeispiel der Shareconomy-Evangelisten ist die Bohrmaschine, die in fast jedem Privathaushalt vorzufinden ist und alle Jubeljahre mal zum Einsatz kommt. Wie der Bohrmaschine geht es vielen anderen Dingen: Kleidung, Spielsachen, Sportgeräte, Gesundheitsprodukte, Bücher, Schallplatten usw. sind die meiste Zeit ungenutzt. Die gemeinnützige und spendenfinanzierte Online-Plattform fairleihen.de etwa hat sich zum Ziel gesetzt, solche Dinge besser zu nutzen. Hier ist kein Geld im Spiel, dafür der Sharing-Gedanke in Reinkultur: Am 24. April 2017 standen sage und schreibe 2110 unterschiedliche Objekte auf der Plattform zur freien Verwendung – vom Nassstaubsauger bis zum Biene-Maja-Buch. Ein kommerzieller Online-Marktplatz wie eBay hat da vergleichsweise mehr zu bieten, nämlich annähernd eine Milliarde Einträge. Wie fairleihen.de geht es vielen nichtkommerziellen Initiativen: Sie dümpeln in der Bedeutungslosigkeit, wirken amateurhaft, sind weit davon entfernt, eine kritische Masse zu erreichen, bei der der Netzwerkeffekt einsetzen könnte.

Sharing Economy suggeriert eine Verbindung von altruistischem Teilen und Geschäft, nach dem Motto: Tue Gutes und verdiene auch noch etwas dabei. Was aber passiert, wenn der Betreiber der Seite oder die Anbietenden Geld verlangen für das Teilen? Bleibt der positive Effekt für alle Beteiligten nicht trotzdem erhalten? Ändert ein kleiner finanzieller Anreiz, mit dem das gegenseitige Verleihen quasi geadelt wird, überhaupt etwas? Ja, und zwar ganz gewaltig: Der Gefallen, den man jemandem tut, wird zur Dienstleistung und das geteilte Ding zur Ware: Die Warenlogik schleicht sich ein. Sobald mit der Vermietung oder der Vermittlung Geld verdient wird, gerät eben dieses Geldverdienen in den Fokus. In seiner 2015 erschienenen Untersuchung *The Sharing Economy* nennt Arun Sundararajan fünf Kriterien, die diese neue Branche charakterisieren:[3]

1. Das Erzeugen eines Marktes mit dem Ziel, ökonomische Aktivität zu intensivieren.
2. Die Möglichkeit, vielfältige Güter und Fertigkeiten sowie Geld näher an ihrer vollen Auslastung zu verwerten.

3. Die Bereitstellung eines Angebots in crowdbasierten Netzwerken oder durch Einzelpersonen.
4. Das Unscharf-Werden der Grenzen zwischen persönlichem und geschäftlichem Bereich einerseits und
5. Das Unscharf-Werden der Grenzen zwischen regulärer Anstellung und Gelegenheitsbetätigung einerseits sowie zwischen Arbeit und Freizeit andererseits.

Beschrieben wird im Grunde ein Online-Marktplatz, der den Austausch von Gütern und neuartigen Dienstleistungen ermöglicht, mit dem Ziel höherer Umsätze bei maximaler zeitlicher und geldwerter Ausnutzung verfügbarer Assets. Der Marktplatz vereinigt eine Vielzahl voneinander isolierter Lieferanten. Ehemals zum persönlichen Bereich gehörende Peer-to-Peer-Aktivitäten, wie jemanden mit dem Auto mitnehmen oder jemandem Geld borgen, werden kommerzialisiert und professionalisiert. Der Alltag der Peers wird zum Kontinuum aus Mikrogeschäften und Mikroarbeitseinheiten. In Sundararajans präziser Liste an Kriterien für die Sharing-Ökonomie – er selbst favorisiert die Bezeichnung *Crowd-based Capitalism* – findet sich keine Spur mehr von altruistischer, Ressourcen schonender Vernunft. Sie erinnert vielmehr an das Programm von Unternehmensberatungen, wenn sie ein Unternehmen verschlanken. Crowd, *peer-base* und Community – Fehlanzeige: Die Optimierung der eigenen Assets auf den Plattformen der Sharing-Ökonomie lässt keinen Raum mehr für hehre Motive. Der Philosoph Byung-Chul Han resümiert: »Die Ideologie der Community oder der kollaborativen Commons führt zur Totalkapitalisierung der Gemeinschaft. Es ist keine zweckfreie Freundlichkeit mehr möglich.«[4] Das Erzielen von Kapitalertrag als Miete (*rent*) ist die *raison d'être* dieser Ökonomie, die ehemals private Leistungen und Freundschaftsdienste zu Geld macht. Statt Sharing-Economy, einer begrifflichen Quadratur des Kreises, treffen Bezeichnungen wie Vermietung-on-Demand oder Online-Verleihwirtschaft die Sache eher.

Uber

Uber ist der weltgrößte Vermittlungsdienst für Fahrdienstleistungen (*ride sharing*) und derzeit 66 Milliarden Dollar wert. Zum Vergleich: Daimler wird mit 88 Milliarden nicht viel höher bewertet. Uber wird zugetraut, weltweit die Automobilität umzukrempeln. Die Agentur wurde 2009 von Garrett Camp und Travis Kalahnick gegründet und etablierte zunächst einen Chauffeurservice mit Luxuslimousinen in San Francisco. Inzwischen nutzt Uber seine Vermittlungsplattform auch für Dienste, bei denen Privatleute Fahrgäste mit ihren eigenen Autos mitnehmen können. Der Betrieb verzeichnet eine Millon Fahrtenbuchungen täglich im Wert von elf Milliarden Dollar.[5] Mitte Mai 2017 operiert Uber in 450 Städten in 70 Ländern und konnte bisher die sagenhafte Summe von fünfzehn Milliarden Dollar Risikokapital einwerben.[6] Dabei ist das Unternehmen weit davon entfernt, profitabel zu sein. Uber tritt sehr aggressiv auf und ist weltweit in zahlreiche Rechtsstreitigkeiten verwickelt, insbesondere mit der Taxibranche. Vielerorts ist Ubers Geschäftsmodell der Vermittlung von Privatfahrten gänzlich verboten, so etwa in Deutschland.

In Deutschland existieren derzeit 21.751 Taxiunternehmen[7], wovon die meisten Kleinunternehmer sind, die nur ein Auto besitzen. Meist genossenschaftlich organisierte Taxizentralen vermitteln einen Großteil der Fahrten über Telefonzentralen – ein umständliches Verfahren: Unterschiedliche Rufnummern, besetzte Leitungen und Verständigungsprobleme sind an der Tagesordnung. Es gibt keine Sicherheit, ob ein Auftrag wirklich angenommen worden ist, wo sich das Taxi befindet, ob der Taxifahrer Umwege fährt etc. Mit dem Aufkommen von Smartphones entstand eine neue Möglichkeit der Fahrtvermittlung: die Taxi-App. Kundinnen und Kunden können mit einem Klick ein Taxi bestellen, auf einer Karte sehen, wo sich Taxis in der Nähe befinden und diese direkt buchen. Details zu Fahrer und Fahrzeug können eingesehen werden, die Bewegung der Fahrzeuge lässt sich in Echtzeit verfolgen. Statt mit Bargeld wird mit der in der App hinterlegten Kreditkarte oder via PayPal bezahlt. Der Fahrtverlauf kann dank GPS zudem in Echtzeit verfolgt werden. Die verbreitete Taxi-App MyTaxi in Deutschland verlangt von den Taxibetrieben sieben Prozent Gebühren für die Fahrtvermittlung. Das Konzept macht die Taxifunkzentralen überflüssig, die 6.000 bis 10.000 Arbeitsplätze dort werden in den nächsten Jahren wohl verschwinden.[8] In einem ersten Schritt hat also die Digitalisierung ein bestehendes Geschäftsmodell nicht grundlegend verändert, sondern vereinfacht, transparenter gemacht und die Vermittlung automatisiert.

Fahrer und Fahrgast sind über die App mit Klarnamen identifizierbar. Der anonyme Fahrgast, der zu einem unbekannten Fahrer oder einer unbekannten Fahrerin zusteigt, gehört der Vergangenheit an. Ein System gegenseitiger Bewertungen führt – wie bei Online-Plattformen üblich – zu gegenseitiger Disziplinierung und Kontrolle. Die Betreiber der Taxi-Apps – bei MyTaxi ist das z. B. Daimler – können jederzeit Nutzer ausschließen, Bedingungen ändern, mit Bezahlmodellen und Tarifen experimentieren. So geraten Fahrer und Fahrgäste in eine neue Abhängigkeit von der Plattform und geben gleichzeitig Unmengen sensibler Daten preis. Daten über Nutzer und Fahrten werden zum wertvollen Informationsschatz für die Plattformbetreiber, die im Prinzip auf die Vermittlungsgebühr verzichten könnten zugunsten einer Verwertung von Userdaten, wie das etwa die Plattformen Google und Facebook tun. Ein neues Geschäftsmodell wird möglich: Daten werden zum Hauptgeschäft.

Uber geht noch einen Schritt weiter als solche Taxi-Apps. Das Unternehmen aus San Francisco hat gar nicht die Absicht, ein neuer Player auf dem Taximarkt zu werden, stattdessen sollen Privatleute mit ihren eigenen Autos Fahrten über die Plattform anbieten. Damit fordert Uber das Geschäftsmodell der Taxibranche insgesamt heraus. Diese ist Teil des öffentlichen Verkehrs und damit strengen Regeln unterworfen. Im Gegensatz dazu sind Privatfahrten fast völlig dereguliert und entziehen sich staatlichen Kontrollmechanismen. Zudem tragen die

Fahrerinnen bei Uber alle Kosten und Risiken selbst: Fahrzeug, Kraftstoff, Versicherung, Sozial-, Kranken-, Rentenversicherung, Unfallrisiko, Kfz-Steuer, Kfz-Reparaturen etc. Uber-Fahrer werden so zu Mikro-Unternehmern ohne soziale Absicherung.

Die Tarife werden über eine Auktion bestimmt und variieren stark, eine typische Kalkulation sieht in etwa so aus: Vom Fahrpreis von zwanzig Dollar geht ein Dollar Pauschale direkt an Uber, dann vom Rest noch einmal zwanzig Prozent. Für Sprit, Reparaturen, Versicherung und Steuer gehen noch einmal ca. zwanzig Prozent drauf. Bleiben 11,40 Dollar übrig.[9] Im Schnitt landen dreißig Prozent bei der Plattform, wie bei den App Stores. Und vom Rest muss der Fahrer Lebensunterhalt, die Kosten des Fahrzeugs und Sprit bezahlen. Zweck der Plattform ist es, einen von Angebot und Nachfrage abhängigen Maximalpreis für die Fahrt zu erzielen. Vom hehren Ziel besserer Ressourcenausnutzung, mit dem die Shareconomy für sich wirbt, bleibt wenig übrig: Umsatz ist das Ziel.

Ein Blick nach Südafrika, wo Uber sehr beliebt ist, zeigt die verheerenden Auswirkungen dieses ungezügelten Geschäftsmodells: Uber fahren ist so billig, dass der öffentliche Nahverkehr zusehends verwaist, sich eine Schattenwirtschaft rund um Privatfahrten bildet und Auseinandersetzungen zwischen Minibusbetreibern, Taxifahrern und Uber-Fahrern eskalieren. Zudem verfestigt sich der Graben zwischen Schwarz und Weiß: der Schwarze fährt, der Weiße lässt sich chauffieren. Die Taxifahrer und zunehmend auch die Uber-Fahrer selbst laufen Sturm gegen das Plattformmodell, von London bis Madrid formierten sich Proteste. Warum schert sich das Unternehmen dabei so wenig um die Fahrer?

Möglicherweise geht Uber davon aus, über kurz oder lang überhaupt keine Fahrerinnen und Fahrer zu benötigen. Am 14. September 2016 startete Uber in Pittsburgh einen Feldversuch, der klare Signale in diese Richtung sendete. Ausgewählte Kundinnen und Kunden der Uber-App konnten sich erstmals von einem fahrerlosen, automatischen Fahrzeug chauffieren lassen. Uber hatte einhundert Volvo PKW mit seiner Hard- und Software für autonomes Fahren ausgestattet.[10] Mittlerweile fahren autonom gesteuerte Uber-Fahrzeuge auch in San Francisco.[11] Uber ist damit die erste Firma, die Fahrtvermittlung und autonomes Fahren zusammenbringt. Die Fahrerinnen und Fahrer werden so aus dem Geschäftsmodell eliminiert. Das hatte der Blogger und Autor Cory Doctorow, der für seine Kritik an Urheberrechten und seine Befürwortung von Creative Commons bekannt ist, schon vorausgesehen: »Uber kann eigentlich als Probelauf für eine Flotte aus autonom fahrenden und Punkt-zu-Punkt-Fahrten bedienenden Fahrzeugen angesehen werden – mit Menschen als Platzhaltern.«[12]

In einem letzten Schritt verwandeln also die Plattformen Fahrtvermittlung und Betrieb vollends in einen netzwerkbasierten Service: Elektrische Fahrzeuge, die Teil eines Stromnetzes sind, fahren autonom als Teil einer IT-gesteuerten Mobilitätsinfrastruktur und befördern Kunden, deren Bewegungsdaten von der Plattform ausgewertet werden. Die Taxifahrer verschwinden aus der Gleichung, die Automobilhersteller verwandeln sich in reine Hardware-Lieferanten, und die User werden zu Abonnenten eines Dienstes, den sie selbst durch ihre Benutzung finanzieren und optimieren: Mobilität *as a service.*

Airbnb

Mit drei aufblasbaren Luftmatratzen plus Frühstück beginnt die Legende von Airbnb (Airbed & Breakfast). Die beiden Gründer breiteten anlässlich einer Designkonferenz in San Francisco, weil alle Hotels ausgebucht waren, kurzerhand drei Luftmatratzen im Wohnzimmer aus und vermieteten die Schlafplätze für achtzig Dollar die Nacht. Erst im nächsten Schritt wurde aus der eilig zusammengebastelten Website eine skalierbare Vermittlungsplattform: Anbieter von privaten Übernachtungsplätzen und Übernachtungsgäste finden hier zueinander. In einem Geschäftsmodell, das weltweit funktioniert, helfen die

Algorithmen der Plattform, die richtigen Treffer zu finden. Spätestens seit Ashton Kutcher 2011 in Airbnb investierte, geriet das Start-up-Unternehmen in den weltweiten Fokus. Heute ist die Firma astronomische 31 Milliarden Dollar wert und damit mehr als viele Hotelketten, obwohl sie keine einzige Immobilie besitzt.[13]

Airbnb und andere Vermittlungsplattformen erhalten für ihre Vermittlungsleistung zwar nur einen geringen Anteil der Umsatzes, bei Airbnb sind das derzeit 3 Prozent der Mietsumme von den Vermietern, sowie zwischen 6 und 12 Prozent von den Mietern. Die Gebühren können so niedrig sein, weil Airbnb extrem niedrige Fixkosten hat. Diese beschränken sich auf die Kosten für Versicherung, Gastgebergarantie und Kundendienst. Zusätzlich bietet Airbnb in vielen Städten den Anbietern von Unterkünften an, professionelle Fotos der Unterkunft zu schießen, und das kostenlos.[14] Jede weitere Vermietung eines bereits eingestellten Objekts ist für die Plattform mit minimalen Kosten verbunden. Die horizontale Skalierbarkeit des Onlineservice ist enorm – mehr Server und mehr Bandbreite genügen. Das hat zur Folge, dass das erst 2008 gegründete Airbnb innerhalb weniger Jahre internationale Hotelketten herausfordert, sie ein- und sogar überholen kann: Wieder eine Disruption einer bestehenden Branche, die nicht weiß, wie ihr geschieht.

Airbnb gilt als Paradebeispiel einer erfolgreichen Plattform der Sharing Economy. Was Airbnb allerdings tatsächlich betreibt, ist die Vermittlung von Mikro-Mietverhältnissen. »It's not sharing, it's rent«, konstatiert Adam Booth in seiner ausführlichen Analyse.[15] Die Hotelreservierungsplattform HRS würde auch niemand zur Sharing Economy zählen, und doch hat auch diese keinerlei Immobilien, ist nur *match maker* zwischen Anbietern und Kunden. Auch die Preise erreichen bei Airbnb durchaus Hotelniveau, so werden z. B. in San Francisco im Schnitt 252 Dollar für eine Übernachtung fällig.[16]

Airbnb und anderen Portalen wird vorgeworfen, nicht nur die Hotelbranche, sondern insbesondere den Markt für Mietwohnungen in Großstädten zu verändern. Zunächst einmal bekommen viele Mieterinnen und Mieter die Möglichkeit, sich etwas dazuzuverdienen. Airbnb selbst macht darauf immer wieder aufmerksam. Wohnungsnot, Spekulation und steigende Mieten sind schließlich ein Problem der meisten Städte. Jetzt bekommen auch arme Leute vielleicht sogar die Möglichkeit, ihre Wohnung dank Airbnb zu behalten, die sie sonst ohne die hinzugekommene Einnahmequelle aufgeben müssten. Allerdings bieten Mieter und Vermieter immer häufiger De-facto-Ferienapartments über die Plattform an, die dann auf dem regulären Mietmarkt fehlen. Der Nachfragedruck auf den Mietmarkt steigt, was wiederum erhöhte Mieten nach sich zieht. Mieter können versuchen, die höheren Mieten durch Airbnb-Untervermietung wieder hereinzuholen, und der Teufelskreis ist perfekt. Vielschichtige negative Auswirkungen auf Wohnquartiere sind die Folge. Dazu kommen noch gewerbliche Vermieter, die im großen Stil die Plattform nutzen, dabei Vorschriften umgehen und Steuern sparen; zehn Prozent aller Nutzer bieten mehr als ein Inserat an. Der emsigste Anbieter in Berlin ist »Ben« mit sage und schreibe 32 Objekten.[17]

Seit Mai 2014 ist es in Berlin zwar gesetzlich verboten, eine Mietwohnung ohne Genehmigung als Ferienwohnung zu vermieten (Stichwort: »Zweckentfremdungsverbot«), allerdings ist die Dunkelziffer noch immer sehr hoch. Versuche, von institutioneller Seite mit Verboten und Kontrollen gegenzusteuern, brauchen Zeit, bis sie ihre Wirkung entfalten können. Tatsächlich ist die Zahl komplett zu mietender Wohnungen bei Airbnb von 11.000 im Februar 2016 auf ca. 6700 im März gesunken. Der Anteil von ganzen Wohnungen unter den Angeboten – eher als bei einzelnen Zimmern ein Indiz für kommerziellen Betrieb, insbesondere bei mehreren Angeboten pro Vermieter – hat sich von 21 auf 15 Prozent verringert. Vor zwei Jahren waren es sogar noch 30 Prozent. Funktioniert das Zweckentfremdungsverbot also? Mitte Mai 2017 waren wieder 10.285 komplette Wohnungen gelistet, fast genau so viele wie vor der Einführung des Verbots. Der Stadt fehlt Personal, um Kontrollen durchführen zu können, das Zweckentfremdungsverbot wird von Ferienwohnungsbetreibern gerichtlich angefochten, und die Behörden können nicht auf die Daten von Airbnb direkt zugreifen – aus Datenschutzgründen. Das neue Gesetz ist also zahnlos – wie so viele Maßnahmen, die versuchen, einen rabiaten Wohnungsmarkt zu zähmen, ohne dessen kapitalistische Grundstruktur anzutasten, wie etwa die Mietpreisbremse, Vergleichsmieten und Ähnliches.[18]

Demgegenüber berichtete der *Tagesspiegel*, Airbnb habe angesichts massiver öffentlicher Kritik an der Zweckentfremdung von Wohnraum von sich aus vielen Anbietern gekündigt.[19] »Wir behalten uns das Recht vor, Inhalte nach eigenem Ermessen ganz oder teilweise zu entfernen, wenn sie gegen die Richtlinien oder die Nutzungsbedingungen von Airbnb verstoßen oder aus anderen Gründen entfernt werden müssen«, heißt es dazu in den AGB.[20] Airbnb führt die Kündigungen süffisant auf »Entscheidungen automatisierter Systeme« zurück, so der *Tagesspiegel* weiter. So geht Regulierung! Die Plattform Airbnb selbst kann einfach aufgrund weit gefasster AGB jederzeit Vermieter und Mieter von der Plattform ausschließen, wie anscheinend aus Imagegründen in Berlin geschehen. Behördliche Regulationsbestrebungen sehen dagegen alt aus.

Wer die Diskussion verfolgt, kann zu dem Schluss gelangen, Airbnb sei schuld an der Wohnungsnot in Berlin, am Fehlen günstiger Wohnungen insbesondere in zentralen Bezirken und dem rasanten Anstieg der Mieten in von der Gentrifizierung betroffenen Vierteln. Immobilienspekulation und Leerstand gab es allerdings schon vor Airbnb. »Um zu verstehen, warum das Thema derart boomt, reicht es nicht, auf die geschätzt 24.000 Ferienwohnungen zu verweisen«[21], schreibt der bekannte Aktivist Andrej Holm in einer Analyse der Situation. Tatsächlich sind in Berlin nur 0,9 Prozent aller Wohnungen als Ferienwohnungen deklariert, von denen wiederum nur ein Teil auf Airbnb gelistet ist. Aber die Diskussion um Airbnb und die vielfältigen Auswirkungen auf das Leben unserer Städte hat einer breiten Öffentlichkeit die verändernde Kraft des Plattform-

Kapitalismus und die Bedeutung von Daten einerseits und die Notwendigkeit von Regulierung andererseits vor Augen geführt. Airbnb und andere amerikanische Internetkonzerne sind geradezu zum Feindbild geworden.

Es scheint en vogue zu sein, den Blick auf das Geschäftsgebaren amerikanischer Internetkonzerne zu richten, während das der restlichen Akteure aus dem Blickfeld gerät – als hätten Airbnb die Gentrifizierung, Google die Immobilienspekulation oder Apple die Steuerevasion erfunden. Am Beispiel Berlin, dessen Lebensqualität auf Jahrzehnte gesunken ist durch Immobilienspekulation und die Kumpanei korrupter Politiker mit Banken und Investoren, wie sie im Berliner Bankenskandal offenbar wurde, lässt sich dies hervorragend zeigen: Die Politik hatte vorausschauende soziale Stadtplanung und sozialen Wohnungsbau sträflich vernachlässigt, und der 2002 gewählte rot-rote Senat tat dann ein Übriges: Angesichts der Schulden Berlins begann er mit dem Verkauf öffentlicher Wohnungsbestände und leitete damit einen europaweit einmaligen Ausverkauf öffentlicher Infrastrukturen ein, auf den selbst Margaret Thatcher, die große Liquidatorin des öffentlichen Sektors in Großbritannien, stolz gewesen wäre. Von knapp 400.000 landeseigenen Wohnungen 2002 sind heute noch ca. 250.000 übrig. Die Gemeinnützige Siedlungs- und Wohnungsbaugesellschaft (GSW) Berlin war eine der größten Wohnungsgesellschaften Deutschlands mit rund 67.000 Wohnungen. Joachim Oellerich von der Berliner Mietergemeinschaft schreibt in einem Übersichtsartikel: »Den Auftakt, den Verkauf der GSW, feierte man noch als lokale Rettungstat zugunsten der Haushaltskassen.«[22] Der Käufer, ein Konsortium mit dem illustren Namen Cerberus Whitehall Goldman Sachs, machte sich sogleich an die Privatisierung des ehemals öffentlichen Wohnungsbestandes. Digitale Technologien und plattformkapitalistische Geschäftsmodelle können erhebliche Auswirkungen auf den Wohnungsmarkt haben. Aber Wohnungspolitik ist nach wie vor Aufgabe der Politik und nicht Sache der Konzerne, es sei denn, man lässt sie. Regulierung und Kontrolle kapitalistischer

Märkte wie des Wohnungsmarkts, deren brachiales Wirken sozial abzufedern, sollte der Politik ein selbstverständliches Anliegen sein.

Inside Airbnb

Die Debatte um Airbnb zeigt, welche Bedeutung Daten für eine Stadt und für das Verständnis der Mechanismen und tatsächlichen Vorgänge bekommen. Das Projekt Insideairbnb, das von Murray Cox, einem Gemeinschaftsaktivisten aus New York, ins Leben gerufen wurde, hat sich vorgenommen, »Daten in die Debatte einzubringen«.[23] Die Seite sammelt öffentlich verfügbare Daten über Airbnb in mittlerweile 18 Städten in Europa, darunter Berlin, und 43 weltweit (Stand 20. Mai 2017), darunter San Francisco und New York. Wie wird Airbnb tatsächlich benutzt und wie wirkt sich dies auf die Stadtviertel aus? Darauf kann Insideairbnb einige Antworten geben: »die Daten [zeigen], dass die Mehrheit der Airbnb-Auflistungen in den meisten Städten ganze Wohnungen sind, von denen viele das ganze Jahr über vermietet werden.« Die Initiative demonstriert die Möglichkeiten für kritische Stadtentwicklung, mit Hilfe von Daten in Debatten einzugreifen. Zudem können solche Initiativen auch zur Vernetzung von Aktivistinnen und Aktivisten beitragen. Insideairbnb ist ein Paradebeispiel für die Bedeutung von Daten und für die Macht und Möglichkeiten, die sie bieten, wenn sie öffentlich sind.

Airbnb selbst verfügt wahrscheinlich über den weltweit größten Datensatz über urbanes Wohnen in allen seinen Aspekten bis hin zu Heizkosten, Flächen, Ausstattung – ein Eldorado für Stadtplanerinnen, Architekten, Demographinnen und viele weitere Disziplinen. Wenn in naher Zukunft die überwiegende Mehrheit der Weltbevölkerung in Städten wohnt, könnte ein Portal wie Airbnb zum Google des Wohnens werden. Die Debatte um die Nutzung von Daten steckt in einem Dilemma. Zurzeit werden die Daten auf der proprietären Plattform generiert und geheimniskrämerisch von dieser verwaltet. Kritik daran ist überall zu vernehmen, die Gegenposition dreht sich meist um das Konzept Privacy: Meine Daten gehören mir. Das geht so weit, individuelle Verwertungsmöglichkeiten dafür zu suchen. Es sollte ein dritter Weg überlegt werden: Anonymisierte Metadaten sollten z. B. den Städten, der Wissenschaft, der Zivilgesellschaft zur Verfügung stehen, ganz wie ein neu erschienenes Buch in der öffentlichen Bibliothek auch kostenlos und frei zugänglich ist.

Demokratischer Kapitalismus

Uber und Airbnb sind nicht nur neue Geschäftsmodelle, sie haben mit ihrer Plattform-Logik zudem erhebliche Auswirkungen auf Arbeit, Subjektivität, Freizeit und Verdienstmöglichkeiten: Alle Beteiligten werden zu Mikrounternehmer*innen, die aus ihrer Arbeitskraft, ihrer Wohnung oder ihrer Bohrmaschine Kapital bilden, das im Kleinstmaßstab verwertet werden muss. Jede und jeder kann seinen oder ihren kurzen Auftritt als Unternehmerin oder Unternehmer auf den Plattformen der Sharing-Ökonomie haben. In diesem Zusammenhang hat sich der Begriff *gig economy* eingebürgert.

Eine politische Bewegung rund um diese Gig-Ökonomie ist dabei, sich herauszubilden. Auf dem Bundeskongress der Demokratischen Partei im Juli 2016 in Philadelphia fanden sich auf einem Panel Fürsprecher der Gig-Ökonomie: David Plouffe hatte 2008 noch Barack Obamas Wahlkampagne geleitet und ist heute bei Uber. Und Chris Lehane, ehemals Stratege in der Clinton-Administration und heute für Airbnbs weltweite Strategie und Öffentlichkeitsarbeit zuständig, sagte auf dem Kongress: »Es geht darum, den Kapitalismus zu demokratisieren. Um die Sprache der Millennials zu sprechen, muss man über die Sharing Economy reden, denn sie bildet den Kern und ist zentral für ihre wirtschaftliche Zukunft.«[24] In einem jüngst erschienenen Artikel im *New Yorker* beschreibt Nathan Heller die ideologische Begleitmusik zur Sharing Economy. Diese stehe nicht nur für Nachhaltigkeit, sondern sei geradezu paradigmatisch für die progressiven Werte unserer Zeit. Zudem sieht er einen demokratischen Thinktank rund um das Sharing Business am Werk.

Die neue Klasse, die diese Bewegung trägt, ist auch schon ausgemacht: die Asset-Light-Generation der Millennials, also die zwischen 1980 und 1999 Geborenen, denen nachgesagt wird, sie würden das Teilen dem Besitz vorziehen und eher Sharing-Angebote nutzen als Besitz anzuhäufen. Eine der vielen Studien über diese umgarnte Spezies etwa kommt zu dem Schluss, dass 40 Prozent der US-amerikanischen Millennials ihr Smartphone dem Auto vorziehen und stolze 60 Prozent lieber etwas erleben wollen, anstatt Besitz anzuhäufen, und betitelt ihre Studie gleich mit »Der neue amerikanische Traum«.[25] Die Sharing-Lobbyisten malen die Zukunft in bunten Farben. Das arbeitende Amerika könne wieder aufblühen, indem es seine Assets und Fertigkeiten auf den neuen Marktplätzen anbiete und dadurch eine Ökonomie der kleinen Geldtransfers zwischen Gleichgesinnten ermögliche. Gleichzeitig entstehe ein neuer Arbeitsmarkt, der den Arbeitenden die Souveränität über diesen zurückgebe.

Seit den 1960er Jahren hieß es, wir werden alle zur Mittelklasse, der Antagonismus zwischen Kapital und Arbeit verschwindet. Die Mittelklasse ist aber die einzige Klasse, die eigentlich gar keine richtige Klasse ist – die Antagonisten der kapitalistischen Gesellschaft sind Marx zufolge ja Bourgeoisie und Proletariat, der Rest, also Lumpenproletariat, Adel oder eben die Mittelklasse, sind entweder Randgruppen oder kommen in der Klassenanalyse des großen Kritikers der Politischen Ökonomie gar nicht vor. Der Liedermacher Franz Josef Degenhardt zitierte auf seiner 1988er Live-Platte die *FAZ*, die süffisant berichtet hatte, dass sich 61 Prozent der Bundesbürger zur gehobenen Mittelklasse zählen.[26] Heute steht die Mittelklasse schwer unter Druck: Die gut bezahlten Arbeitsplätze der Wissensarbeiter sind durch die Automatisierung bedroht, die Finanzkrise und neoliberale Politik tun ein Übriges – allerorts grassiert Abstiegsangst.

Die Evangelisten eines demokratischen Sharing-Kapitalismus treten das Erbe des fordistischen Versprechens an und verkünden: Auf den Sharing-Plattformen können wir alle Freie und Gleiche sein, unsere Fähigkeiten in klingende Münze verwandeln und gleichzeitig die graue Angestelltenkultur und das Gefangensein im Corporate Business hinter uns lassen. In dieser Vorstellung nimmt die Sharing-Ökonomie eine zentrale Rolle ein und wird zum Kern eines neuen Kapitalismus-Modells. Produzenten und Verbraucher verschmelzen auf den Plattformen und erfinden einen neuen Lifestyle. Da haben wir sie wieder, die Prosumer*innen! Dem amerikanischen Soziologen Alvin Toffler gebührt das Verdienst, schon 1980 die Ära der Prosumption eingeläutet zu haben, die er als »zunehmendes Verschwimmen der Grenze zwischen Produzenten und Konsumenten«[27] definiert. Toffler zufolge führe dieses Unscharfwerden zu »neuen Formen ökonomischer und politischer Demokratie, selbstbestimmter Arbeit, lokaler Produktion und autonomer Selbstermächtigung«[28], wie Christian Fuchs Tofflers Modell zusammenfassend beschreibt. Tofflers Schüler sitzen heute in den Vorstandsetagen der Sharing-Unternehmen und versuchen, seine Utopie zu realisieren. In diesem Modell lösen die massenhaft zu Prosumern werdenden Millennials endgültig die Klassengesellschaft des alten Kapitalismus ab. Airbnb versteht sich folgerichtig als »ökonomische Rettungsleine für den Mittelstand«, wie das Unternehmen in einer Broschüre freimütig eingesteht.[29]

So viel Aufregung und astronomische Summen an Risikokapital für Websites mit angehängten Datenbanken – viel mehr steckt ja nicht hinter Plattformen wie Airbnb oder Uber? Wie konnten schlichte Online-Angebote den Weltkonzernen der Hotelbranche und dem altehrwürdigen Taxigewerbe den Schneid abkaufen? Nic Wistreich hat in einem Artikel ihr Alleinstellungsmerkmal so zusammengefasst:[30] Es handelt sich tatsächlich um Software, bzw. Algorithmen, die User dazu veranlassen, Daten zu generieren. Dabei ersetzen Websites und Apps bestehende Strukturen – wie Vermittlungsinstitutionen, Taxistände, Taxi-Vermittlung – bzw. vermarkten Dinge und Leistungen, die vorher der Sphäre des Privaten angehörten. Indem sie menschliche Betreiber und Infrastrukturen durch Smartphone-Technologien ersetzen (etwa die Taxi-Vermittlungszentrale durch eine Matching-App), gelingt es ihnen, den Verbrauchern einen effizienten und kostensparenden Service anzubieten, so Wistreich weiter. Sie stellen eine einfach zu bedienende Schnittstelle, begleitet von festen Gebührenstrukturen und vereinfachten Bezahlmodellen, zur Verfügung und schaffen so eine optimale »User Experience« (Benutzererfahrung).

So langsam ist das Konzept Plattform in den Wirtschaftsschulen und in der Öffentlichkeit angekommen, und es kristallisiert sich eine Graswurzel-Bewegung heraus, die die Plattform-Logik übernehmen will, das Ganze allerdings genossenschaftlich organisiert und am Wohle aller orientiert anstatt an dem weniger Shareholder. Das Phänomen heißt Plattform-Kooperativismus. Der Kooperativismus beruht auf einem genossenschaftlichen und solidarischen Modell betrieblicher Organisation. Durch die Digitalisierung entstehen ganz neue Möglichkeiten für Transparenz und Teilhabe, eine Revitalisierung des Genossenschaftsmodells scheint möglich. Wie könnte eine genossenschaftlich organisierte Plattform aussehen, fragt die Aktivistin Ela Kagel in einem Artikel: »Nehmen wir das Beispiel des amerikanischen Fahrdienstes Uber: Warum ist Uber eigentlich keine Genossenschaft? Das Unternehmen wäre geradezu prädestiniert dafür.«[31] Die Software würde dann der Genossenschaft gehören, diese könnte aus den Bedürfnissen und Erfahrungen der Fahrerinnen und Fahrer sowie der Fahrgäste lernen, und sie könnte andere Ziele implementieren als maximale Umsätze. Darüber hinaus könnte sie quelloffen sein, so dass die Daten und Algorithmen Gegenstand offener Debatte würden. Die Werte und Ziele einer solchen Genossenschaft könnten gute Arbeitsbedingungen, sozialen Ausgleich, faire Preise und neue Besitzverhältnisse ermöglichen. Evgeny

Morozov äußert sich ebenfalls wohlwollend in diese Richtung: »Solche Versuche eines digitalen Genossenschaftswesens sind durchaus sinnvoll. Hin und wieder entstehen dabei beeindruckende und ethisch einwandfreie lokale Projekte. Warum soll die Fahrer-Genossenschaft in einer Kleinstadt keine App konstruieren können, die ihr hilft, Uber zumindest lokal zu schlagen?«[32]

Warum also nicht? Ela Kagel: »Vermutlich, weil die meisten selbstorganisierten Gruppierungen, NGOs und eben auch die traditionellen Genossenschaften keinen ausreichenden Bezug zu neuen Technologien haben. Und dies ist eben die Voraussetzung, das Herzstück all dieser disruptiven Sharing-Economy-Modelle: das, was Nic Wistreich als ›Digitalen Chef‹ bezeichnet – die Maschine, die kontrolliert, den Takt vorgibt und immer noch mehr Profite extrahiert.«[33] Immer wieder gab und gibt es Versuche, alternative Unternehmen zu gründen, den Kapitalismus mit seinen eigenen Waffen zu schlagen. Von der Maker-Bewegung der 1930er Jahre über die Genossenschaften bis zum heutigen DIY-Trend gab es immer wieder Versuche genossenschaftlicher Organisation, die egalitär und demokratisch ist, dann aber mit ihren Produkten und Diensten auf dem freien Markt mit kapitalistischen Konzernen konkurrieren soll. Selbst wenn es gelingt, eigene Plattformen zu bauen: Spätestens in der freien Konkurrenz des unerbittlichen Marktes bleiben für menschenfreundliche Unternehmungen meist nur die Nische oder die Selbstausbeutung. Bertolt Brecht hat all diesen Bemühungen, ein guter Mensch und einer guter Kapitalist zugleich sein zu wollen, in seinem *Guten Menschen von Sezuan* ein Denkmal gesetzt. Noch selten ist es in der Geschichte gelungen, nicht entweder amateurhaft in der Nische der Bedeutungslosigkeit zu verharren (wie z. B. zahlreiche Sharing-Websites, die tatsächlich keinen großen Konzern hinter sich haben) oder durch intensive Selbstausbeutung verzweifelt konkurrenzfähig zu sein, wie das z. B. bei selbstorganisierten Kurierdiensten der Fall ist.

Besitz ist soo 90er!

Aus dem Sharing-Gedanken ist also das nächste große (kapitalistische) Ding geworden. Die Situationisten würden hier von Rekuperation sprechen: Kreative, alternative oder sogar antikapitalistische Ideen werden aufgenommen, neutralisiert und letztlich verwertbar gemacht. Wir alle werden zu Mikro-Unternehmern einer egalitären, die Ressourcen schonenden kollaborativen Ökonomie, und das unter Beibehaltung von Privatbesitz, Warenproduktion, Profitorientierung und freiem Markt. Doch Teilen heißt noch lange nicht Teilhabe, denn: »Wer kein Geld besitzt, hat eben auch keinen Zugang zum Sharing«, wie der Philosoph Byung-Chul Han sagt: »Airbnb, der Community-Marktplatz, der jedes Zuhause in ein Hotel verwandelt, ökonomisiert sogar die Gastfreundschaft, und das System gegenseitiger Bewertungen ist zu einem panoptischen Kontrollmechanismus geworden.«[34] In Anlehnung an Heinrich Zille könnte man sagen: Man kann einen Menschen mit einer Bewertung genauso töten wie mit einer Wohnung.[35] Kaufe ich ein Buch, rechne ich schon mit dem Wiederverkauf auf Amazon, miete ich eine Wohnung, kann ich Mieteinnahmen durch Airbnb gleich einpreisen, reicht das Geld zum Leben nicht, biete ich meine Arbeitskraft oder irgendwelchen Tand bei eBay Kleinanzeigen feil. Aus dem Sharing-Gedanken wird eine Ökonomisierung des Lebens, getreu dem Motto: »Mach' alles zu Geld, was nicht niet- und nagelfest ist.«

In seinem Buch *Das Kapital im 21. Jahrhundert* beschreibt Thomas Piketty die epochale Tendenz, dass Kapitalerträge historisch die Oberhand gewinnen über die Einkünfte aus Arbeit: »Die Ungleichung r > g sorgt dafür, dass Vermögen, die aus der Vergangenheit stammen, sich schneller rekapitalisieren, als Produktion und Löhne wachsen.« Dabei ist r die Netto-Rendite des Kapitals und g die Wachstumsrate der Produktion, von der wiederum die Höhe der Löhne abhängt. Er schreibt weiter: »In dieser Ungleichheit spricht sich ein fundamentaler Widerspruch aus. Je stärker sie ausfällt, umso mehr droht der Unternehmer sich in einen Rentier zu verwandeln und Macht über diejenigen zu gewinnen, die nichts als ihre Arbeit besitzen. Wenn es einmal da ist, reproduziert Kapital sich von selbst – und zwar schneller, als die Produktion wächst. Die Vergangenheit frisst die Zukunft.«[36]

Dieser Mechanismus wird in der Plattform-Ökonomie auf die Spitze getrieben. Die Plattformen agieren nahezu ohne eigene Investitionen, verlagern den Hauptteil des unternehmerischen Risikos auf die Vermittelten und kommen mit einem Minimum an Beschäftigten aus – kassieren aber Gebühren, die durchaus im Bereich über 20 Prozent (bei Uber) und sogar 30 Prozent (bei den App-Stores) liegen können. Zusammen mit der inhärenten Tendenz zur Monopolisierung führt dies zu einer »The Winner Takes it All«-Situation, in der die Sirenen-Server auf diesen »gigantischen Big-Data-Ländereien« (Jaron Lanier) die Ernte einfahren können. Die Ungleichheit wird zunehmen und eher zu einer Ein-Millionstel- als zu einer Ein-Prozent-Gesellschaft führen. Im Lichte dieser Entwicklung wird auch die zunehmende Sympathie und Unterstützung aus dem Silicon Valley für ein Bedingungsloses Grundeinkommen verständlich: In der Plattform-Ökonomie bleiben außer den Besitzern der Plattform selbst nur noch atomisierte Prekäre, Tage-löhner der Gig-Ökonomie übrig.

Handelt es sich bei Sharing-Plattformen um ein Nischenphänomen? Oder lässt sich das Prinzip Plattform, die Logik der orchestrierten Vermittlungsplattform auch auf andere Branchen übertragen, ähnlich wie die Logik der Information im Zuge der Energiewende im Energiesektor Fuß zu fassen beginnt? Einen Hinweis kann vielleicht ein Erlebnis auf der Bloggerkonferenz re:publica (»Festival für die Digitale Gesellschaft«) geben: Ein Start-up präsentierte da sein Konzept für Peer-to-Peer-Car-Sharing. Eine Online-Plattform ermöglicht Privatleuten, ihr ungenutztes Fahrzeug anderen zeitweise gegen Gebühr auszuleihen. Im Wesentlichen geht es auch hier um zwei Kernaspekte der Sharing-Economy: Einerseits sollen bereits existierende Assets – in diesem Fall die Millionen Privat-PKW mit ihrer erbärmlichen Nutzungsquote von unter fünf Prozent – intensiver genutzt werden. Andererseits wird Autobesitzer*innen ermöglicht, aus dem Privat-PKW ein Car-Sharing-Geschäft zu machen – Sharing-Economy *at its best*. Das Konzept weist alle Merkmale des neuen Sharing-Kapitalismus auf und hat das Zeug – so könnte man meinen –, die Automobilindustrie nervös zu machen und deren Geschäftsmodelle zu gefährden. Auf den bei der re:publica kostenlos verteilten Umhängetaschen prangt dementsprechend der kecke Slogan: »Besitz ist soo 90er.« Die Werbebotschaft des ambitionierten Start-ups namens Croove ist klar: Hier werden die Kernwerte der Millennials angesprochen. Es entbehrt nicht einer gewissen Komik, dass das Start-up ausgerechnet eine Tochter von Daimler (und Allianz) ist. Die Plattform-Logik befindet sich also auf dem Vormarsch: Wenn der große Autobauer sich selbst disruptiert, wenn Autos kaufen plötzlich uncool wird, dann erfindet sich der Kapitalismus neu.

Kreativ-Arbeit 2.0

Im Jahr 2011 verkündete die Social-Media-Plattform LinkedIn, die meistverwendete Vokabel ihrer User, um sich selbst zu beschreiben, sei »kreativ«. Anfang des Jahrtausends hatte das schon jemand vorausgesehen: Richard Florida hatte 2002 in seinem Buch *The Rise of the Creative Class* das Entstehen einer neuen Kreativklasse (vornehmlich in den USA) ausgemacht und deren neue Lebens- und Vorstellungswelt beschrieben. Der Aufstieg der Kreativen würde die Gesellschaft fundamental umwälzen, so Florida: »Diese Veränderung wird angeführt von vierzig Millionen Amerikanern – über ein Drittel unserer Erwerbstätigen –, die mit Kreativität ihren Lebensunterhalt verdienen. Diese ›kreative Klasse‹ findet sich in einer Vielzahl von Bereichen, vom Ingenieurwesen bis zum Theater, von Biotechnologie bis zum Bildungssektor, von Architektur bis zu Kleinunternehmen. Ihre Entscheidungen hatten immer schon eine große wirtschaftliche Bedeutung. In Zukunft werden sie bestimmend sein dafür, wie der Arbeitsplatz organisiert ist, welche Unternehmen reüssieren oder Bankrott gehen und sogar welche Städte gedeihen oder verwelken werden.«[1]

Erfüllt sich hier nicht der alte Traum von der Umwandlung von kulturellem Kapital in klingende Münze? Die kreative Klasse, die hier beschrieben wird, verfügt über eine Menge kulturelles Kapital, das sie zu verwerten weiß. Pierre Bourdieu hatte in seiner soziologischen Theorie eben jenes Konzept des kulturellen Kapitals eingeführt, um neben monetärem Reichtum über einen weiteren Gradmesser für die gesellschaftliche Stellung zu verfügen.[2] In seinem berühmten Schaubild der sozialen Positionen und Lebensstile hatte er Schichten und Berufe sowie Alltagsgegenstände und -praktiken in ein zweidimensionales Diagramm eingetragen und damit der Klassengesellschaft eine weitere Achse hinzugefügt.

In Deutschland griffen zwei Autoren einige Jahre später Floridas Ideen auf und beschrieben das Entstehen dieses neuen Typus im Umfeld der neu entstehenden Internet-Ökonomie um Blogs, Webdesign und digitales Freelancertum. In *Wir nennen es Arbeit: Die digitale Bohème oder Intelligentes Leben jenseits der Festanstellung*[3] beschrieben Holm Friebe und Sascha Lobo ein neues soziales Phänomen. Eine urbane Klasse trat auf den Plan – kreativ, mobil und unkonventionell schickte sie sich an, neue Technologien endlich selbstbestimmt zu nutzen und Arbeit für sich neu zu definieren: Die *digitale Bohème* war geboren. Mit Laptop bewaffnet machte sie sich auf ins Café, um leichtes Geld in der Online-Ökonomie zu verdienen. Lebte die analoge Bohème noch eher nachts als tags und für die Kunst und deshalb in Armut, schien der digitalen Bohème die Quadratur des Kreises zu gelingen: das coole, selbstbestimmte Künstlerleben der historischen Bohème mit der ökonomischen Absicherung und den finanziellen Spielräumen gut bezahlter Angestellter zu verbinden.

»Die digitale Bohème, das sind Menschen, die sich dazu entschlossen haben, ein selbstbestimmtes Leben zu führen, dabei die Segnungen der Technologie herzlich umarmen und die neusten Kommunikationstechnologien dazu nutzen, ihre Handlungsspielräume zu erweitern.«[4] Eine Klasse von Kreativen schickte sich an, mit den neuen technischen Möglichkeiten gleich die ganze Gesellschaft zum Positiven zu verändern. Hier lässt sich eine Aufbruchsstimmung erkennen, die noch aus den Zeiten der Dot-Com-Blase zu stammen scheint. Die Euphorie um Web 2.0, das Mitmach-Web, dessen Inhalte durch die Nutzer selbst generiert werden, die Blüte der Kommunikationsplattformen und des Business für Jedermann ist deutlich spürbar. Zehn Jahre später fällt bei der Lektüre durchaus auch ein anderer Tonfall auf: Der Lifestyle der neuen Bohème wird als erfolgreiche Flucht vor einem sehr wohl drohenden Prekariat beschrieben; auch die digitale Bohème hatte, Friebe und Lobo zufolge, den Atem der Verarmung im Nacken gespürt.

Die digitale Bohème

Im Berliner Café Sankt Oberholz wurde ein neues Subjektivitäts-Modell erfunden und trat von dort aus seinen Siegeszug an. Mittlerweile ist der Lebensentwurf dieser Subkultur im Mainstream des Digitalen Kapitalismus angekommen. Das *mindset* der digitalen Bohème scheint zum Kapitalismus der Online-Plattformen zu passen wie die Faust aufs Auge. Kreative Mikro-Unternehmer sind nach wie vor in aller Munde. »Wir können eigenverantwortlich handeln, uns nach Belieben in diese neue, flexible Form des Arbeitens ein- und wieder ausklinken und auf den Websites der Sharing-Ökonomie unsere eigenen Unternehmen gründen.« So fasst Tom Slee in seiner 2016 erschienenen Kritik der Sharing-Ökonomie die Verheißungen ebendieser zusammen. Und weiter: »Die Sharing-Ökonomie verspricht, einstmals machtlosen Individuen dabei zu helfen, mehr Kontrolle über ihr Leben zu erlangen, indem sie zu Mikro-Unternehmern werden.«[5]

Hier ertönt der gleiche Sound wie vor zehn Jahren: das Versprechen neuer Möglichkeiten der ökonomischen und persönlichen Selbstverwirklichung dank neuer Technologien. Diesmal sind es nicht mehr eBay und MySpace, sondern die Plattformen der Sharing-Ökonomie. Das lässt uns skeptisch werden: Ist letztlich nicht doch das Kapital am smartesten? Im Februar 2012 kündigte IBM Deutschland massive Stellenstreichungen an. Gleichzeitig war von einem neuen Organisationsmodell (»liquid«) die Rede, das einen globalen Zugang zu hoch qualifiziertem, online verfügbaren, kreativen und flexiblen Personal gewährleisten sollte, das kosten- und zeitsparend Ideen und Produkte entwickelt. Zeitzonenbeschränkungen und nationale Arbeitsgesetzgebungen werden dabei umgangen. Digitale

Technologien ermöglichen hier die Entstehung einer neuen weltweiten atomisierten und ihren virtuellen Auftraggebern machtlos gegenüberstehenden kreativen Reservearmee.

Heute findet sich der Trend im gesellschaftlichen Mainstream wieder. »Ich bin auch gegen eine diktatorisch von oben herab geregelte Abgrenzung von Privat- und Berufsleben. Das soll und darf jeder selbst bestimmen«, sagt die Personalchefin von Siemens 2016 im Interview mit der *Süddeutschen Zeitung*. Und weiter: »Selbstbestimmung macht viele eher glücklicher und zufriedener, und damit auch produktiver, was dann wieder gut für alle, das Individuum und das Unternehmen ist.«[6] Der Trend geht weg von der unbefristeten Festanstellung, aber hat das zu mehr Selbstbestimmung und Freiheit, zu weniger Leistungsdruck, einer offeneren Gesellschaft geführt? Eher nicht. »Durch digitale Plattformen und globale Vernetzung wird es für Unternehmen leichter, Aufträge für Aufgaben, die vormals im Unternehmen erledigt wurden, auszulagern. Aufgaben können in viele Unteraufgaben zerlegt, atomisiert und digital als Kleinstaufträge etwa über Internet-Plattformen vergeben werden«, schreibt etwa die in diesem Bereich forschende Soziologin Tanja Carstensen.[7]

Das Software-Unternehmen Intuit prognostiziert für den amerikanischen Arbeitsmarkt im Jahr 2020 einen Freelancer-Anteil von 40 Prozent. »In Deutschland wird er wohl nicht so hoch sein, aber der Trend geht auch an uns nicht vorbei«[8], erklärt die Allianz Deutscher Designer. Und Steven Hill zitiert in seinem Buch *Die Startup-Illusion*[9] eine Untersuchung der Hans-Böckler-Stiftung, der zufolge es in Deutschland über eine Million mikroselbstständige Clickworker gibt. Die neue Freelancer-Arbeitswelt ist dabei charakterisiert durch Notwendigkeit der Vernetzung, fließende Übergänge zwischen Privatleben und Geschäft, Freundes- und Bekanntenkreis und Jobkontakten und mehreren Auftraggebern, die zum Teil gleichzeitig bedient werden. Hill zufolge verdient ein Drittel der deutschen Erwerbstätigen auf diese Art und Weise ihr Geld – ein Trend, der sich wohl nicht mehr umkehren lässt.

Im Jahr 2015 befragte ich einen Journalisten, Blogger und Betreiber eines Online-Magazins über seinen Arbeitsalltag: »Die Bedingungen des Journalismus ändern sich ständig: Artikel zu schreiben genügt nicht mehr, eine Menge Dinge drum herum müssen ständig erledigt werden – im Wesentlichen rund um die Uhr auf sozialen Medien aktiv sein. Mein Arbeitstag beginnt um 6 Uhr, wenn ich zum ersten Mal meine E-Mails und Nachrichten checke, und endet ca. um 11 Uhr nachts oder sogar noch später, wenn ich nachts auch nochmal reinschaue.« Und weiter: »Noch vor einem Jahrzehnt hätte ich mich gefragt: Wie viel Geld bekomme ich für diesen bestimmten Job? Heute ist das unmöglich. Es ist das Gesamtbild, ich muss vorausschauender, geduldiger sein. Networken allein ist nicht genug, Du musst ein Produkt schaffen als Vehikel für Marketing und Selbstinszenierung, an Events teilnehmen etc.« So äußerte sich der Online-Journalist über die Veränderung seines Selbstverständnisses, die er – selbst Akteur und Gegenstand dieses Prozesses – an sich beobachtet und gleichzeitig vollzogen hat.

Hier kommen die wesentlichen Aspekte der Digital-Subjektivität zum Vorschein: Die vordem abgetrennte Sphäre der Arbeit dringt nun in die gesamte restliche Lebenszeit ein. Der Einzelne wird zum Unternehmer seiner eigenen Arbeitskraft und findet sich in Selbstverantwortung für das strategische Management seines Selbst wieder. Kein Wunder, dass immer öfter auch im Privaten über die Umsatzsteuer gefachsimpelt und Networking betrieben wird, Auftraggeber kontaktiert und Coachings gebucht werden. Das ganze Leben wird zum Motivationsseminar von Kleinunternehmern, die dies nur in einer Beziehung sind, sie sind nämlich in dreifacher Hinsicht frei: frei von Zwängen, frei, ihre Arbeitskraft zu verkaufen und dabei selbstständig verantwortlich für alles, nicht-abhängig beschäftigt, aber dreifach selber schuld.

Großen Firmen steht heute eine Armee gut ausgebildeter, flexibler Freelancer nicht etwa gegenüber, sondern zur Verfügung: Die Datendandys von heute, Unternehmer ihres eigenen Selbst, als Kanonenfutter der übermächtigen Plattformen. Click-

Worker arbeiten in Heimarbeit im digitalen Akkord – und ähneln den Proleten aus der Vorzeit des Kapitalismus darin mehr als der historischen Bohème. Vom Standpunkt von Festanstellung, Sozialleistungen, linearen Arbeitsbiografien und kleinfamiliären Lebensmodellen aus betrachtet bzw. vor deren Erfahrungshorizont ist schwer zu verstehen, was die neuen Soloselbstständigen an dieser Flexi-Misere so toll finden. Auch die Gewerkschaften stehen einem Heer von Selbstständigen hilflos gegenüber, die den *Nine-to-Five*-Job fürchten wie der Teufel das Weihwasser.

Lobo und Friebe glaubten an eine grundlegende Transformation der Arbeitswelt in eine digitale bohèmistische Freelancer-Welt – und sie sollten Recht behalten: In einer Studie des Bundeswirtschaftsministeriums lässt sich nachlesen, dass sich das Phänomen »jenseits der Festanstellung« durchsetzt. Das BMWi zählt insgesamt 1,3 Millionen Selbstständige. Der Anteil der frei im Kulturbereich Tätigen lag bei 316.000, im Vergleich zu gerade einmal 132.000 im Jahr 2000, das entspricht einer Steigerung um 140 Prozent in sechzehn Jahren.[10] Und wie sieht es mit dem Verdienst aus? Die Künstlersozialkasse, die 185.503 (Stand Januar 2017) Selbstständige aus dem Kulturbereich versichert, gibt als durchschnittliches Jahreseinkommen der aktiv Versicherten 16.495 Euro an. Wendet man die etwa von Gründerszene.de angegebene Faustregel an, nach der Freelancer das Anderthalbfache von Festangestellten verdienen müssen – sie sind ja für Versicherungen und Vorsorge selbst zuständig und müssen Fehltage, Zeiten für Akquise und Urlaub kalkulieren –, ergibt sich daraus umgerechnet ein durchschnittlicher Brutto-Verdienst von knapp 11.000 Euro. Bei den Frauen sieht es noch schlechter aus, diese verdienen umgerechnet nur das Äquivalent von 9.370 Euro, was auf eine Geschlechter-Einkommenslücke (Gender Pay Gap) bei Freelancern von stolzen 25 Prozent herausläuft.[11, 12]

Burn-out

Die Zivilisationskrankheit unserer Tage heißt Burn-out. Waren in den 1970er Jahren nur zwei Prozent aller krankheitsbedingten Fehltage auf eine psychische Erkrankung zurückzuführen, sind es heute rund 15 Prozent. Dies ergibt die Auswertung der Daten von 4,8 Millionen Versicherten der Betriebskrankenkassen im aktuellen Gesundheitsatlas des BKK-Bundesverbands. Selbst gegenüber 2003 haben sich die Krankentage mehr als verdoppelt.[13] Dabei steckt hinter der Diagnose Burn-out oft eine schlichte Depression: »Aber in unserer Leistungsgesellschaft klingt die Diagnose Burn-out besser, denn wer ausgebrannt ist, kann sich darauf berufen, vorher bis zum Umfallen gearbeitet zu haben«[14], vermutet der Ärztliche Direktor für Psychiatrie an der Freiburger Uniklinik, Mathias Berger. In den Medien werde gerne der Eindruck vermittelt, Burn-out sei eigentlich eine Krankheit der »High Performer« (meistens Männer), während die weiblich konnotierte Depression als Krankheit der Schwachen gelte. Insbesondere die neuen Selbstständigen sind gefährdet: »Es gibt zwei Aspekte, warum Gründer besonders gefährdet sind, einen Burn-out zu erleiden. Weil sie selbstbestimmt sind und weil sie für ihre Idee brennen«[15], weiß die Neurologin Miriam Goos zu berichten, die 2011 eine Beratungsagentur zur Burn-out-Prävention gründete. Seit drei Jahren kommen immer mehr Gründer: Ein Drittel von ihnen sei gefährdet, schätzt die Ärztin. Die starke Zunahme von Burnouts liegt an der Veränderung der Arbeitswelt selbst. Das Syndrom des »Ausgebrannt-Seins« ist zum Sinnbild einer neuen Arbeitskultur geworden, in der die Grenzen zwischen Arbeit und Freizeit verschwinden, und die von höherer Verantwortung, Flexibilität, Erreichbarkeit und Engagement der Einzelnen gekennzeichnet ist.

Eine Armee aus hochqualifizierten, flexiblen, mehrere Sprachen sprechenden, an viele Kulturkreise anpassungsfähigen, sich selbst optimal ausbeutenden, ruhelosen Individuen ist entstanden: ein eigentümliches Amalgam aus maßgeschneiderter digitalprotestantischer Arbeitsmoral und Yoga-gestähltem selbstoptimierendem Individualismus. Die digitale Bohème hatte sich angeschickt, Arbeit neu zu definieren als cooles, selbstbestimmtes und kreatives Gegenmodell zur grauen Angestelltenkultur zwischen Festanstellung, Kantine und Herzinfarkt. »Wenn wir Bohème sagen«, betonen Friebe und Lobo, »sprechen wir von einer Gruppe, die ihr Schicksal arbeitstechnisch in die eigenen Hände nimmt und dabei mehr Wert auf Selbstprogrammierung und individuelle Freundschaften legt als auf karrierefördernde Anpassung.«[16]

Im kecken Slogan »Wir nennen es Arbeit« steckt sowohl ein Affront gegen die Wirtschaftswundergeneration, für die Arbeit vorrangiger Lebensinhalt gewesen war, als auch gleichzeitig eine Anbiederung. Auch die Autoren von *Wir nennen es Arbeit* wollten den Lifestyle der digitalen Bohème mit dem Arbeitsbegriff adeln. Nehmen wir diesen Versuch, zum Arbeitsuniversum dazuzugehören, zum Anlass, einmal grundsätzlich zu werden und zu fragen: Was ist eigentlich Arbeit? Und wollen wir sie überhaupt?

Arbeit – ein Folterinstrument

Die Bohème des 19. Jahrhunderts wusste es noch: Arbeit ist Mist. Sie nahm viel Entbehrung, Armut und Unsicherheit in Kauf, nur um nicht arbeiten zu müssen. Schon die Herkunft des Wortes »Arbeit« erweist sich als wenig ermutigend: Die ursprüngliche Bedeutung des germanischen Wortes »arbejo« lautet etwa: »Bin verwaistes und daher aus Not zu harter Tätigkeit gezwungenes Kind«[17] – eine geradezu poetische Beschreibung heutiger Digitalarbeit! Das englische »labour« stammt vom lateinischen »labor« ab, das zunächst einmal »Mühe, Entbehrung« bedeutet. Das französische Wort »travail« leitet sich gar von einem mittelalterlichen Folterinstrument ab (Tripalium). Bis in die Moderne hinein war Arbeit als Sklavenarbeit oder Fronarbeit ausschließlich den niederen Klassen vorbehalten, und diese mussten mit Gewalt dazu gezwungen werden. Auch unserer Tage ist die Arbeit vorrangig Mühsal und führt zu Krankheit und Tod: Offiziellen Zahlen zufolge sterben weltweit mehr als zwei Millionen Menschen jährlich an den direkten Folgen ihrer arbeitenden Tätigkeit. Erhebungen der Internationalen Arbeitsorganisation (ILO) zufolge stehen Arbeitsunfälle und Berufskrankheiten ganz oben auf der Liste.[18]

Die Umwidmung der Arbeit zu einem erstrebenswerten Lebensinhalt, zur verallgemeinerten Pflicht und Aufgabe setzt erst in der Moderne ein. Martin Luther definierte die Arbeit als gottgefällig und schuf damit die Voraussetzung für eine positive Besetzung des Begriffs – die moderne Arbeitsmoral wurde aus der Taufe gehoben: »Der Mensch ist zur Arbeit geboren, wie der Vogel zum Fliegen.«[19] Zu den Grundelementen des protestantischen Arbeitsethos gehören die universelle Pflicht zur Arbeit, Treue und Fleiß in der Arbeit und Ergebung in die vorgefundenen Arbeitsbedingungen. Das passte zum entstehenden Kapitalismus wie die Faust aufs Auge. Dieser benötigte Arbeiter, die selbstständig und ohne unmittelbaren Zwang bereit waren, arbeiten zu gehen, aus freien Stücken ihre Arbeitskraft zu verkaufen, um ihren Lebens-unterhalt zu verdienen. Die moderne Arbeitswelt etablierte sich erstmals als autonome Sphäre. Der Arbeitskritiker Gaston Valdivia schreibt: »Die Arbeit entfaltete und universalisierte sich, produzierte die Gesellschaft als einen Zusammenhang indirekt vergesellschafteter Subjekte und richtete sich schließlich ihrer Form nach als eigenständige Sphäre in ihr ein. Die neue Welt war gespalten in Privatheit und Öffentlichkeit und brachte weitere Sphären wie Recht, Politik, Ordnungsmacht, Gesundheit, Ökonomie etc. hervor, die der Gewährleistung der Arbeitsverwertung dienten.«[20]

Die ganze Gesellschaft wird um die Arbeit herum organisiert. Marx' Theorie des Kapitals kreist um den Mechanismus der Ausbeutung »lebendiger Arbeit«, in dem dieses erst Mehrwert und damit Profit erzeugen kann. Die Einverleibung abstrakter Arbeit wird zum wesentlichen Mechanismus des Kapitals. Dabei werden alle stofflichen, konkreten Aspekte der

Tätigkeit unerheblich: »Indem sie ihre verschiedenartigen Produkte einander im Austausch als Werte gleichsetzen, setzen sie ihre verschiedenen Arbeiten einander als menschliche Arbeit gleich.«[21] Abstrakte Arbeit, also unter spezifischen gesellschaftlichen Bedingungen, aber ohne Angesicht der konkreten Tätigkeit verausgabte Arbeit, wird zum allgemeinen wichtigsten Treibstoff der kapitalistischen Ökonomie.

Der Deutsche Gewerkschaftsbund verkündete im Oktober 2016 weithin sichtbar an seiner Hauptstadtzentrale: »Würde hat ihren Wert, Arbeit hat ihren Preis.« Hier wird die Würde des Menschen aus Grundgesetz Artikel 1 zitiert und gleich aus dem Kosmos der universalen Menschenrechte auf den Boden der realkapitalistischen Tatsachen geholt: Sie habe einen Wert, heißt es (gemeint ist Tauschwert) und wird damit zur Ware – um gleich danach die Binsenweisheit zu bekräftigen, dass Lohnarbeit auf dem Markt einen Preis erzielt. Dieser als Plädoyer für »gerechte Löhne« gedachte Slogan offenbart tatsächlich die menschenverachtende Seite des Arbeitsethos: Ein Leben ohne Arbeit ist unvorstellbar, unwürdig und wertlos (um nicht zu sagen: unwert). Wer nicht arbeitet, muss sich rechtfertigen, steht gar schnell im Verdacht, dem Staat auf der Tasche zu liegen.

Deutschland ist Weltmeister in Arbeitsethik. Arbeit *sans phrase*, am besten bei einer großen Firma oder beim Staat, gilt als erstrebenswert. Ob die Arbeit sinnvoll ist oder nicht, ist dabei zweitrangig. Der Berliner SPD-Ortsverband, der sich mit dem Spruch »Welche Arbeit ist egal – Hauptsache Arbeit!« auf einer Demonstration sehen ließ, bringt das auf den Punkt. Auch in NRW versucht die Schulz-SPD zu punkten mit dem hemdsärmeligen Slogan: »Wir sind die Malocher.« Die SPD steht nicht allein in ihrer Akklamation der Arbeit als identitätsstiftender, gleichzeitig ihrem konkreten Inhalt gegenüber gleichgültiger Form. Bei Angela Merkel hört sich das so an: »Wir werden alles tun, was Arbeitsplätze schafft und alles vermeiden, was keine Arbeitsplätze schafft.« Arbeit wird zum Fetisch: Eine von gesellschaftlich organisierten Menschen produzierte

Form erlangt als vermeintlicher Sachzwang hinterrücks Macht über ebendiese.

Opposition gegen den Protestantismus der Arbeit war von Seiten der Linken nicht zu erwarten: Die Arbeiterbewegung, der Marxismus-Leninismus und auch der real existierende Sozialismus standen für eine Verallgemeinerung und Hypostasierung der Arbeit als höchste Verwirklichung des (zumeist männlich gedachten) Individuums. Der Sozialismus schloss mit seiner Arbeitsmoral nahtlos an die kapitalistische an: In der Arbeit verwirklichte sich das Proletariat. Seine notorische Verachtung für Gammler, Hippies, Arbeitsscheue überrascht in diesem Zusammenhang auch nicht weiter. »Was Kirche und Bourgeoisie begannen, setzte die Arbeiterbewegung mit unausgesetztem Impetus fort. Gegen ihre Ausbeutung führte sie nun einen säkularisierten Protestantismus in Gestalt der sozialistischen Ideologie ins Feld. Folgerichtig sollten lediglich die Kapitalistinnen und Kapitalisten abgeschafft werden, um der Arbeit den Ausbeutungscharakter zu nehmen und sie weniger leidvoll gestalten zu können. Wieder fanden sich Geist und Intellekt, Muße und Schlendrian an den Pranger gestellt und jede unproduktive Arbeit geächtet.«[22]

Im *Kommunistischen Manifest* von Marx und Engels wurde tatsächlich dem Arbeitsregime und der Verallgemeinerung der Arbeit das Wort geredet, Arbeitszwang für alle und die Errichtung industrieller Armeen heraufbeschworen. Es mag heute befremdlich anmuten, aber der Zwang zur Arbeit und die Schaffung von Verhältnissen, in denen die doppelt freien Proletarier entstanden, wurden im *Manifest* noch bedingungslos bejaht. Dem Heer der Arbeitenden steht hier die Bourgeoisie gegenüber, die nicht arbeitet, sondern an der Arbeit der anderen verdient, als Coupon-Schneider die Früchte fremder Arbeit in klingende Münze verwandelt. Aus dem Ziel einer Abschaffung der Ausbeutung wird die Befreiung der Arbeit(er) von den Kapitalisten. Dem Wertkritiker Robert Kurz zufolge legitimiert sich »das Proletariat in diesem Kampf als Träger der Arbeit gegenüber dem parasitären arbeitslosen Einkommen der Kapitalisten moralisch«.[23] Und er führt Theodor W. Adorno als Bürgen an, der dem *Manifest* vorgeworfen hatte, es habe die ganze Gesellschaft in ein einziges Arbeitszuchthaus verwandeln wollen.

Die Diktatur des Proletariats war als kapitalistische Arbeitsdiktatur ohne Kapitalisten gedacht, die neue herrschende Klasse sollte ihre politische Herrschaft dazu benutzen, der Bourgeoisie nach und nach alles Kapital zu entreißen, die Arbeit zu verallgemeinern, die kapitalistische Fabrik selbst zu organisieren – und nicht etwa die gesellschaftlichen Verhältnisse Kapital und Arbeit abzuschaffen. Auch der real existierende Sozialismus dachte das Recht auf Arbeit und die Pflicht zur Arbeit immer zusammen. Die Sozialismen der nachholenden Modernisierung verstanden sich als Vollstrecker dieser im *Manifest* proklamierten Befreiung der Arbeit – und nicht etwa der Befreiung *von* der Arbeit.

Obwohl Armutslöhne, Armut trotz Arbeit, Minijobs, prekäre Beschäftigung, Freelancer ohne soziale Absicherung, Scheinselbstständige und viele weitere Verfallsformen des klassischen Vollzeit-Arbeitsverhältnisses gesellschaftliche Realität und längst in aller Munde sind, folgt daraus keine grundsätzliche Infragestellung der Arbeit überhaupt. Auch in der Diskussion um Bedingungsloses Grundeinkommen, das sämtliche bestehenden Ausgleichszahlungen ersetzen soll, wird kein Abschied von der Arbeit mitgedacht. Im Gegenteil, das Grundeinkommen soll die Möglichkeit bieten, sich – befreit von Existenzsorgen und Sozialbürokratie – ganz auf den Job konzentrieren zu können. Die Menschen dienen diesen von den Menschen eigentlich selbstgeschaffenen Sachzwängen dabei als Objekte und Material innerhalb des Verwertungsprozesses, der von Ware, Wert, Geld und (abstrakter) Arbeit bestimmt wird.

Jenseits der Arbeit

Wenige sozialistische Autoren stellten sich diesem Arbeitsethos entgegen. Prominentester Vertreter ist zweifellos Marx' Schwiegersohn Paul Lafargue, der sich unter Sozialismus etwas Angenehmeres als die Verallgemeinerung der Fabrikarbeit vorzustellen vermochte. Sein *Recht auf Faulheit* stellt ein erstes Aufbegehren gegen den Fetisch Arbeit und ein heute noch amüsant zu lesendes Plädoyer für *laid-back* Müßiggang dar: »Die kapitalistische Moral, eine jämmerliche Kopie der christlichen Moral, belegt das Fleisch des Arbeiters mit einem Bannfluch: Ihr Ideal besteht darin, die Bedürfnisse des Produzenten auf das geringste Minimum zu reduzieren, seine Genüsse und Leidenschaften zu ersticken und ihn zur Rolle einer Maschine zu verurteilen, aus der man ohne Rast und ohne Dank Arbeit nach Belieben herausschindet.«[24]

Bei Marx findet sich neben der Arbeit bejahenden auch eine arbeitskritische Tradition, insbesondere im Frühwerk und auch noch vereinzelt in den *Grundrissen*. In einer Rezension von *Das nationale System der politischen Ökonomie* des Ökonomen und Eisenbahn-Unternehmers Friedrich List aus dem Jahre 1845 finden sich Überlegungen, die so gar nicht zum Marx des *Manifests* passen: »Es ist eins der größten Missverständnisse, von freier, gesellschaftlicher menschlicher Arbeit, von Arbeit ohne Privateigentum zu sprechen. Die ›Arbeit‹ ist ihrem Wesen nach die unfreie, unmenschliche, nicht gesellschaftliche, von Privateigentum bedingte und das Privateigentum schaffende Tätigkeit. Die Aufhebung des Privateigentums wird also erst zu einer Wirklichkeit, wenn sie als Aufhebung der Arbeit gefasst wird.«[25] Marx stemmt sich hier vehement gegen die Vorstellung, die Menschen hätten schon immer gearbeitet, die Arbeit sei quasi eine Naturkonstante menschlicher Existenz und habe in der modernen Lohnarbeit nur ihre ausgereifte Form gefunden. Gegen diese die Arbeit ontologisierende

Ideologie der bürgerlichen Gesellschaft betont er, diese sei ebenso eine historische Formation wie das Kapital selbst, und gehöre demzufolge ebenfalls abgeschafft. Die historische Produktivitätsrevolution, die der kapitalistische Einsatz von Technologie hervorbringt, offenbart – konsequent zu Ende gedacht – das Potenzial eines Kommunismus der Automation und des Müßiggangs. Dieser verschüttete Gedanke ist es wert, wiederentdeckt zu werden.

Heute wollen alle arbeiten, und in einem Versuch, diesen Tätigkeiten ähnliche Anerkennung (und Vergütung) angedeihen zu lassen wie der herkömmlichen Lohnarbeit, werden immer mehr Bereiche mit Arbeit in Verbindung gebracht: Beziehungsarbeit, Arbeit an der eigenen Biografie, ehrenamtliche Tätigkeit, Familienarbeit. Die Liste ist lang. Die Grenzen von Arbeit und Privatleben verwischen, und ebenso die Grenzen zwischen bezahlter fremdbestimmter Arbeit und selbstgewählter Betätigung. Stellt das Leben jenseits der Festanstellung einen Ausbruch aus dem fetischistischen Universum Arbeit dar? Im Gegenteil, das Management der Ressource Arbeit wird aus Sicht des Kapitals externalisiert und den Beschäftigten selbst überlassen. Diese verwalten ab sofort die optimale Verwertung ihrer Arbeitskraft selbst. All die Freelancer, Solo-Selbstständigen und bei sich selbst Angestellten (*self employed*) müssen nicht mehr von einer Festanstellungs-Maschinerie ausgebeutet werden, das besorgen sie ab jetzt selbst, in Eigenregie und eigenverantwortlich. Ein Jammer, dass aus der digitalen Bohème eher ein Digital-Prekariat und das Schlechteste beider Welten für die Meisten Realität geworden ist: Arm und sozial nicht-sicher wie bei der klassischen Bohème, sind sie dennoch dem Projektstress in einer neuen »flüssigen« Arbeitswelt ausgeliefert. So werden alle, vom Topmanager bis zum Obdachlosen, von Sachzwängen getriebene Manager der Ressource Ich. Auch die Flaschensammler strukturieren schließlich ihren Arbeitsalltag selbstbestimmt. Wie wäre es, wir würden mal so langsam aufhören, immer arbeiten zu wollen? Es gibt genug zu tun – jenseits der fetischistischen Form Arbeit und befreit von monetären Fesseln und sogenannten Sachzwängen.

Die Geburt der Solo-Kapitalisten

»Samstags gehört Vati mir!« Mit diesem Slogan warben die Gewerkschaften seit den späten 1950er Jahren für den arbeitsfreien Samstag. Der kluge Werbespruch – er ist sehr emotional, wird einem sympathischen kleinen Jungen in den Mund gelegt, und die eigentliche Forderung ist nur implizit enthalten – fächert das ganze Panorama fordistischer Lebenswelt auf. Vati geht Montag bis Freitag arbeiten (Mami nicht), und hat am Wochenende Zeit für die Kinder (und das Häuschen, das Auto, den Fernseher). Fordistische Subjektivität kreist um Vollzeitarbeit, männliche Dominanz in der Kleinfamilie sowie den Konsum von Massengütern. Seit 1913 das erste Fließband in Fords Fabriken rollte, wurden Autos, später dann so gut wie alle Konsumgüter, günstig, massenhaft und standardisiert hergestellt. Aufkommende Informationstechnologien aus dieser Zeit begleiten das Fest des Konsums medial auf allen Kanälen: Radio, Film und Fernsehen.

Gleichzeitig wurde ein neuer Typus Konsument aus der Taufe gehoben: der Arbeiter selbst konnte sich zum ersten Mal ein Auto leisten, eines der identischen massenproduzierten Gefährte selbst erwerben. Gewerkschaft, Kegelclub und Urlaubsreise sind kulturelle Codes, die in dieser Zeit ausgebildet wurden und dazugehören wie Wurstbrot und *Bild*-Zeitung. Der Fabrikarbeiter der Nachkriegszeit trank, rauchte und aß gerne und viel, er wäre nie auf die Idee gekommen, ins Fitnessstudio zu gehen, Vegetarier zu werden oder auf seine Gesundheit zu achten. Dienst ist Dienst und Schnaps ist Schnaps – in der heutigen Start-up-Arbeitskultur wäre eine solche Haltung ein Unding. Der Erfolg des fordistischen Modells beruhte nicht nur auf den ökonomischen und technischen Neuerungen oder dem höheren Lebensstandard für breite Bevölkerungsschichten. Erst die Installierung eines entsprechenden Subjektivitätsmodells erlaubte diesen Erfolg – als Nebeneffekt verabschiedete sich die Arbeiterklasse für immer von der Revolution. Immer wieder gelingt es dem Kapitalismus, neue Subjektivitäten mit sozioökonomischen Veränderungen zu synchronisieren. Der Soziologe Maurizio Lazzarato hat diese Erkenntnis folgendermaßen formuliert: »Das zentrale Projekt kapitalistischer Politik liegt in der Synchronisierung ökonomischer, technischer und sozialer Bewegungen mit der Produktion von *Subjektivität*, dergestalt, dass politische Ökonomie und Subjektivitäts-Ökonomie zusammenfallen.«[1]

Es ist genug für alle da

In ihrer Geschichte des Datings beschreibt Moira Weigel die »Geburt der festen Beziehung«.[2] Die feste heterosexuelle Partnerschaft vor oder statt der Ehe, die früher mal wilde Ehe hieß, mag uns heute als normales Beziehungsmodell erscheinen. Im Zuge von Liberalisierung, Säkularisierung, zunehmender Gleichstellung von Frauen und der Veränderung geschlechtlicher Rollenzuschreibungen ist die serielle Monogamie zum Standard geworden und mittlerweile von vielen Zwängen, Konventionen und Regeln befreit. Konservative traditionelle Familienmodelle sind in Auflösung begriffen, Rollenverständnisse ändern sich. Demgegenüber zeichnet Weigel ein anderes Bild. In ihrer fundierten und unterhaltsamen Geschichte der Partnerwahl in den USA des 20. Jahrhunderts beschreibt sie, wie »the steady« – also die öffentlich demonstrierte, eine Zeit lang dauernde feste Beziehung mit einem Partner / einer Partnerin – sich in den USA erst in den 1950er Jahren durchzusetzen beginnt.

Junge Leute, die sich einen festen Partner oder Partnerin suchen, lösen dabei ein Modell ab, das über Generationen in der weißen Mittelschicht gang und gäbe war. *Rating and dating* (Bewerten und Verabreden) war Weigel zufolge bis in die 1950er Jahre das in den USA dominierende Modell zur Anbahnung der Ehe. Vor der obligatorischen Heirat war es üblich, mit möglichst vielen Partnern Dates einzugehen; junge Leute wurden selbst von konservativen Kreisen dazu animiert, möglichst viel und Viele »auszuprobieren«, sogenannte *score cards* (Strichlisten auf Tanz-Events) zu führen etc. Es ist amüsant zu lesen, wie sich konservative Kreise, die Kirchen und für Benimmregeln zuständige Publikationen und Autorinnen gegen den neuen Trend stemmten. Auf Tanzveranstaltungen nur mit einem/einer zu tanzen finden diese empörend: »Diese verderbliche Unsitte vereint alle negativen Aspekte der Ehe, ohne deren Vorteile zu haben«, zitiert Weigel die unter Pseudonym Dorothy Dix schreibende Anstandsdame jener Tage. Das geschah aus der Motivation heraus, zwischen vorehelichen Beziehungen und dem eigentlichen Hauptgang, der Ehe, eine klare Trennung aufrechtzuerhalten. Eine Folge des neuen Trends zur festen Beziehung vor der Ehe war nämlich, dass diese eheähnlich wurde und vorehelicher Sex kein Tabu mehr war. Da überrascht es dann nicht mehr, dass ausgerechnet konservative Kreise zum ausgiebigen *shop around* ermutigten!

Was ist der Grund für die Blüte dieser neuen Beziehungsform des *steady*, mit ihren vielfältigen Begleiterscheinungen wie dem »Schlussmachen«, gleichfalls eine Erfindung aus dieser Zeit, dem Austausch von Verlobungsringen etc.? Weigel findet die Ursache in sozioökonomischen Entwicklungen nach dem Zweiten Weltkrieg. Als Folge des Nachkriegsbooms schwammen insbesondere weiße Mittelklasse-Kids buchstäblich im Geld: Im Jahr 1956 verfügten dreizehn Millionen Teenager über ein Durchschnittseinkommen von 10,55 Dollar pro Woche. Nur fünfzehn Jahre vorher entsprach das noch dem gesamten Einkommen der amerikanischen Durchschnittsfamilie: »In den 1950ern konnten es sich viel mehr junge Leute leisten, tanzen, Burger essen oder ins Kino zu gehen.«[3]

Das Rating und Dating war eine Form der Partnerwahl, die Weigel zufolge aus der Not geboren war und die sie als sozialdarwinistischen Kampf um die besten Partien auf den Tanzböden der College-Verbindungen beschreibt. Nun machte dieses Modell dank der ökonomischen Prosperität einer Art »romantischer Vollbeschäftigung« Platz. Vollbeschäftigung in den Fabriken und Büros des Nachkriegsamerikas und der Beginn des Massenkonsums industriell produzierter Güter finden ihre Entsprechung im bevorzugten Beziehungsmodell des *steady*. Gleichzeitig setzt eine inflationäre Verwendung von Shopping-Metaphern ein, der Vergleich von Partnerwahl und Einkaufen wird notorisch. In einer beispielhaften Historisierung von Subjektivität gelingt es Weigel zu zeigen, wie die Liebe in der bürgerlichen Gesellschaft den Verkaufsstrategien von General Motors und anderen folgt. Die feste heterosexuelle Partnerschaft als Beziehungsmodell spiegelt den Nachkriegsboom wider: Es ist genug für alle da.

Der Kapitalismus wälzt nicht nur seine eigenen technischen Grundlagen beständig aufs Neue um, sondern auch uns, seine Untertanen. Bereits in den 1970er Jahren dachte Félix Guattari darüber nach, wie der Kapitalismus unser Denken und Fühlen mit dem System in Einklang bringt und uns veränderten Realitäten anpasst, statt umgekehrt. »Der Kapitalismus produziert subjektive Modelle in der gleichen Art und Weise, wie die Automobilindustrie neue Modelle vom Band laufen lässt«[4], lautete sein prägnant formuliertes Fazit. Wir werden in unserem Denken und Fühlen so an veränderte Rahmenbedingungen angepasst, dass wir uns im Einklang mit dem System befinden und letztlich zu einer Stabilisierung des Ganzen beitragen, mit dem Ergebnis, dass zu veränderten kapitalistisch-ökonomischen Verhältnissen passend maßgeschneiderte Subjekte bereitstehen, die perfekt ins neue Räderwerk hineinpassen.

Gilles Deleuze und Félix Guattari sahen in ihrem Versuch, die Kritik der politischen Ökonomie um eine Kritik der Produktion von Subjektivität zu ergänzen, zwei Mechanismen am Werk, die einander widersprechen, aber auch bedingen. Durch die Installierung und Etablierung bestimmter Mechanismen werden zunächst Subjektivität und Subjekte überhaupt hergestellt. Im Kapitalismus sind diese verantwortlich für die freie

Entfaltung des Individuums und gleichzeitig eng verwoben mit ökonomischen Prozessen und Veränderungen im Kapitalismus. Die Schule, die Medien, die Familie oder die Werbung sind solche Dispositive der Herstellung spezifischer Subjektivitäten. Dem steht eine diese Subjektivierung konterkarierende Unterwerfung gegenüber: die Unterwerfung unter die Maschinerie der Arbeit beispielsweise (*machinic enslavement*).

Diese Doppelbewegung oder Dialektik des Subjekts im Kapitalismus ist schon bei Marx angelegt, wenn dieser die Herausbildung des freien Lohnarbeiters aus traditionellen Bindungen in der Frühphase des Kapitalismus schildert, gefolgt von dessen gewaltsamer Einverleibung in das Fabriksystem. Deleuze und Guattari sahen Dispositive der Macht hier nicht in der Tradition Althussers ausschließlich als »ideologische Staatsapparate«[5] in einer von der Ökonomie getrennten Sphäre verortet. Sie folgten ihm nicht in der Logik von Überbau (Kultur, Politik, Institutionen) und Basis (Ökonomie, Arbeit, Fabrik), sondern wollten diese Maschinerien als direkt für die Reproduktion der Produktionsmittel und der Produktionsbeziehungen verantwortlich verstanden wissen. »Für Guattari handelt es sich hier nicht um Dispositive der Reproduktion der Ideologie, sondern der Reproduktion der Produktionsmittel und -beziehungen«[6], schreibt Lazzarato.

Sozialismus nach innen

In den 1960er Jahren begann sich in den USA eine neue linke Opposition zu bilden, die sich gegen den Kapitalismus der großen Industrie, der Konsumgesellschaft und der rigiden Moral richtete und gleichzeitig eine Abkehr von der alten Linken, der Arbeiterbewegung und deren Strukturen und Klassenbewusstsein vollzog: Die neue Linke wurde aus der Taufe gehoben. Slavoj Žižek schreibt über diesen Umbruch: »Die antikapitalistischen Proteste der 60er hatten dem Standard-Kritik-Modell an sozioökonomischer Ausbeutung neue kulturkritische

Themen hinzugefügt: Die Entfremdung im Alltagsleben, der warenförmige Konsum, die Verlogenheit der Massengesellschaft, in der alle gezwungen sind, Masken zu tragen und sexuellen und anderen Unterdrückungsformen ausgesetzt sind usw. Der neue Geist des Kapitalismus eignete sich die egalitäre und antiautoritäre Rhetorik der 1968er an und stellte sich selbst als erfolgreiche freiheitliche Revolte sowohl gegen einen Kapitalismus der Konzerne als auch gegen den real existierenden Sozialismus dar.«[7]

Insbesondere die von Jerry Rubin und Abbie Hoffman gegründete Youth International Party entwickelte kreative Formen der politischen Opposition. Die Yippies waren Meister darin, Medienaufmerksamkeit zu erregen. Diese kalifornische Variante der Spontis vereinte radikale Systemopposition mit spielerischen Aktionsformen wie Happenings und Guerilla-Theateraufführungen. »Wir Yippies sind Marxisten. Wir stehen in der revolutionären Tradition von Groucho, Chico, Harpo und Karl. Was wir von Karl gelernt haben, diesem verhasstesten, bärtigsten, langhaarigsten Kommie-Freak-Agitator aller Zeiten, ist die Notwendigkeit eines spektakulären Revolutionsmythos. Karl hat sein eigenes Rockalbum eingespielt und es Kommunistisches Manifest genannt, dessen Songs ganze Regierungen haben untergehen lassen!«[8] Mit diesen Worten beschrieb Jerry Rubin das Selbstverständnis der Yippies, der formal und inhaltlich radikalsten Strömung innerhalb der kalifornischen Gegenbewegung.

Insbesondere der Schock über die gewalttätige Reaktion des Staates auf die Black-Panther-Bewegung und der Tod von vier Studenten im Mai 1970 bei einem Einsatz der Nationalgarde an der Kent University führten zu einer zunehmend pessimistischen, eskapistischen Stimmung: Der US-Imperialismus war doch nicht mit Liebe zu besiegen. Dazu kam eine zunehmende Abkehr von der alten Linken, von Sozialismus und Arbeiterbewegung. Letztere wurde als hierarchisch, korrumpiert und patriarchal angesehen. Stattdessen geriet der Einzelne mit sefnen Gefühlen und seiner Individualität, seinen *inner feelings* in den Blick. Für viele bot die Hinwendung nach innen die ersehnte Perspektive zur Befreiung, ein Ausbruch aus alten Strukturen und Denkweisen hin zur Selbstverwirklichung schien möglich. Besonders Jerry Rubin, der Mitbegründer, kann als Schlüsselfigur dieser Bewegung gelten. Er entwickelte die Vorstellung, am Anfang jeder Revolution müsse die Veränderung des eigenen Selbst stehen. Aus einer Veränderung des Selbst sollte in einem zweiten Schritt die Veränderung der Gesellschaft folgen. Stew Albert, Rubins ehemaliger Weggefährte aus den Tagen der Yippies, beschrieb dessen gewandelte Denkweise folgendermaßen: »Jerry Rubin war mehr und mehr davon überzeugt, dass man ganz für sich allein Unabhängigkeit und Glück erreichen könne: Sozialismus im Innern. Aber genau das ist natürlich Kapitalismus!«[9] Der zweite Schritt geht unterwegs verloren, die Revolution findet nur noch im Innern statt, das Erkennen der eigenen Wünsche und Sehnsüchte ermöglicht letztlich deren Erfüllung. So entsteht ein Individuum, das sich keiner Klasse oder Schicht mehr zugehörig fühlt, nicht mehr durch Geschlecht, Herkunft, Beruf definiert ist, sondern einzigartig und mit Stil, Werten und Geschmack ausgestattet ist: Aus Revolutionär*innen werden Konsument*innen.

Die Kritik an der alten Linken führte zu einem »Sozialismus des Selbst«. Hier fand erstmals eine Abkehr von der Revolution statt, wie man sie bis dahin kannte: Sie wurde ins Innen verlagert, die Revolution konnte ab jetzt in jedem Einzelnen stattfinden, um dann erst die Gesellschaft als Ganzes zu transformieren – führte letztlich aber zu einem Kapitalismus, wie wir ihn heute kennen. Die kapitalistische Individualisierung hatte eingesetzt, wenige Jahre bevor an derselben Stelle in Kalifornien die Computer-Nerds eine neue Revolution starten würden: den Versuch, mit dem Personal Computer die Welt zu verändern. Auch heute erwägt niemand ernsthaft, Mitglied einer Partei zu werden, deren Ziel es ist, die Gesellschaft radikal und kollektiv zu verändern. Aber wir treffen persönliche Entscheidungen, die einen Unterschied ausmachen. Shopping hilft die Welt verbessern: Der Titel von Fred Grimms Bestseller[10] bringt das auf den Punkt. Wir verbessern die Welt, und uns selbst gleich mit, indem wir z. B. Bioprodukte einkaufen, statt irgendwelche Kapitalisten zu bekämpfen, die im Übrigen genau dasselbe tun.

Jerry Rubin selbst durchlief eine eigentümliche Transformation: Eben noch mit den Chicago Eight wegen gewaltsamer Aktionen vor Gericht, tauchte er in den 1980er Jahren in New York auf. Er erklärte sich fortan zum Yuppie (Young Urban Professional) und organisierte wöchentliche *networking sessions* für Geschäftsleute in der legendären Diskothek Studio 54. Im Interview mit der *Chicago Tribune* erläutert Rubin sein Konzept: »Wenn man ehrgeizig ist im Geschäftsleben, ist der Tag um fünf Uhr noch nicht vorbei. Das ist keine Bar für Singles. Es ist ein Medium für Geschäftsleute, um andere Geschäftsleute zu treffen. Es ist eine Erweiterung des Arbeitstags.«[11] Jerry Rubin kann also nicht nur als Erfinder des Konzepts Selbstverwirklichung gelten, er war auch einer der ersten Networker. Manuel Castells prägte dafür den Begriff »networked individuals« (vernetzte Individuen).[12] Dieser bezeichnet die Verschiebung des klassischen Modells großer sozialer Organisationen, hierarchischer Bürokratien oder sozialer Gruppen hin zu einem neuen Modell, in dem nunmehr Individuen Beziehungen direkt durch Informations- und Kommunikationstechnologien knüpfen – oder, wenn man so will, direkt an den vernetzten Digitalen Kapitalismus angeschlossen sind.

Wenn wir also das nächste Mal vegan einkaufen, lieber Car-Sharing benutzen oder mit dem Fahrrad zur Arbeit fahren, wenn wir mal eine Auszeit nehmen wollen, uns beruflich umorientieren, vielleicht programmieren lernen oder einen Kommunalgarten aufziehen wollen, könnte es sein, dass hinter unserem Rücken das Kapital im Spiel ist. Der Vergleich mit jenem Parasiten, der das Gehirn von Ameisen derart manipuliert, dass deren Verhalten sich ändert und sie daraufhin auf Grashalmen nach oben klettern, damit die Wahrscheinlichkeit steigt, von einer Kuh gefressen zu werden, was der präferierte nächste Wirt des Parasiten ist, ist vielleicht zu weit hergeholt – vielleicht aber auch nicht.

Franchise nach außen

Der Kapitalismus hat irgendwann einmal alle, die nicht bei drei auf den Bäumen waren, in den Produktionsprozess gezwungen – Frauen und Kinder eingeschlossen – und damit das Proletariat geschaffen. Seit den Zeiten des Manchesterkapitalismus hat sich viel geändert, heute wird das Arbeiterheer immer weniger gebraucht, und das Kapital sucht nach Möglichkeiten, es wieder loszuwerden: Es macht sie einfach alle zu Unternehmern, damit sind sie dann ja beschäftigt. Wir haben in den letzten Jahren viele Versuche in diese Richtung gesehen, angefangen beim Gründungszuschuss vom Arbeitsamt über die zynisch als Ich-AGs bezeichneten Kleinst-Unternehmungen bis hin zur Start-up-Ideologie unserer Tage.

Franchise-Unternehmen kennen wir z. B. aus der Gastronomie – McDonald's oder Subway sind bekannte Beispiele. Beim Franchising verleiht ein bereits bestehendes Unternehmen ein Geschäftskonzept gegen Entgelt an einen Franchisenehmer. Geschäftsmodell, Produktpalette, Einkaufs- und Verkaufspreise, selbst Öffnungszeiten und das Design der Inneneinrichtung werden vom Franchisegeber vorgegeben. Der Franchisenehmer verfügt über wenig unternehmerischen Spielraum: »Sie lassen sich in ihrer eigenen Firma alles vorschreiben. Und bezahlen für ihre Entmündigung viel Geld. Das nennt man Franchise«, bringt das Wirtschaftsmagazin *Brand Eins* das auf den Punkt.[13] In der Vergangenheit bildete ein kleines Einzelunternehmen mit allerlei Overhead (Immobilien, Anlagen, Geräten, Uniformen, Angestellten, Führungspersonal) die kleinstmögliche Entität, die als Franchisenehmer fungieren konnte. Auf den digitalen Plattformen fallen nun Investitionen für eine Franchise-Unternehmung vollständig weg. Tim O'Reilly, auf den der Begriff Web 2.0 als Bezeichnung für das interaktive Web der Plattformen zurückgeht, spricht in diesem Zusammenhang vom Einzelfranchise (*franchise of one*): »Heute kann der Franchisenehmer ein einzelnes Individuum sein, und dieses kann auch nur Teilzeit arbeiten, so dass wir es wirklich mit einem Einzelfranchise zu tun haben!«[14] Privat-Taxifahrer bei Uber, Gelegenheitsvermieter bei Airbnb oder Klickarbeiter bei Amazon Mechanical Turk klinken sich stundenweise ein in die digitalen Franchise-Plattformen und werden so zu entmündigten und gegängelten Unternehmern, zu Solo-Franchisenehmern.

Jedes Individuum wird zum Unternehmer transformiert, der Einzelne ist angehalten, selbst aktiv zu werden, die Initiative zu übernehmen, Risiken einzugehen. Das eigene Selbst wird zum Humankapital und muss folgerichtig betriebswirtschaftlich optimiert werden: Diät halten, ins Fitnessstudio gehen – kein Aspekt des Lebens wird beim Optimieren ausgelassen. Der Trend hat einen Namen: *Quantified Self*. Körper und Geist werden mit Hilfe der Informatik vermessen, zur Maschine transformiert, die Daten liefert, die dann ausgewertet werden, um wiederum das Funktionieren zu optimieren. Der Gesundheitssektor liefert die passende Rhetorik, mit regelmäßigen Gesundheitschecks soll das optimale Funktionieren dieses Motors aus Fleisch und Blut überwacht werden: Entschlacken, Durchchecken und Durchpusten. Dabei ist der menschliche Körper dank der Evolution doch eigentlich »wartungsfrei«, um ebenfalls eine maschinelle Metapher zu bemühen. Quantified Self ist die Verwirklichung von Taylors Programm eines wissenschaftlichen Managements der Ressource lebendige Arbeit, diesmal in die Individuen hineinverlagert.

Und die Mehrzahl der prekär Selbstständigen scheint dabei noch ganz zufrieden zu sein. In einer Untersuchung aus dem Jahre 2005, die vom unabhängigen Government Accountability Office (GAO), das für den US-Kongress arbeitet, erstellt wurde, sprachen sich 85 Prozent der befragten Selbstständigen in den USA für einen Erhalt ihres Status aus. Und 60 Prozent der für Uber tätigen Fahrerinnen und Fahrer sehen sich eher als Subunternehmer denn als Angestellte, obwohl es dort auch Arbeitskämpfe gibt und den Versuch, einen Angestelltenstatus zu erkämpfen.[15]

Oft liegt das einfach an schlechten Erfahrungen mit Festanstellungen in der eigenen Biografie oder schlicht der Lebenssituation der Betroffenen: Wer keine Sprachkenntnisse hat, keinen Bildungsabschluss vorweisen kann, wer ohnehin mehrere Jobs machen muss, um über die Runden zu kommen – ein Phänomen, das insbesondere in den USA gang und gäbe ist –, dem oder der bleibt oft nichts anderes übrig, als sich stundenweise in die Freelance-Ökonomie einzuklinken. Vielleicht muss auch temporär etwas Geld verdient werden, während der eigentliche Fokus auf der Ausbildung oder einer gänzlich anderen Karriereoption liegt. Angesichts der Kita-Öffnungszeiten sind flexible Modelle und stundenweises Arbeiten oft ohnehin die einzige Alternative.

In Berlin-Mitte gibt es die Factory. Das ist keine richtige Fabrik, in der Dinge produziert werden. Dort werden auch keine Kunstprodukte am Fließband hergestellt, wie in Andy Warhols *Factory*, jener ironischen Übertragung industrieller Massenproduktion auf den Kunstbetrieb. Die Factory ist ein sogenannter Start-up-Campus, ein Brutkasten für junge Unternehmen, denen die Factory ein ganzes Set an Dienstleistungen anbietet – ein »kreatives Umfeld«. Hier fand vor kurzem ein Start-up-Wettbewerb statt, bei dem junge Entrepreneure ihre Geschäftsideen vor einer Jury vorstellen sollten. Die jungen Leute, die dort auftraten, hatten zwei Minuten Zeit, ihre Geschäftsidee vorzustellen. Zwei Minuten, so das Szenario des klassischen Elevator Pitch, einer improvisierten Projektvorstellung während der Dauer einer Aufzugfahrt, die bei US-amerikanischen Gebäuden durchaus bei ein, zwei Minuten liegen kann.

Die Themen deckten verschiedenste Bereiche ab – Essen und Bildung, Verkehr und Beratung, Gesundheit und Kinder: Ob man snobistische Sterne-Köche ganz privat buchen, Geschenke verpacken lassen oder mithilfe einer App sein Abendessen mit kleinen Kindern in Afrika teilen (sprich auf einen Knopf drücken und Geld spenden) mochte – für jeden Geschmack war etwas dabei. Demgegenüber war die Form der einzelnen Präsentationen verblüffend austauschbar. In glatt polierten Zwei-Minuten-Pitches in Business Englisch wurde die eigene Geschäftsidee als genial, innovativ und disruptiv angepriesen. Gleichzeitig versuchten die jungen (meist mittellosen) Gründer, seriös und lässig aufzutreten und sich selbst als lukratives Investment zu präsentieren.

Diese jungen Gründer, Digital Natives durch und durch, wie ganze Armeen von freiberuflichen Wissensarbeitern auch, verkaufen nicht mehr ihre Arbeitskraft, sondern fühlen sich als souveräne Unternehmer ihres eigenen Selbst. Mein Businessplan bin ich! Selten konnte man die Transformation von Menschen in ökonomische Wesen, in Darsteller von Wagniskapital, in Humankapital so direkt beobachten: »eine Ansammlung von Ressourcen (Hirn, Hand, Arm) – Gehirn, Brüste, Bizeps«, wie es bei Laurie Penny so schön heißt,[16] die der Generierung von Einkommen dienen können. Der Digitale Kapitalismus geht nicht spurlos an seinen Subjekten vorüber. Selbst jene, die derzeit erfolgreich sind, ahnen, dass der Erfolg in der digitalen Ökonomie kurzlebig sein kann. Ein erfolgreicher Jungunternehmer im Interview auf die Frage, was eigentlich in zehn Jahren sein wird: »Vielleicht kommt ja dann mal das Grundeinkommen.«

Das Bedingungslose Grundeinkommen und der Digitale Kapitalismus

Was haben Milton Friedman, Joseph Beuys und Barack Obama gemeinsam? Verblüffenderweise eint diese doch so unterschiedlichen Personen ein Faible für ein und dieselbe Einkommensform: das Bedingungslose Grundeinkommen (BGE). Lange Zeit wurde es nur in linksalternativen Kreisen oder in der akademischen Volkswirtschaftslehre diskutiert. Seit ein paar Jahren allerdings gewinnt es zunehmend an Fürsprechern, bis es dann im Januar 2017 sogar beim Weltwirtschaftsforum in Davos auf der Tagesordnung stand.

Der in der Solarbranche aktive kalifornische Unternehmer Peter Barnes, der für sein Engagement für alternative Wirtschaftsformen bekannt ist, veröffentlichte schon 2014 ein Plädoyer für ein allgemeines Einkommen für alle. In seinem Buch *With Liberty and Dividends for All. How to save our Middle Class When Jobs Don't Pay Enough* argumentiert er folgendermaßen: Aufgrund der Globalisierung, der Automatisierung und des »Alles-oder-Nichts-Kapitalismus der Software-Plattformen«[1] werde es in absehbarer Zeit nicht mehr genügend gut bezahlte Arbeitsplätze geben. Die Mittelklasse benötige eine zusätzliche Einkommensquelle, wenn herkömmliche Jobs nicht mehr genug abwerfen.[2]

Barnes' Ideen scheinen Zuspruch zu finden: Elon Musk, Gründer des amerikanischen Elektroautoherstellers Tesla und Liebling der kalifornischen Hightech-Szene, äußerte sich jüngst in diese Richtung: »Es ist ziemlich wahrscheinlich, dass wir ein universelles Grundeinkommen (*universal basic income* oder UBI) oder etwas in der Art bekommen werden, auf Grund der

Automatisierung.«[3] Auch der letzte US-Präsident Barack Obama deutete im Interview mit dem kalifornischen Technologie-Magazin *WIRED* an, die Herausforderungen durch die Automatisierung machten ein System wie das Grundeinkommen nötig: In einem »Neuronale Netze, selbstfahrende Autos und die Zukunft der Welt« betitelten Gespräch mit Chefredakteur Scott Dadich und dem Direktor des MIT Media Labs, Joi Ito, das als technologiepolitisches Vermächtnis der Ära Obama gelten kann, prognostizierte er für die nächsten zehn, zwanzig Jahre eine intensive Debatte rund um das Grundeinkommen.[4]

In Deutschland sorgte Telekom-Chef Florian Höttges im Dezember 2015 für Aufsehen, als er sich im Interview mit der *Zeit* für das Bedingungslose Grundeinkommen aussprach. Angesichts bevorstehender Veränderungen von Arbeitswelt und Gesellschaft durch die digitale Revolution seien »unkonventionelle Lösungen« zum Erhalt der Sozialsysteme erforderlich, die durch den massiven Wegfall von Arbeitsplätzen gefährdet seien. »Es könnte eine Lösung sein […] in einer Gesellschaft, die sich durch die Digitalisierung grundlegend verändert«, sagte er. »Ein bedingungsloses Grundeinkommen kann eine Grundlage sein, um ein menschenwürdiges Leben zu führen.« Finanziert werden könne das Grundeinkommen durch die Besteuerung der Gewinne großer Internetkonzerne: »Wenn Produktivität zukünftig vor allem an Maschinen und die Auswertung von Daten gekoppelt ist, könnte die Besteuerung stärker auf den darauf beruhenden Gewinnen aufbauen und weniger auf der Einkommensteuer des Einzelnen.«[5] Zum ersten Mal hatte sich damit ein deutscher Top-Manager im Kontext der Digitalisierung für das Grundeinkommen ausgesprochen. Damit holte er die Diskussion um das Konzept aus der linksalternativen Ecke, wo es – zumindest in Deutschland – bislang einzig diskutiert worden war.

Dabei ist die Idee verblüffend alt. Ein erstes Weißbuch dazu hatte schon Thomas Paine 1797 für das Direktorium der französischen Revolutionsregierung verfasst. Paine, einflussreicher Intellektueller, Propagandist der Aufklärung und einer der Gründerväter der Vereinigten Staaten von Amerika, hatte darin das Konzept einer *citizens dividend* dargelegt. Paine war von der Überlegung ausgegangen, dass die natürlichen Ressourcen allen gehören sollten und dass es Aufgabe des Staates sei, die daraus abgeleiteten Reichtümer gerecht unter allen Bürgern zu verteilen. Der Staat verwaltet diesem Modell gemäß einen Treuhandfonds, aus dem er eine Staatsdividende an seine Bürger auszahlt.[6] Der eingangs erwähnte Peter Barnes argumentiert 217 Jahre später mit exakt den gleichen Vokabeln wie Paine für seine Version der *citizens dividend*. Auch der zu den utopischen Sozialisten zählende Belgier Joseph Charlier hatte ein ähnliches Konzept entworfen. In seiner 1848 publizierten *Lösung des Sozialproblems* legte er sein Konzept eines »*revenu garanti*«, eines staatlich garantierten Minimums dar. Ähnlich wie Paine ging er davon aus, dass jeder Bürger ursprünglich Miteigentümer des Staatsgebiets des jeweiligen Staates sei und diesem Staat demzufolge die Aufgabe zufalle, ihm (oder ihr) eine Art anteilige Bodendividende auszuzahlen.[7]

Die Chicagoer Variante

Milton Friedman, den Wirtschaftsliberalen *par excellence*, würde man wohl kaum unter den Befürwortern eines Grundeinkommens vermuten, und doch gehört sein Konzept einer negativen Einkommensteuer dazu. In seinen 1962 veröffentlichten Überlegungen ging er vom Einkommensteuer-Freibetrag in den USA aus, der damals 600 Dollar betrug. Wessen Monatsverdienst unter diesem Betrag liegt, soll in Friedmans Modell nicht nur keine Steuern zahlen, sondern erhält eine Zuwendung – eben die negative Einkommensteuer. Mit dem Ergebnis, dass alle über mindestens 600 Dollar verfügen können, unabhängig von ihrem erwirtschafteten Einkommen.

Friedmans Hauptargument ist dabei die Effizienz: »Einige kurze Berechnungen lassen überdies erkennen, dass der Vorschlag finanziell weitaus billiger wäre und erst recht die erforderlichen Aufwendungen der staatlichen Verwaltung vermindern würde, im Gegensatz zu unserem gegenwärtigen Sammelsurium an Wohlfahrtsmaßnahmen. Man kann diese Berechnungen auch als Beweis für die Verschwendung des gegenwärtigen Systems ansehen, gemessen an seinem Ziel, den Armen zu helfen.«[8] Friedman zählt die staatlichen Hilfen auf, die ihm zutiefst zuwider sind: »Altersunterstützung, Rentenauszahlung, Unterstützung minderjähriger Kinder, Unterstützungen allgemeiner Art, Agrarmarktpreissubventionen, öffentlicher Wohnungsbau usw.«[9] All diese Hilfen mitsamt der bürokratischen Verwaltung, die für ihre Verteilung zuständig ist, sollen abgeschafft werden. Das Grundeinkommen ist das Einzige, was an deren Stelle treten soll, und es soll außerdem privatwirtschaftlich finanziert werden.

Der Jakobiner Paine, der Utopist Charlier und der Wirtschaftsliberale Friedman – alle drei sprechen sie von einem Minimum, einem Grundbetrag oder Existenzminimum, also keinesfalls von einem Einkommen, das zu allseitiger Entwicklung der Persönlichkeit, Teilhabe am gesellschaftlichen Leben oder Befreiung von ökonomischen Zwängen dienen könnte. Insbesondere Friedmans Konzept zielt darauf ab, die Empfängerinnen und Empfänger des Grundeinkommens in die Pflicht zu nehmen, für sich selbst zu sorgen und mit dem Geld ökonomisch zu haushalten. Der Einzelne soll dazu angeregt werden, das Geld sinnvoll zu investieren, also unternehmerisch damit umzugehen, oder anders ausgedrückt: zum Verwalter der eigenen Armut zu werden. Denn über das BGE hinaus gibt es dann nichts mehr – wer damit nicht zurechtkommt, hat Pech gehabt. Und keines dieser Modelle garantiert, dass der oder die Einzelne mit dem Minimum auch tatsächlich wird auskommen, tatsächlich Lebensmittel, Wohnung, Versicherungen oder Pflege wird bezahlen können.

In der Diskussion um das BGE sind Friedmans Vorstellungen heute wieder präsent, etwa bei Andy Stern, dem ehemaligen Vorsitzenden der *Service Employees International Union*. Die größte nordamerikanische Dienstleistungsgewerkschaft ist eine der mächtigsten Gewerkschaften weltweit, ihre fast zwei Millionen Mitglieder rekrutieren sich aus dem Gesundheitssektor und dem Bereich öffentliche Dienstleistungen, sie ist am ehesten mit Ver.di zu vergleichen. Stern macht sich Gedanken über die Zukunft der Arbeitsplätze in seiner Branche. Er spricht sich für ein staatlich orchestriertes »universelles Grundeinkommen von 1000 Dollar pro Monat für jeden Bürger« aus. Stern zufolge wäre das ein klügerer Weg, um das Problem der Armut anzugehen, als die »Billion Dollar, die jedes Jahr für 126 nationale, bundesstaatliche und lokale Armutsbekämpfungsprogramme ausgegeben wird.«[10] Da taucht es wieder auf, das Sammelsurium (*rag bag*) an Sozialleistungen, das schon Friedman so verhasst war. Und deren Abschaffung soll gleichzeitig positive Effekte zeitigen, wie »die Nachfrage steigern, den Leuten mehr Flexibilität für Weiterbildung, Kindererziehung oder um [ihnen zu ermöglichen] ein Business zu starten«, und unterm Strich in der Lage sein, »das Versprechen des amerikanischen Traums wiederzubeleben«.

Seit den 1980er Jahren gab es immer wieder punktuelle Umsetzungen und Feldversuche im Zusammenhang mit Bedingungslosem Grundeinkommen, so aktuell in Finnland. Dort erhalten seit Anfang des Jahres 2017 2000 ausgeloste Langzeitarbeitslose 560 Euro Grundsicherung bedingungslos für die Dauer von zwei Jahren. Der Betrag entspricht dem in Finnland geltenden Existenzminimum, dieses wird jedoch im Rahmen des Experiments ohne Sanktionsdruck ausgezahlt. Der konservative Ministerialrat für Finanzen in Finnland, Timo Tanninen, merkt dazu an: »Es geht darum, die Sozialversicherungssysteme einfacher zu machen.«[11] Die Regierung erhofft sich von diesem Experiment, Menschen aus einem »überregulierten Arbeitsmarkt« zu befreien und es ihnen leichter zu machen, kurzfristige Beschäftigungen anzunehmen. Das Programm ziele darauf, kostenneutral zu sein: Die Auszahlungen sollen nicht höher sein als die Einsparungen, die das neue Modell bringt.

Im Februar 2017 kündigte der Milliardär und eBay-Gründer Pierre Omidyar an, ein Experiment in Kenia zu finanzieren.

Er beabsichtigt, eine halbe Million Dollar zu spenden, um mehr als 26.000 Menschen in 200 Dörfern ein garantiertes regelmäßiges Einkommen zu ermöglichen. Das Programm *GiveDirectly*, einer der bisher ehrgeizigsten Feldversuche mit Grundeinkommen, ist auf eine Laufzeit von zwölf Jahren angelegt und sieht Bargeldtransfers von 0,75 Dollar pro Tag vor – das sind etwa 50 Prozent des typischen Erwachseneneinkommens im ländlichen Kenia.[12]

Das Grundeinkommen von links

Die ursprünglich sozialistisch-utopische Idee wurde jedoch nicht nur von Liberalen aufgegriffen. Aus linker Perspektive gilt das Bedingungslose Grundeinkommen als Weg, um soziale Ungerechtigkeit und Ungleichheit abzumildern. Der eingangs erwähnte Joseph Beuys vertrat in den 1970ern die Meinung, jeder und jede hätten ein Recht auf eine Grundrente vom Staat, um die Befriedigung von Grundbedürfnissen sowie eine Teilnahme am gesellschaftlichen Leben zu gewährleisten. Der Dokumentarfilmer Andres Veiel bemerkte kürzlich im Interview anlässlich der Premiere seines Films über den deutschen Fluxus- und Performance-Künstler:»Beuys ging ja noch weiter. Er sagte, das Denken ist eine kreative Kraft, jeder Mensch hat das Potenzial, Gesellschaft zu gestalten, und deshalb hat jeder das Anrecht auf Kredit. Niemand verstand, dass er keinen Bankenkredit meinte, sondern ein Bedingungsloses Grundeinkommen.«[13]

Auf Seiten der Linken findet das Konzept eines universellen Grundeinkommens Anklang, insofern es sanktionsfrei ist und die Menschen von der Gängelung durch Sozialbehörden befreit. Von der Notwendigkeit, ihren Lebensunterhalt durch den Verkauf der Arbeitskraft verdienen zu müssen, erlöst, könnten sich die Menschen zudem in der gewonnenen Zeit sinnvolleren Dingen widmen. Die linke Variante des BGE geht davon aus, ein bedingungslos ausgezahltes Bürgergeld könne allen ein menschenwürdiges Leben und echte Teilhabe ermöglichen.

Angedacht wird ein Leistungsniveau, das deutlich über dem Sozialhilfesatz liegt, die Rede ist von ca. 1000 Euro monatlich – man will da ganz realistisch bleiben und nicht etwa riskieren, durch überzogene Forderungen (wie wäre es z. B. mal mit 5000 Euro?) sofort als unfinanzierbar und utopisch abgetan zu werden. So utopisch es (noch) erscheint, so brüskierend es viele finden mögen – es ist doch ein im Grunde reformistisches Konzept, von radikaler Gesellschaftsveränderung ist dabei nicht die Rede.

Linke Befürworterinnen des Bedingungslosen Grundeinkommens betonen, mit dem BGE könne der Zwang, aus finanzieller Not arbeiten zu müssen, wegfallen. Diese emanzipative Idee geht auf Erkenntnisse Paul Lafargues zurück, die dieser 1880 in seinem *Recht auf Faulheit* formuliert hatte.[14] Schon damals beschrieb Lafargue den Effekt der Automatisierung auf Arbeitsplätze, zog jedoch daraus ganz eigene Schlüsse: Der Verlust des Arbeitsplatzes sei kein Unglück, schreibt er, sondern eine Chance zur Befreiung vom Arbeitszwang. Ein Jahrhundert später nahm der französische Philosoph André Gorz Lafargues Gedanken auf. Er sah eine Art Grundeinkommen nicht als Ersatz für Wohlfahrtsleistungen und auch nicht als Mittel, um Arbeitskraft zu verbilligen, sondern als Übergangslösung auf dem Weg zu einer völlig arbeitsfreien Gesellschaft: Es sollte uns in die Lage versetzen, Arbeit abzulehnen und Tätigkeiten aus freien Stücken zu übernehmen.[15] Die Entkopplung von Erwerbstätigkeit und Auskommen und die damit verbundene Chance auf Autonomie und Selbstbestimmtheit sind immer noch ein Tabu – insbesondere im arbeitsprotestantischen Deutschland. Kein Wunder also, dass z. B. die Gewerkschaften dagegen sind. Schlagworte wie »Helikoptergeld«, Stammtischparolen wie »dann geht doch keiner mehr arbeiten« etc. zeigen, dass die Vorstellung einer Entkopplung von Einkommen und Arbeit für viele immer noch eine Zumutung zu sein scheint. Dies aber denkbar zu machen, darin liegt auch der fortschrittlichste Aspekt des Konzepts eines Bedingungslosen Grundeinkommens.

Sozialstaat durch Crowdfunding

Die Berliner Initiative »Mein Grundeinkommen« hat die Debatte um das BGE befeuert, indem sie es einfach umgesetzt hat! Finanziert wird das Experiment über Crowdfunding. Auf der Website von Mein Grundeinkommen wird Geld gesammelt, und sobald die Summe von 12.000 Euro zusammengekommen ist, wird sie in der Crowd verlost und in zwölf Monatsraten ausgezahlt – steuerfrei, denn es handelt sich juristisch um Lotteriegewinne. Am 25. Juli 2017 waren 447.370 Menschen auf der Plattform registriert, die erst vor wenigen Jahren von Martin Bohmeyer, einem erfolgreichen Start-up-Gründer, ins Leben gerufen wurde. Die Macherinnen und Macher verfolgen ein sehr konkretes sozialpolitisches Ziel, nämlich den Image- und Aufklärungskampagnen um das BGE einen praktischen Aspekt hinzuzufügen: Die Begünstigten sammeln Erfahrungen, wie dieses sich tatsächlich auf ihr Leben auswirkt, und teilen diese auf der Website von Mein Grundeinkommen mit.

In einem Spagat zwischen Start-up und NGO versucht das Projekt ein soziales Experiment: Eine nichtstaatliche Organisation spielt Grundeinkommens-Glücksrad. Die Initiative versteht sich als zu »40 Prozent Start-up, 40 Prozent NGO und 20 Prozent soziale Bewegung«, so Meera Zaremba von Mein Grundeinkommen in einem Interview, das ich im Anschluss an ein Diskussionspanel auf der Berliner re:publica-Konferenz im Mai 2017 führte. »Die beiden Gründer hatten von Anfang an die Idee«, erklärte sie, »auch andere Wege zur Finanzierung zu finden, am besten konsumfinanziert und am besten so, dass die Leute nicht selber draufzahlen, sondern auf einem Umweg die Wirtschaft mit in die Verantwortung genommen wird.« Neben Crowdfunding und Zuwendungen von Großspendern werden auch andere Finanzierungsmöglichkeiten gesucht. Mein Grundeinkommen kooperiert mit Getränkeherstellern (»Grundeinkommen-Cola«) und denkt sich PR-Kampagnen aus. Die Initiative ist erfolgreich, sehr präsent in den Medien und erfreut sich breiter Zustimmung, im Mai 2017 wurden Grundeinkommen live bei Thomas Gottschalk auf RTL verlost. Die Digital Natives von Mein Grundeinkommen haben sich schon so einiges ausgedacht. Ein veritabler Hack ist ihnen mit der Crowd-Card gelungen: Sie hatten eine Chipkarte bei einem bekannten Bonuskartenanbieter angemeldet, diese dann mehrere tausend Mal geklont und in der Community verteilt. So sammelten alle Bonuspunkte mit demselben Account und diese wanderten dann in den Lostopf. Bei der Analyse der Daten dieses Super-Kunden wäre ich gern dabei gewesen...

Mein Grundeinkommen kann stolz sein auf das Erreichte: Bislang wurden einhundert Grundeinkommen (Stand 25. Juli 2017) vergeben. Vielen Menschen wurde geholfen, ein neues Lebensmodell auszuprobieren, und das Ganze ohne staatliche Hilfen. Das kleine Start-up fordert den Staat heraus und zeigt, dass man »es« einfach machen kann! Mein Grundeinkommen denkt und handelt dabei wie ein Start-up: »Wir sind sehr skalierbar, was die Userzahlen angeht, zur Zeit eine halbe Million, für Ende des Jahres peilen wir die Million an. Schwieriger ist es mit der Anzahl ausgezahlter Grundeinkommen. Vor kurzem war das noch ein absolutes Nerd-Nischen-Thema, heute diskutiert die Arbeitsministerin mit uns darüber. Wir wollen auch in anderen Ländern starten, das lässt sich relativ einfach kopieren. Wir streben mehr User, Wachstum an Spendern, mehr Kooperationen an. Wenn wir mehr User haben, können wir auch mehr Grundeinkommen verlosen«, fasst Meera Zaremba zusammen.

Die glücklichen Gewinner der Grundeinkommensverlosungen berichten in Interviews, wie sich der Bezug des BGE auf ihr Leben ausgewirkt hat. Die meisten sind sichtlich bemüht, die hinzugewonnene Freiheit »vernünftig« zu nutzen, indem sie in Bildung investieren, bewusster konsumieren, mehr Zeit mit den Kindern verbringen oder sich ehrenamtlich engagieren. Astrid L. z. B. würde Folgendes mit dem Grundeinkommen tun: »Mich losgelöst vom Gesundheitssystem um meine Gesundheit kümmern können (45 andere auch). Meine Ausgaben im Alltag unter dem Aspekt der Nachhaltigkeit tätigen (34 andere auch). Ich würde meine Fortbildungen damit finanzieren und meine

Selbstständigkeit voranbringen (45 andere auch).«[16] In den Vorhaben der Gewinnerinnen und Gewinner zeichnet sich ein Muster ab: Die Nutzung des BGE wird als individuelle Erfolgsgeschichte präsentiert: in Bildung investiert, mehr Zeit mit den Kindern verbracht, Bioprodukte eingekauft, ein Unternehmen gegründet, sich ehrenamtlich engagiert. Alle haben »wertvolle« Tätigkeiten unternommen und gut investiert, bislang hat noch niemand das Geld einfach verprasst oder sich einen faulen Lenz gemacht. Mechanismen sozialer Kontrolle, Strategien der Selbstoptimierung und eine Bilanzierungslogik der eigenen Wertschöpfung scheinen auch hier subtil am Werk und durch die Hintertür so eine Art protestantische Investitionsethik einzuführen. Das ist dann wohl doch nicht das Reich der Freiheit, wie es sich etwa in Paul Lafargues *Lob der Faulheit* findet.

Das erfrischende Experiment hat die Debatte um einen wichtigen Aspekt erweitert: Die nur theoretische Diskussion über die Frage, was denn die Empfängerinnen und Empfänger von Grundeinkommen tun, ob sie faulenzen, das Geld sparen oder was auch immer, wird jetzt um Daten, Erfahrungsberichte und Einschätzungen bereichert, die nur darauf warten, sozialwissenschaftlich ausgewertet zu werden. Die Technologie- und Marketing-Versiertheit von Mein Grundeinkommen ist beeindruckend, die Start-up-Logik birgt aber auch die Gefahr, sich selbst zu überschätzen und in Skalierungsphantasien abzuheben. »Wir haben eine Idee mit einer neuen Crowd-Card, die so ähnlich funktioniert wie Aufrunden, mit geeigneten Kooperationspartnern, aber so weit sind wir noch nicht.« »Deutschland rundet auf« ist eine von Christian Vater, Matthias Dammann und Henryk Seeger gegründete Spendenkampagne, die vom Sozialinvestor Social Venture Fund mitfinanziert wird und bisher 6,2 Millionen Euro an Spenden gesammelt hat. Mit nur einem Prozent der Umsätze des deutschen Einzelhandels von 483 Milliarden Euro in 2016 – und das liegt durchaus in der Größenordnung von Aktionen wie Aufrunden, bei denen an der Kasse für Tafeln gesammelt wird – ließen sich fast eine halbe

Million Grundeinkommen finanzieren. Hier deutet sich eine zweite Sozialpolitik an, die neben den öffentlichen Sozialsystemen eine Wohlfahrts-Ökonomie aufbaut, die mit privaten Sponsoren und Investoren aus der Hilfe für die Armen ein Geschäft macht. Man könnte auf die Idee kommen, die Gesellschaft würde besser funktionieren, wenn diejenigen sie organisierten, die wirklich etwas von Algorithmen, Daten und Kampagnen verstehen.

Und wenn sich nur genügend Firmenpartner beteiligen, dann ließe sich das unabhängig vom Staat meistern. Und schon finden wir uns in einer Situation wieder, in der private Wohltäter aus der freien Wirtschaft im Zusammenspiel mit der Plattform einen schlanken Parallelsozialstaat aufbauen – so viel besser organisiert als die zähen Bürokratien der Armutsverwaltung. Möglicherweise ist hier auch eine sonst im Silicon Valley angesiedelte Überzeugung am Werk: Ein idealistisches Unternehmen kann alles besser als der Staat. Zum *mindset* der digitalen Unternehmen gehört ja bekanntlich die Überzeugung, für jedes soziale Problem finde sich auch eine (technologische) Lösung – und die überlässt man am besten denjenigen, die am meisten davon verstehen: den Daniel Düsentriebs der digitalen Unternehmen. Milton Friedman hätte das womöglich gefallen: Sozialstaat durch Crowdfunding.

Die Zukunft des Sozialstaats

Eine Studie des Forschungsinstituts der Bundesagentur für Arbeit prognostiziert den Verlust von 1,5 Millionen Arbeitsplätzen in Deutschland, die in den nächsten neun Jahren durch IT-Jobs ersetzt werden.[17] In der Autoindustrie wird der Wandel besonders brutal: VW entlässt 30.000 Leute, die vornehmlich in der Produktion arbeiten, und stellt 5000 IT-Fachleute ein. Die Arbeitnehmerseite gerät in Panik: In der Automobilindustrie seien 250.000 Arbeitsplätze in der Fertigung akut gefährdet, von sieben heutigen Arbeitsplätzen in der Motoren- und

Aggregatefertigung bliebe nur einer übrig, wenn bald nur noch Elektrofahrzeuge produziert würden, verkündete Michael Brecht, Betriebsratsvorsitzender von Daimler, kürzlich im *Manager-Magazin*.[18] Was tun mit den Abgehängten dieser Entwicklung?

Nach Höttges und Musk spricht sich auch der Chef eines der »Giganten aus Stahl«, wie John Perry Barlow die Unternehmen des industriellen Kapitalismus einst bezeichnete, für das Grundeinkommen aus: Siemens-Chef Joe Kaeser. Auf dem Wirtschaftsgipfel der *Süddeutschen Zeitung* im November 2016 sagte Kaeser, als Folge der Digitalisierung würden »absehbar Einige auf der Strecke bleiben, weil sie mit der Geschwindigkeit auf der Welt einfach nicht mehr mitkommen«[19]. Auf die Abgehängten der Digitalisierung warten könne man jedoch nicht. Also müsse die Gesellschaft gewährleisten, »dass die Menschen versorgt sind«. Deshalb werde »eine Art Grundeinkommen völlig unvermeidlich sein«, schlicht und einfach, »weil nicht jeder auf der Welt Software-Ingenieur« werden kann.

Das sind neue Töne in der Grundeinkommensdebatte: Die Verlierer der Digitalisierung sollen mit dem Grundeinkommen ruhiggestellt werden. Das Grundeinkommen wird zum Instrument der Befriedung der Zurückgelassenen, damit die Transformation der Gesellschaft in einen Digitalen Kapitalismus reibungslos vonstatten gehen kann. Martin Ford, Autor von *Aufstieg der Roboter*, äußert sich ähnlich: »Immer höhere Investitionen in die Aus- und Weiterbildung werden unsere Probleme [...] nicht lösen.« Und da es nicht möglich scheint, den Trend zur Automatisierung der Arbeitsplätze zu stoppen oder zu verbieten, »sind wir letztlich gezwungen, über den Tellerrand zu schauen und herkömmliche politische Maßnahmen ad acta zu legen. Die meiner Meinung nach wirksamste Lösung besteht in einer Form von garantiertem Grundeinkommen.«[20]

Hier geht es nicht mehr um linke Vorstellungen von Gerechtigkeit und Teilhabe und auch nicht mehr um rechte Vorstellungen von Eigeninitiative und schlankem Staat. Die neuen

Befürworter des Grundeinkommens aus den Reihen der »Wirtschaft« sind ganz pragmatisch, postpolitisch und nicht mehr im Spannungsfeld zwischen Arbeitnehmer- und Arbeitgeberseite zu verorten. Hier wird ein postkapitalistisches oder zumindest postfordistisches Modell einer Gesellschaft propagiert, in dem Arbeit nicht mehr alleiniger Lebenszweck und Einkommensquelle für die besitzlose Mehrheit ist. In diesem Modell gibt es dann für die Ausgeschlossenen ein Bedingungsloses Grundeinkommen, dafür war's das dann aber auch mit Teilhabe. Der Digitale Kapitalismus verabschiedet sich vom Primat der Arbeit und verordnet keinen Arbeitszwang mehr. Für die von der Digitalisierung Ausrangierten wird das BGE dann zum Hartz IV der kommenden Jahrzehnte – sanktionsfrei, denn: Arbeit, zu der irgendjemand gezwungen werden müsste, gibt es dann nicht mehr.

Die in Deutschland auf Bismarck zurückgehenden und durch die Arbeiterbewegung erkämpften Sozialsysteme sind ein historisch begrenztes Modell, das zum Fordismus gehört wie feste Arbeitsbiografien, Treue zum Unternehmen, Familienlohn und Massenkonsum. Die Arbeitslosenversicherung etwa hatte zum Ziel, die industrielle Reservearmee am Leben und bei Laune zu erhalten, sprich: sie nicht aus dem sozialen Netzwerk Arbeiterklasse herausfallen zu lassen. Sind die Sozialsysteme, wie wir sie kennen, es wert, verteidigt zu werden?

Die gegenwärtige Arbeitswelt und die daran gekoppelten Sozialsysteme favorisieren Männer. In unserer heutigen Arbeitswelt gibt es eine sich zäh haltende strukturelle Diskriminierung von Frauen, die sich in einem Gender Pay Gap von derzeit 21 Prozent manifestiert. Die gläserne Decke verhindert zudem eine auch nur allmähliche Angleichung z. B. des Frauenanteils in Führungspositionen. Dazu kommen weitere Diskriminierungen, wie die Schwierigkeit, Beruf und Familie zu vereinbaren, wie es so schön heißt. Kinder kriegen und erziehen erschwert es Frauen angesichts fehlender Kitaplätze und deren Öffnungszeiten zudem, vierzig Jahre lang volle Sozialversicherungsbeiträge zu entrichten. Unser Sozialsystem akkumuliert Diskriminierungen, bis dann schlussendlich bei der Rente das Gender Pay Gap stolze 45 Prozent erreicht – das ist europaweit Spitze.[21] Frauen bekommen im Schnitt fast die Hälfte weniger Rente als ihre männlichen Ex-Kollegen. Altersarmut ist weiblich, und das liegt im Wesentlichen am Design der Arbeitswelt und der daran gekoppelten Sozialsysteme. Was hielten wir davon, würde die Forderung nach tausend Euro Grundeinkommen laut werden – für die Männer, und achthundert Euro für die Frauen? Man würde es wohl für einen Witz halten, tatsächlich entspricht das aber der Realität unseres sogenannten Sozialstaates. Jedes fünfte Kind in Deutschland wächst in Armut auf.[22] Armut trotz Arbeit ist ein weiteres Phänomen. Selbst diejenigen, die derzeit Arbeit haben, können oft nicht davon leben. Viele Hartz-IV-Empfängerinnen und -Empfänger verschulden sich beim Amt, das doch eigentlich für ihre Grundsicherung sorgen sollte – eine paradoxe Situation.[23]

Seit dem 1. Januar 2015 gilt in Deutschland der Mindestlohn, zunächst in Höhe von 8,50 Euro, zwei Jahre nach Einführung um 0,34 Euro nach oben korrigiert. Er stellt eine wichtige Errungenschaft für den Niedriglohnsektor dar, er bedeutet eine Stützung der ärmsten Arbeitenden durch den Gesetzgeber. Die Einführung eines Mindestlohns in Deutschland hat aber zwei bedeutsame Implikationen. Zum einen tangiert die Einführung eines staatlich verordneten Mindestlohns die Tarifautonomie. Beim Mindestlohn handelt es sich ja um eine staatliche Verordnung, also eine staatlich garantierte Mindestzuwendung für Arbeit. Die Gewerkschaften müssen damit anerkennen, dass sie es aus eigener Kraft nicht schaffen, flächendeckend menschenwürdige Löhne zu erstreiten, nur für bestimmte Branchen gelingt es ihnen, etwas höhere Mindestlöhne zu vereinbaren. Angesichts von sechs Millionen Gewerkschaftsmitgliedern (der tiefste Stand seit 1954), davon nur ein Drittel Frauen – das sind gerade einmal dreizehn Prozent der Erwerbstätigen in Deutschland –, erscheint es fraglich, ob die Gewerkschaften überhaupt noch als Repräsentant der Arbeitenden gelten können. Das Festhalten am Nachkriegsmodell

Festanstellung und die Unfähigkeit, auf prekär Beschäftigte, Illegalisierte etc. zuzugehen, tun da sicher ein Übriges.

Was ist ein angemessener Mindestlohn? Die Linke etwa hält den Mindestlohn für viel zu niedrig. Bernd Riexinger von der Partei Die Linke schrieb kürzlich:»DIE LINKE fordert einen Mindestlohn in Höhe von 12 Euro. Der derzeitige Mindestlohn von 8,84 Euro ist zu niedrig, um von seiner Arbeit gut leben zu können und im Alter nicht in Armut zu fallen.«[24] *Mutatis mutandis* heißt das, wer keine Vollzeitstelle besetzt, also etwa eine Teilzeitstelle oder Ähnliches, kann nicht erwarten, davon gut leben zu können und im Alter nicht zu verarmen. Von rechts bis links wird immer davon ausgegangen, dass in Vollzeit gearbeitet wird. Die Forderung nach höheren Mindestlöhnen ist vorbehaltlos zu unterstützen, aber der Begründungszusammenhang ist fragwürdig, geht er doch nach wie vor vom Modell des männlichen, Vollzeit arbeitenden Familienernährers aus. Das Grundeinkommen ist da wesentlich sympathischer: Jeder und jede kriegt es, Frauen bekommen gleich viel, was verglichen mit unserem derzeitigen System einer feministischen Revolution gleichkäme, und das gute Leben steht allen zu, nicht nur den Vollzeitbeschäftigten.

Die Sozialdemokratie, die Gewerkschaften und die Partei der Linken nehmen in Kauf, dass ihr Festhalten an der Arbeit und der Idee der Vollzeitbeschäftigung für alle als Ausgangspunkt für Sozialleistungen viele Menschen ausschließt. Was ist mit denen, die nicht arbeiten oder nicht arbeiten können? Über die wird immer in zweiter Sitzung verhandelt. Aus dieser Perspektive erscheinen die Ultraliberalen Hayek und Friedman im Vergleich als wahre Menschenfreunde. In seiner Verteidigung einer Art Grundeinkommen schreibt Hayek, der große alte Wirtschaftsliberale:»Das Problem ist hier hauptsächlich das Schicksal derjenigen, die aus den unterschiedlichen Gründen nicht ihren Lebensunterhalt verdienen können [...], also alle Personen in einer unglücklichen Lage, in die jeder geraten kann und gegen die sich die meisten Menschen allein nicht ausreichend vorsehen können, in der aber eine Gesellschaft, die einen gewissen Wohlstand erreicht hat, es sich leisten kann, für alle zu sorgen.«[25]

Götz Werner, Gründer und Aufsichtsratsmitglied des Unternehmens dm-drogerie markt GmbH & Co. KG, ist einer der prominentesten Befürworter des BGE in Deutschland und Gründer der Initiative »Unternimm die Zukunft«. Seit 2005 setzt er sich öffentlich für ein Bedingungsloses Grundeinkommen für alle »deutschen Staatsbürger« von 1.000 Euro pro Monat ein. Der von den Gedanken Rudolf Steiners beeinflusste Unternehmer sieht darin die Möglichkeit, den Fesseln der Erwerbsarbeit und der Notwendigkeit, Einkommen durch Arbeit zu generieren, zu entgehen. Stattdessen könnten Ideenreichtum, Selbstverantwortung und Kreativität zur Entfaltung gebracht werden. Eine Trennung von Arbeit und Grundeinkommen rücke den Sinn der Arbeit in den Vordergrund: »Die Wirtschaft hat die Aufgabe, die Menschen von der Arbeit zu befreien.«[26] In Werners Modell erfolgt die Finanzierung des Grundeinkommens durch die allmähliche Abschaffung der Einkommensteuer und der gleichzeitigen Erhöhung der Mehrwertsteuer als »Konsumsteuer« auf hundert Prozent. Die Folge: »Fallen alle Steuern bis auf die Konsumsteuern weg, könnte man das Grundeinkommen auch als einen bar ausgezahlten Steuerfreibetrag ansehen.«[27]

Dieses Modell kritisiert zum Beispiel Christoph Butterwegge: »Götz Werner möchte sämtliche Steuerarten abschaffen, die Großunternehmer wie er zahlen müssen: die Reichensteuer, die Gewerbesteuer und die Körperschaftsteuer, die Einkommensteuer der Kapitalgesellschaften. Refinanzieren möchte Werner das Grundeinkommen durch eine drastische Erhöhung der Mehrwertsteuer, obwohl diese besonders kinderreiche Familien von Geringverdienern und Transferleistungsbeziehern hart trifft, weil sie praktisch ihr gesamtes Einkommen in den Alltagskonsum stecken müssen.«[28] Gerade die Konsumsteuern benachteiligen die Armen, weil die Konsumquote in den unteren Einkommensschichten höher ist. Alle Steuerarten, die pro Kopf (Kopfsteuer) erhoben werden und nicht progressiv sind, also prozentual ansteigen mit dem Einkommen, stehen seit jeher in der Kritik, bestehende Ungleichheiten zu verschärfen.[29]

Butterwegge, einer der profiliertesten Armutsforscher in Deutschland, wartet mit einem Gegenmodell auf: Er schlägt die Weiterentwicklung bestehender Sozialsysteme zu einer solidarischen Bürgerversicherung vor. Durch die Aufnahme bisher nicht einbezogener Gruppen wie Selbstständige, Freiberufler, Beamte, Abgeordnete und Minister sowie die Aufhebung der Beitragsbemessungsgrenzen könnten die bestehenden Sozialversicherungssysteme revitalisiert werden: »Mittels einer Wertschöpfungsabgabe, die der Volksmund auch ›Maschinensteuer‹ nennt, könnte eine ausgewogenere Belastung der Unternehmen erreicht und ein positiver Beschäftigungseffekt erzielt werden. Eine soziale Mindestsicherung – im Unterschied zu Hartz IV bedarfsgerecht, armutsfest und repressionsfrei – könnte die Bürgerversicherung ergänzen.«[30]

Jenseits der Vollzeitstelle

Die Arbeitsministerin Andrea Nahles diskutierte jüngst auf der re:publica-Konferenz mit der versammelten Online-Community über das Grundeinkommen. Sie pochte darauf:»Sozialstaat wird durch Lohnarbeit finanziert.« Nach dem aktuellen *Weißbuch Arbeiten 4.0* des Arbeitsministeriums ist die Vollzeitbeschäftigung das A und O dieser Gesellschaft. Frauen etwa, die Teilzeit gearbeitet haben, sollen nach dem Mutterschutz in den Genuss von Vollzeitstellen kommen. Als Antwort auf eine Frage aus dem Publikum, ob ihr Festhalten an der abhängigen Vollzeitbeschäftigung vielleicht rückwärtsgewandt, Ausdruck von Klientelpolitik sei und aus Angst vor dem Bedeutungsverlust von Gewerkschaften und SPD geschehe, wenn Arbeit und Einkommen entkoppelt würden, rief sie, sie glaube einfach nicht an die »verkackte Grundthese«[31]. Mit der hier geschmähten These ist das Verschwinden der Arbeit durch Automatisierung und Algorithmen sowie die Zunahme neuer Formen von Arbeit gemeint. Zumindest was die Formen der Arbeit angeht, hat Nahles die Fakten keineswegs auf ihrer Seite: Laut Statistischem Bundesamt hat sich der Anteil atypisch Beschäftigter zwischen 1991 und 2015 von 13 auf 21 Prozent deutlich erhöht.[32] Auch der amerikanische Autor Steven Hill kommt in seinem frisch erschienenen Buch *Die Start-up-Illusion. Wie die Internet-Ökonomie unseren Sozialstaat ruiniert* zu ganz anderen Ergebnissen: »Atypische Beschäftigungsverhältnisse betreffen 40 Prozent der deutschen Erwerbsbevölkerung, das liegt leicht über dem europäischen Durchschnitt. Mit anderen Worten: Die Prekarisierung hat große Teile der deutschenund europäischen Bevölkerung erfasst.«[33]

Aus den USA kommt ein Vorschlag, der die Prekarisierung von Click-Workern, Uber-Fahrern und vielen anderen Mini-Selbstständigen der Gig-Ökonomie abwehren will. Im Oktober 2015 schlug eine bunte Truppe, gebildet aus einem ehemaligen McKinsey-Berater, den beiden Gründern des Uber-Konkurrenten Lyft, dem Erfinder des Web-2.0-Begriffs Tim O'Reilly und dem bereits erwähnten ehemaligen Gewerkschaftsboss Andy Stern sowie einigen Personen aus dem Umfeld der Peer-Ökonomie ein neues Modell für eine portable Sozialversicherung vor.[34] Dieses Modell soll ebenso mobil und flexibel sein wie die neuen Arbeitsverhältnisse selbst. Der Kernpunkt der Idee besteht darin, dass für alle Jobs vom Arbeitgeber Sozialversicherungsbeiträge fällig werden – egal ob Werkvertrag, Festanstellung oder Solo-Selbstständigkeit. Als Begründung für ihre Initiative geben die Verfasserinnen und Verfasser an, immer weniger Beschäftigte hätten Zugang zur Gesundheitsvorsorge (die in den USA meist an den Arbeitgeber gekoppelt ist) und auch keine Versicherung gegen Arbeitsunfälle oder Berufsunfähigkeit, ganz zu schweigen von bezahltem Urlaub oder regelmäßigem Einkommen.

Vier Kriterien sollen das neue Modell kennzeichnen: Jede∗r sollte Zugang zu einer Mindestabsicherung haben und dadurch unabhängig von der Art des Arbeitsverhältnisses sein

(Unabhängigkeit). Es soll möglich sein, Leistungen und Vorteile, Schutz und Abdeckung mitzunehmen, auch wenn zwischen verschiedenen Jobsituationen gewechselt wird (Portabilität). Alle Beschäftigten sollen in den Genuss kommen, egal wie sie beschäftigt sind oder ob sie eben freiberuflich bzw. als Selbstständige agieren (Universalität). Und schließlich sollen Unternehmen dazu ermutigt werden, das Modell auszuprobieren und zu fördern – unabhängig vom Status ihrer Beschäftigten (Innovationen unterstützend). Dadurch würden prekäre Beschäftigungsverhältnisse für Arbeitgeber generell unattraktiv werden, da diese für jegliche Beschäftigung dieselben Abgaben zahlen müssten. Was soziale Sicherheit angeht, hätte die Wahl der Beschäftigungsform keine negativen Auswirkungen auf die Beschäftigten, und den Sozialsystemen würden neue Mittel zufließen, die sie stabilisieren.

Der bereits erwähnte amerikanische Gewerkschafter und Autor Steven Hill unterstützt diese Initiative ebenfalls.[35] Er hat jahrelang in der neuen Arbeitswelt geforscht und kommt zu dem Schluss, dass die einzigen Arbeitsverhältnisse, die tatsächlich Zuwächse zu verzeichnen haben, genau solche Click-Work-Verhältnisse sind, wie sie z. B. auf Plattformen wie Upwork, Taskrabbit und Foodora vermittelt werden. Diese Art der Arbeit gefährde die von Roboterisierung und Demographie in Frage gestellten Sozialversicherungssysteme zusätzlich. Hill zählt über eine Million Click-Arbeiter allein in Deutschland, die in keiner Statistik auftauchten, für die sich weder die Politik noch die Statistik zu interessieren scheinen und die unter dem Radar des Steuersystems und der Sozialversicherungen stattfinden. Hill sieht den klassischen Vollzeitjob in abhängiger Beschäftigung eindeutig auf dem Rückzug und schreibt insbesondere den Gewerkschaften ins Stammbuch, sie hätten sich viel zu lange auf dieses eine Paradigma fixiert: »Die Wirtschaft wurde um die Vollzeitstelle bei einem einzigen Arbeitgeber herum gebaut. Das einzige Interesse der Gewerkschaften an Teilzeitstellen lag darin, diese in Vollzeitstellen umzuwandeln. Aber mehr und mehr Leute haben Teilzeit-Beschäftigungsverhältnisse für mehrere Auftraggeber.«[36] Hill zufolge sollte hier ein Umdenken stattfinden, Teilzeitjobs sollten zum neuen *role model* werden, weil diese von den Meisten als erstrebenswert angesehen werden, für viele besser zur Lebensrealität passen und auch der schwindenden Menge an Arbeit insgesamt Rechnung trage.

Steven Hill lobt das deutsche Modell der Künstlersozialkasse (KSK): Menschen mit den unterschiedlichsten Berufen aus dem traditionell mit prekärer freiberuflicher Beschäftigung gesegneten Kulturbetrieb (Künstler, Designer, Theaterschaffende usw.) erhalten hier die Möglichkeit, mit Festangestellten gleichgestellt zu werden. Die Versicherten schätzen ihr Jahreseinkommen als Selbstständige, die Kasse übernimmt daraufhin den Arbeitgeberanteil und treibt diesen ihrerseits bei den Unternehmern der entsprechenden Branchen ein. Hills Lob der Teilzeitbeschäftigung ist fortschrittlich, weil es dem Wunsch Vieler, weniger Lohnarbeit verrichten zu müssen, entgegenkommt. Und die KSK ist für alle, die in ihren Genuss kommen, zweifelsohne ein Segen.

Auch das von Hill unterstützte portable Sicherheitsnetz für alle berücksichtigt endlich auch neue Arbeitsformen. Diese werden nämlich nicht nur von der Unternehmensseite propagiert, sondern entsprechen auch dem Lifestyle und den Bedürfnissen einer größer werdenden Gruppe, die sich mit Händen und Füßen gegen das Modell, das die Gewerkschaften für sie vorsehen, wehrt. Das Problem dieser insgesamt begrüßenswerten Modelle bleibt die Fixierung auf die Arbeit: Sie verlassen nicht das Paradigma auf Lohnarbeit basierender Sozialsysteme, und sind wieder nur für diejenigen gedacht, die arbeiten. Das Credo, dass Arbeit letztendlich alle Werte schafft und sozialer Wohlstand auch um diese herum organisiert werden muss, bleibt unberührt. Auch wenn über eine Hinwendung zu Teilzeitstellen und die Absicherung von nicht-klassischen Arbeitsmodellen nachgedacht wird, stellt sich die Frage: Was geschieht mit denjenigen, die nicht arbeiten können oder wollen – auch nicht in einer erweiterten Definition davon? Mit Kindern, mit Kindererziehung Betrauten, in der Ausbildung Befindlichen, chronisch Kranken, Rentnerinnen und Rentnern, Vermögenden? – mit anderen Worten: jeder oder jedem zweiten in Deutschland. Sie alle sind in Modellen, die Erwerbstätigkeit zum Dreh- und Angelpunkt machen, nicht gemeint und nicht berücksichtigt – sie werden ökonomisch zu Menschen zweiter Klasse.

Risikokapital für alle

Die Idee eines Bedingungslosen Grundeinkommens erhält durch das Phänomen »Armut trotz Arbeit« Auftrieb. Auch im klassischen Arbeitnehmerflügel beginnt die Vorstellung zu reifen, dass an der Idee etwas dran sein könnte: Wenn trotz der niedrigsten Arbeitslosenrate seit 1990 vier Millionen Haushalte Hartz IV erhalten, davon 1,2 Millionen als Aufstocker, gerät die Gewissheit ins Wanken, ein durch Lohnarbeit verdientes Auskommen könne eine realistische Zukunftsperspektive bieten. Auch digitale Bohèmiens, eine wachsende Zahl an Kreativen, Existenzgründern und prekär Selbstständigen betrachten das BGE in zunehmendem Maß als möglichen Rettungsanker für ihre unsichere Existenz.

In seinem Anfang 2016 erschienenen Plädoyer für einen Post-Kapitalismus erklärt der britische Journalist und Autor Paul Mason, wenn Algorithmen bald alle arbeitslos machten, komme das Grundeinkommen gerade recht: »Um von der Automatisierungsrevolution profitieren zu können, brauchen wir ein universelles Grundeinkommen, kürzere Arbeitszeiten und eine Neudefinition von uns selbst ohne Arbeit.« »Aber wenn das Grundeinkommen«, so argumentiert Mason im Folgenden, »für die heutige Wirtschaft relevant ist, dann ist es eine Lösung für ein viel größeres Problem: das Verschwinden der Arbeit selbst.«[37] Für Mason ist das Grundeinkommen *das* Sozialsystem für das 21. Jahrhundert und die dem Digitalen Kapitalismus angemessene Form der sozialen Marktwirtschaft. Des Weiteren prognostiziert Mason das Verschwinden des gesamten

Niedriglohnsektors, da niemand mehr »Bullshit Jobs« (David Graeber) annehmen müsste, wenn seine oder ihre Grundsicherung gewährleistet sei.

Ob das Grundeinkommen jedoch ein Mittel gegen schlecht bezahlte Jobs sein kann, scheint doch zumindest fraglich. Wie die Erfahrungen mit Aufstockern, Minijobs und den mit der Umsetzung der Agenda 2010 durch die Regierung Schröder in Deutschland »populär« gewordenen Ein-Euro-Jobs zeigen, scheint eher der gegenteilige Mechanismus zu wirken: Wenn eine gewisse Grundsicherung bezahlt wird, müssen die Löhne ja nicht mehr für den Lebensunterhalt sorgen, können also beliebig niedrig sein. Im Zusammenhang mit dem Grundeinkommen wird ja auch immer wieder ins Feld geführt, ehrenamtliches Engagement könne sich dann besser entfalten. Götz Werner schrieb schon vor zehn Jahren in seinem Buch *Einkommen für Alle*: »Zugleich würden wir menschliche Arbeit, die ja weiterhin bezahlt werden muss, erheblich verbilligen und damit wieder attraktiv machen.«[38]

Auch die Erfahrungen aus der Gig- oder Sharing-Ökonomie zeigen, dass der Trend eher dahin geht, sich etwas dazuverdienen zu müssen. Der Mix aus Selbstmarketing, bezahlten Jobs und solchen für die Vita, Engagement für einen guten Zweck, die von Alvin Toffler als für die Prosumer-Ökonomie charakteristisch ausgemachte zunehmende Unschärfe zwischen Privatem und Beruflichem deutet eher in die entgegengesetzte Richtung. Beim derzeit laufenden BGE-Experiment in Finnland befürchten Kritiker*innen des Modells denn auch, dass ein »Mini-Grundeinkommen« den Unternehmen nur ermöglichen werde, den jetzt schon großen Niedriglohnsektor noch mehr auszuweiten.[39] Mit dem Mindestlohn kann der Niedriglohnsektor bekämpft werden, mit dem Grundeinkommen eher nicht.

Werfen wir einen Blick auf die amerikanische Diskussion um das Grundeinkommen, tauchen auch ultra-liberale Phantasien à la Ayn Rand auf. Rand vertritt einen radikalen Utilitarismus, in dem das Streben jedes Einzelnen nach individuellem Glück die einzig moralische Haltung sei, die es einzunehmen gelte, und die automatisch zur besten aller möglichen Gesellschaften führe. Das BGE wird beispielsweise vom amerikanischen Tech-Kolumnisten und Befürworter des Grundeinkommens, Scott Santens, im Kontext einer Risikokultur und eines Lobs Schumpeter'scher Unternehmerpersönlichkeiten gefeiert: »Innovation wird gefördert und nimmt uns die Angst, Wagnisse einzugehen.«[40] Bei Santens wird das Grundeinkommen vollends zum perpetuierten Existenzgründerzuschuss, den jedes Individuum bekommt, um im *Circus Maximus* des Marktes möglichst effektiv sein Selbst zu kapitalisieren. Rutger Bregman, der Autor von *Utopia for Realists*, der jüngsten Lobeshymne auf das Grundeinkommen und erklärter Bewunderer von Hayek und anderen liberalen Kapitalismusbefürwortern äußert in einem Interview über das BGE: »Es wäre der größtmögliche Erfolg des Kapitalismus«[41] und hält es für ein Werkzeug, um etwas zu wagen und zu unternehmen. Seine Forderung, die er, man möchte fast sagen, als Messias eines neuen, glücklichen Kapitalismus vorträgt, lautet: »Lasst uns allen ein Grundeinkommen geben – Risikokapital für das Volk –, möge es uns ermächtigen, unser Leben selbst in die Hand zu nehmen!«[42]

Wie wird das Grundeinkommen der Zukunft aussehen? Die Autorinnen und Autoren der Science-Fiction-Serie *The Expense*[43] haben sich dazu Folgendes überlegt: Im 24. Jahrhundert hat sich einiges verändert, die Menschheit hat das Sonnensystem besiedelt, es gibt Stress mit dem Mars, der zur unabhängigen Macht geworden ist. Zuhause auf der Erde sieht es auch nicht rosig aus: Die überwiegende Mehrheit der Bevölkerung ist arbeitslos, da ihre Fähigkeiten in einer von Robotern dominierten Welt nicht mehr gefragt sind. Für die Erdlinge gibt es eine Art Grundeinkommen, das gerade so für das Allernötigste ausreicht – Essen, Wasser, Unterkunft und Gesundheitsversorgung.[44] Linke Vorstellungen von Autonomie, selbstbestimmtem Leben, Befreiung von Sachzwängen, Arbeitsdruck und finanziellen Nöten werden wohl eher nicht im Mittelpunkt der Diskussion stehen. Eine neoliberale Variante, in der das Grundeinkommen von den Einzelnen gemanaged werden muss wie ein Aktien-Portfolio, scheint wahrscheinlicher. Die Community von Mein Grundeinkommen scheint diese Haltung bereits internalisiert zu haben.

Für das Grundeinkommen spricht, dass es die Finanzierung aller in den Fokus nimmt, unabhängig von Alter, Geschlecht und Status. Vor allem aber spricht fürs Grundeinkommen, dass es der Arbeit ihre Bedeutung nimmt und die bisher so unauflöslich erscheinende Kopplung von Arbeit und Existenz auflöst – nichts weniger als eine Kulturrevolution. Das zeigt sich, wenn die Arbeitsministerin – mit den Fakten einer sich verändernden Arbeitsgesellschaft konfrontiert – die Contenance verliert und aus der Rolle fällt. Das BGE erklärt die Festanstellung zum Auslaufmodell, dieses Leitmotiv hat als allein seligmachender Lebensinhalt ausgedient. Das Grundeinkommen wäre insofern ein historischer Fortschritt, als er das »Wer nicht arbeiten will, soll auch nicht essen« überwindet.

Gegen das BGE aber spricht, dass es die Empfänger zwingt, zu Unternehmern des eigenen Selbst zu werden. Und dass es natürlich systematisch und chronisch zu gering sein wird. Wie übrigens im aktuellen System auch – Mindestlohn, Rente, Hartz IV: Wir sollten nicht so tun, als ob dem aktuellen System nachzutrauern wäre. Die Debatte um das Grundeinkommen bzw. um dessen Höhe verschleiert zudem zweierlei: Erstens ist Geld, auch wenn es zunächst so erscheint, nicht dazu da, uns Zugang zu Dingen zu verschaffen. Im Gegenteil: Es ist dazu da, uns von den Dingen zu trennen. Die glitzernde Warenwelt ist eben nur im Tausch gegen Geld zu haben. Und zweitens lenkt die Diskussion um die Höhe des Grundeinkommens, seine Finanzierbarkeit und die möglichen Auswirkungen auf Preise und Löhne letztlich von der materiellen Ebene ab. »Wir brauchen kein Grundeinkommen, was wir brauchen ist ein Grund-Auskommen!«[45] So brachte es der Autor des *Telekommunistischen Manifests*[46] Dmytri Kleiner in seiner Kritik des Grundeinkommens auf den Punkt.

Es kann nicht genug betont werden: Solange sich an der Geld-Form nichts ändert, wird es uns von dem trennen, was wir brauchen – und uns ihm nicht näherbringen! Vielleicht sollte einmal über eine nicht-monetäre Deckung unserer Grundbedürfnisse wie Wohnen, Mobilität, Gesundheitsversorgung nachgedacht werden. Wie wäre es mit einer Flatrate für Dinge und Dienstleistungen des täglichen Bedarfs? Wie wäre es mit einem nicht über Geld vermittelten Zugang zum Beispiel zu Wohnungen, gerne über eine digitale Plattform organisiert, die den *perfect match* zu finden in der Lage ist. Das BGE verschenkt die Möglichkeit, hier dem stofflichen Reichtum Rechnung zu tragen, der Möglichkeit, Ressourcen tatsächlich sinnvoll und gerecht zu verteilen.

Wenn der Kapitalismus es tatsächlich schafft, alle Bürgerinnen und Bürger »fürs Nichtstun zu bezahlen«, wie Paul Mason das formuliert, kann man das nur begrüßen. Wenn das die Essenz eines universellen Bedingungslosen Grundeinkommens ist, liegt Mason damit schon erfrischend nah bei Lafargue und der Kritik der Arbeit überhaupt und hebt sich damit wohltuend ab von der Rhetorik der Freisetzung unternehmerischer Kreativität und vermeintlicher Potenziale, die das BGE üblicherweise umgibt. Egal wie Konkurrenz bejahend seine Befürwortung ist und egal, wie neoliberal letztlich seine Ausgestaltung sein wird – in der Entkopplung von Einkommen und Arbeit liegt sein Potenzial. Die Entkopplung von Einkommen und Auskommen können wir allerdings nur selber tun...

General intellect –
die Transformation von Wissen
in Kapital

Um die Zukunft der Arbeit im Digitalen Kapitalismus zu beleuchten, lohnt es sich, einmal grundsätzlich zu werden. In einer der Fußnoten im *Kapital*, die seinem Zeitgenossen, dem Erfinder und Unternehmer Charles Babbage, gewidmet ist, schreibt Marx – ohne den Begriff zu verwenden – über Innovation: »Allgemeine Arbeit ist alle wissenschaftliche Arbeit, alle Entdeckung, alle Erfindung. Sie ist bedingt teils durch Kooperation mit Lebenden, teils durch Benutzung der Arbeiten Früherer.«[1] Der zunehmende Einsatz von Technologie für den Verwertungsprozess führe zu einer stetig wachsenden Bedeutung eines »gemeinschaftlichen kooperativen Prozesses«. Die Früchte dieses kollektiven Prozesses würden allerdings privat angeeignet: Diese beiden Prozesse – der stetig steigende Anteil kollektiven sozialen Wissens in der kapitalistischen Produktion einerseits und das ständige Bestreben des Kapitals, die Endprodukte dieses Prozesses zu privatisieren, andererseits – ziehen sich durch die gesamte Geschichte des Kapitalismus.

Die kapitalistische Warenproduktion operiert auf dem jeweils neuesten Stand der Technik. Dieses Know-how oder allgemein verfügbare Wissen ist integraler Bestandteil und Voraussetzung der kapitalistischen Produktionsweise. Die Konkurrenz zwingt das Kapital dazu, immer innovativ zu sein, zu rationalisieren, lebendige Arbeit durch Maschinen, Automaten und Algorithmen zu ersetzen. Als Resultat erhöht sich der Anteil an Wissen im Produktionsprozess zu Ungunsten des Anteils der individuellen Arbeitsleistung, Wissen als unmittelbarer Faktor wird dominierend, die konkrete Arbeit, die sich im einzelnen Produkt vergegenständlicht, wird zweitrangig. Marx zitiert seinen Zeitgenossen und Kollegen Nationalökonom Charles Babbage zustimmend: »›Diese kontinuierliche Fortschrittsbewegung des Wissens und der Erfahrung‹, sagt Babbage, ›ist unsere große Stärke.‹« Und fährt fort: »Diese Progression, dieser soziale Fortschritt gehört [zum] und wird exploitiert vom Kapital.«[2] Für Wissen (knowledge) in seiner gesellschaftlichen Funktion als unmittelbare Produktivkraft prägte Marx den Begriff *general intellect* (allgemeiner Verstand). Die Funktionsweise jeder Maschine etwa beruht mehr oder weniger auf Erkenntnissen der Wissenschaft: Wenn jene sich etwa der Schwerkraft bedient oder den Siedepunkt einer Flüssigkeit oder eine chemische Reaktion unmittelbar zunutze macht, dann ist der *general intellect* am Werk.

Die innere Schranke des Kapitals

Den Wert einer Ware in der kapitalistischen Produktion bestimmt Marx zufolge der Anteil gesellschaftlich notwendiger Arbeit, der darin vergegenständlicht erscheint. Der Arbeiter bearbeitet den Gegenstand und wertet ihn dadurch auf. Die Ware erzielt am Markt einen Preis, der im Schnitt diesen Wert realisiert. Das Kapital erzielt einen Mehrwert aus der Ausbeutung der Ware Arbeitskraft, mit anderen Worten: Es ist profitabel. Die menschliche Arbeitszeit, die zur Erzeugung des Endprodukts verbraucht wird, findet sich in diesem wieder als vergegenständlichte, geronnene Arbeit. Das ist der Kern der von den Klassikern der politischen Ökonomie – von William Petty über Adam Smith und David Ricardo bis hin zu Karl Marx – vertretenen Arbeitswertlehre oder objektiven Wertlehre: Der Tauschwert der Ware ist mit der im gesellschaftlichen Durchschnitt zu ihrer Herstellung aufgewandten Arbeitszeit identisch.

Was geschieht nun, wenn der Anteil der im Produktionsprozess an der einzelnen Ware verrichteten unmittelbaren Arbeit immer stärker abnimmt? Im sogenannten Maschinenfragment aus den *Grundrissen zur Kritik der politischen Ökonomie*, einem der spannendsten Texte der ökonomischen Weltliteratur, lässt Marx nun – ganz im Stile eines Mathematikers, der eine Grenzwertbildung vornimmt – diesen Anteil gegen null gehen und kommt zum Schluss: »Sobald die Arbeit in unmittelbarer Form aufgehört hat, die große Quelle des Reichtums zu sein, hört und muss aufhören die Arbeitszeit sein Maß zu sein und daher der Tauschwert (das Maß) des Gebrauchswerts.«[3] Es macht also keinen Sinn mehr, die im Produkt vergegenständlichte, darin übertragene unmittelbare Arbeit zu messen: Wenn deren Anteil vernachlässigbar wird, kann sie nicht mehr als Maß des Werts dienen. Der Anteil der im Produktionsprozess an der einzelnen Ware verrichteten unmittelbaren Arbeit wird immer geringer, der Anteil allgemeinen Wissens immer größer – und der *general intellect* damit zum dominierenden Produktionsfaktor. Die Produktivität des Kapitals wächst, seine organische Zusammensetzung (das Verhältnis von konstantem zu variablem Kapital) nimmt immer mehr zu und verschiebt sich immer mehr zugunsten des *capital fixe*, und es wird immer weniger Arbeit benötigt. Der Anteil allgemeinen Wissens wird zur dominierenden Produktivkraft in einer zunehmend automatisierten Fabrik.

»Die *Surplusarbeit der Masse* hat aufgehört, Bedingung für die Entwicklung des allgemeinen Reichtums zu sein, ebenso wie die *Nichtarbeit der Wenigen* für die Entwicklung der allgemeinen Mächte des menschlichen Kopfes. Damit bricht die auf dem Tauschwert ruhende Produktion zusammen, und der unmittelbare materielle Produktionsprozeß erhält selbst die Form der Notdürftigkeit und Gegensätzlichkeit abgestreift.«[4] Konsequenz ist laut Marx nichts weniger als der Zusammenbruch der kapitalistischen Produktionsweise. Die innovativste Gesellschaftsform aller Zeiten arbeitet zwanghaft und unaufhörlich auf ihren eigenen Untergang hin: Das Kapital wird zum revolutionären Subjekt und schafft sich selbst ab! Hier haben wir den esoterischen Marx in Reinkultur: An dieser Stelle ist nicht nur nicht vom Proletariat als revolutionärem Subjekt der

Geschichte die Rede – aufgrund seines intrinsischen Prinzips der Innovation übernimmt das Kapital selbst die Überwindung der kapitalistischen Produktionsweise. Wo nicht mehr gearbeitet wird, gibt es auch kein Proletariat mehr, geschweige denn eines, von dem die Revolution zu erwarten wäre.

Ernest Mandel, einer der profiliertesten Krisentheoretiker und Autor des 1972 erschienenen Klassikers *Der Spätkapitalismus*, stimmt diesen Überlegungen aus dem Maschinenfragment zu: »Hier sind wir bei der absoluten inneren Grenze der kapitalistischen Produktionsweise angelangt [...] Sie liegt da, *wo die Mehrwertmasse selbst zwangsläufig zurückgeht – wegen der in der letzten Phase der Mechanisierung – der Automation – stattfindenden Ausschaltung der lebendigen Arbeitskraft aus dem Produktionsprozeß.* Kapitalismus ist unvereinbar mit vollautomatisierter Produktion in der gesamten Industrie und Landwirtschaft, weil dann keine Mehrwertschöpfung (und keine Kapitalverwertung) mehr vor sich geht.«[5] Wenn keine Arbeiterinnen und Arbeiter mehr unmittelbar ihrer Mehrarbeit beraubt, nicht mehr ausgebeutet werden, dann kann das Kapital auch keinen Mehrwert mehr abschöpfen und keinen Profit mehr realisieren.

In seinem Buch *Postkapitalismus. Grundrisse einer kommenden Ökonomie* versucht Paul Mason hier anzuknüpfen. Er schreibt, das Kapital käme nicht mehr klar, wenn Information zum *center piece* der Ökonomie werde: »Eine Ökonomie, die auf Information basiert mit ihrer Tendenz zu Null-Kosten-Produkten und schwachen Copyrights kann keine kapitalistische Ökonomie sein.«[6] Das digitale Zeitalter führt daher Mason zufolge zur Erosion von Marktmechanismen, zur Aushöhlung von Eigentumsrechten und zur Zerstörung der Beziehung zwischen Einkommen, Arbeit und Profit. Seit der Finanzkrise sei klar, dass wir auf der Schwelle zu einer neuen Phase stünden, die er »Postkapitalismus« nennt. Mason ist der Überzeugung, dass wir das von Marx im Maschinenfragment beschriebene Szenario bereits erleben: Der Kapitalismus macht digitale Information zum Kerngeschäft und schaufelt sich damit sein eigenes Grab.

Demgegenüber existiert die Ansicht, wir hätten es mit einer neuen Form des Kapitalismus zu tun, die neue Verwertungsmechanismen generieren könne, das Kapital sei also keineswegs mit seinem Latein am Ende. Maurizio Lazzarato etwa hält »unterschiedliche Mechanismen der Wertproduktion«[7] für ein zentrales Merkmal des Digitalen Kapitalismus. Christian Fuchs schreibt dazu in seinem Überblick über die marxistische Diskussion dieser Frage: »In den vergangenen Jahrzehnten und unter dem Eindruck, dass sich die Ökonomie zusehends wegbewegt hat von traditionellen Industrien, haben viele im Marxismus die Ansicht akzeptiert, sich die Haltung zu eigen gemacht, dass Wissensprodukte – unabhängig von materiellen Trägern – Reichtum repräsentieren und Wert besitzen können.«[8] Das in den *Grundrissen* formulierte Szenario, der globale Siegeszug des *general intellect*, ist tatsächlich dabei, realisiert zu werden – allerdings unter kapitalistischen Vorzeichen. In seiner digitalen Ära entwickelt das Kapital neue Modi der Verwertung, die sich grob in drei unterteilen lassen:

Erstens die Ausbeutung des *general intellect* selbst, dessen monopolistische Aneignung gefolgt von seiner proprietären Vermarktung *as a service*. Zweitens die Transformation von Innovation weg vom konkurrenzbedingten Ausnahmefall hin zum Dauerzustand, wodurch aus der sporadischen Quelle für Extraprofit eine kontinuierliche Quelle von Profit überhaupt wird. Und drittens neue Formen indirekter Ausbeutung, die schrittweise Verwischung der Grenzen zwischen Arbeit und Nicht-Arbeit, die Verwertung von User Generated Content und die zunehmende Ausbeutung des gesamten Spektrums menschlicher Lebensäußerungen, auch außerhalb des Arbeitsprozesses. Diese neuen Formen, die miteinander gekoppelt sind und sich gegenseitig bedingen, bilden die Grundlage für neue Arbeits- und Subjektivitätsformen sowie gleichzeitig die Herausbildung eines neuen Akkumulationsmodells.

Kapitalismus *as a service*

»Junge, Junge, und ob wir das patentiert haben!«[9] Steve Jobs'
Ausruf bei der legendären Vorstellung des iPhones im Jahre
2007 verweist auf einen Kernpunkt kapitalistischen Wirtschaftens: die private Aneignung allgemeinen Wissens. Wesentliche
Voraussetzungen des Erfolgs des iPhones sind, wie zuvor
erwähnt, die Verwendung öffentlich finanzierter Forschungs-
ergebnisse und ihre nachfolgende private Sicherung über
Patente. Die Informationsmonopole des kontemporären Kapitalismus besetzen diesen paradoxen Ort: Sie nutzen öffentlich
zugängliche Informationen, transformieren diese in einen privat orchestrierten Service, den sie uns hernach zur Verfügung
stellen, um daraus wiederum den Löwenanteil ihrer Einnahmen
zu erwirtschaften.

Der französische Ökonom Yann Moulier Boutang beschreibt
ein Modell, in dem »das Objekt der Akkumulation hauptsächlich aus Wissen besteht, welches die Hauptquelle des Werts
wird [und] das zentrale Feld der Verwertung.« Nach dem Merkantilismus und dem Industrialismus erleben wir nun eine dritte Phase in der Geschichte, den »kognitiven Kapitalismus«,
bei dem digitale Informationsverarbeitung mit Computern zum
wesentlichen Merkmal geworden ist. Diese dritte Phase des
Kapitalismus hänge von einem System der Akkumulation ab,
das sich im Wesentlichen auf Wissens-Wert stützt (*knowledge
value*). Der Post-Operaist und Herausgeber der französischen
Zeitschrift *Multitudes* Boutang sieht »die neuen Informationstechnologien [...] als ebenso emblematisch wie die Kohlegru-
be, die Dampfmaschine, der Webstuhl und die Eisenbahn es waren für den industriellen Kapitalismus.«[10]

Werden Software und IT-Infrastrukturen von Unternehmen
und Organisationen ausgelagert und von externen Dienstleis-
tern betrieben, spricht man von *software as a service* bzw.
infrastructure as a service. Der Verkauf knapper Waren an
zukünftige Besitzer wird zunehmend abgelöst durch den gebüh-
renpflichtigen oder durch Userdaten querfinanzierten Zugang

zu einem Service. Immer mehr Lebensaspekte werden als Service-on-Demand organisiert. Alain Badiou hat einmal angemerkt, alle bisherige Kapitalismuskritik habe sich zu sehr auf Eigentum und Staat konzentriert. Jetzt haben wir es mit einem Kapitalismus zu tun, der ohne beide auskommt. Obwohl frei, wird Wissen zu Geld gemacht! Der Staat zieht sich zurück, hat kein Geld, scheitert an seinen Aufgaben? Kein Problem: Das digitale Kapital übernimmt auch gleich noch die Funktion des ideellen Gesamtkapitalisten. Private Firmen übernehmen staatliche und überstaatliche Aufgaben, der Staat, in dem Besitz und Verknappung von Gütern keine unbedingte Voraussetzung für sein Überleben mehr sind, tritt immer weiter zurück – voilà: Kapitalismus *as a service*.

Akkumulation durch Innovation

Der Kapitalismus ist das innovativste soziale System, das wir kennen. Und doch spielt Innovation bei der Analyse des Produktionsprozesses, der Art und Weise, wie Mehrwert produziert wird, keine Rolle. Marx etwa beschreibt diesen als wiederholten Prozess der Produktion immer gleicher Waren und Dienstleistungen, wie er in einer Fabrik oder einem Dienstleistungsbetrieb ja auch zutage tritt. Mehrwert und letztlich Profit entsteht durch die Ausbeutung lebendiger Arbeit in einem immer gleichen Ablauf. Innovation kommt erst durch die Konkurrenz ins Spiel. Um sich einen Vorteil gegenüber der Konkurrenz zu verschaffen, kann das einzelne Kapital rationalisieren, mehr Maschinerie und Erfindungen anwenden: Dadurch kann es günstiger produzieren und eine Zeit lang – bis die anderen Kapitale nachgezogen haben – einen Extraprofit erzielen. In Kauf genommen wird dabei eine Erhöhung der organischen Zusammensetzung des Kapitals, also des Verhältnisses von konstantem und variablem Kapital. Ein Kapitalismus ohne Konkurrenz und demzufolge ohne Innovationsdrang ist prinzipiell möglich – nämlich genau dann, wenn es ein Monopol gibt.

Innovation ist für den Kapitalismus zwar von zentraler Bedeutung, spielt aber in der Analyse des kapitalistischen Produktionsprozesses zunächst keine Rolle, sie ist dem »normalen Produktionsprozess« zunächst äußerlich. In der Arbeitswerttheorie hat sie keinen Platz. Einen interessanten Vorschlag zur Lösung dieses Problems machte Tessa Morris-Suzuki bereits in den 1990er Jahren. Sie entwickelte ein Szenario, in dem lebendige Arbeit nur noch bei der Produktion des Neuen involviert ist, bei der Produktion oder Wiederproduktion des Alten, bereits Bestehenden dagegen nicht mehr. In ihrem Modell sind nur noch Arbeiten, die Neues schaffen, wertproduktiv. Aus der Beobachtung heraus, dass »immer weniger Arbeit in unmittelbarer Handarbeit geleistet wird und jede Information zur Ware wird«, folgert sie, »dass Innovation zum Kern der profitgenerierenden Aktivität des Unternehmens wird«[11]. Morris-Suzuki zufolge steckt Arbeit und damit Mehrwert nur noch im Innovationsprozess. Das sich daraus ergebende ökonomische Paradigma bezeichnet sie als »perpetual innovation economy«, als eine Ökonomie also, in der ständig und andauernd Innovationen geschaffen werden, da allein diese noch die Verwertung von Kapital gewährleisten. Die zunehmende Verbreitung von »Automation führt dazu, dass das Gravitationszentrum der Mehrwertproduktion sich von der Produktion von Gütern wegbewegt hin zur Produktion von Innovation, d. h. von neuem Wissen über die Herstellung von Dingen.«[12]

Bei Software lässt sich genau dieses Phänomen beobachten: Es ist üblich geworden, unfertige Software in einer Beta-Version auszuliefern und der Community zum Testen zur Verfügung zu stellen. Der Soziologe Martin Kenney fasst diese für die Informationsökonomie zentralen Veränderungen so zusammen: »Nur allmählich wird den Unternehmen bewusst, dass die Kontrolle der Nutzer der Schlüssel zum Erfolg in der neuen Informationswirtschaft ist. Für den ökonomischen Erfolg wird es nötig, das (soziale) Investment ihrer Konsumenten zu nutzen.«[13] Die Software ist noch gar nicht fertig, schon wird sie ausgeliefert, und durch Kundenfeedback, Fehlerberichte und

Anwendungsfälle im Nachhinein optimiert. Die Beta-Version wird durch die Nutzung zur Endversion, oder es bleibt gleich bei einem andauernden Optimierungszyklus – zwischen Updates, Sicherheits-Patches, Alpha- und Beta-Releases gibt es gar kein endgültiges Release mehr. Qualitätskontrolle, Optimierung und Weiterentwicklung werden externalisiert und die Kunden als verlängerte Werkbank der Softwarehersteller in Dienst genommen. Optimierung und Bugfixing werden von der Community übernommen, Nutzerfeedback führt zu perpetuierter Innovation. Aus dieser Perspektive werden die Arbeitsstunden, die in die eigentliche Entwicklung etwa einer Software, aber auch eines Webangebots, einer Sharing-Plattform oder eines Suchalgorithmus geflossen sind, zur vernachlässigbaren Größe, verglichen mit der Arbeit der mitunter Millionen User beim Erlernen, Einüben, Verbessern und täglichen Benutzen des Programms oder Services. »In diesem Sinne haben Benutzer ungleich mehr zum Erfolg beispielsweise von Microsoft Word beigetragen als die Entwickler selbst«,[14] schreibt Kenney.

Das neue Kapital braucht Innovatoren, dazu passt die Start-up-Logik, die Lust an der Zerstörung, das immerwährende Neue: Die Modellzyklen in der Automobilindustrie beispielsweise sind immer kürzer geworden, doch das reicht nicht. Das neue Paradigma heißt Echtzeit. Im Bereich Software und Plattformen haben wir es bereits mit einer ständigen Innovationsökonomie zu tun – ein Beta-Release jagt das nächste, Echtzeit-Datenverarbeitung schafft ein Kontinuum an ständig sich weiterentwickelnden Diensten.

Ist das noch Kapitalismus?

Milliarden User tummeln sich auf den Plattformen des Digitalen Kapitalismus, die Beschäftigten der diese betreibenden Unternehmen dagegen bilden eine kleine Elite. Diese Wenigen sind mit ständiger Innovation befasst – bei Google etwa sind nur ein paar Dutzend Leute direkt mit der Entwicklung des Suchalgorithmus beschäftigt, der ja nichts Geringeres als das wichtigste Produktionsmittel von Google ausmacht.[15] Die User hingegen sind das eigentliche Proletariat in den digitalen Fabriken des Plattform-Kapitalismus. Big Data ist nichts als eine automatische Datenfarm, auf der das Kapital verwertbare Information ernten kann wie der Imker den Honig. Die emsigen Bienen allerdings, das sind im Digitalen Kapitalismus nicht mehr die Arbeiter am Fließband, sondern die User, also die Konsumenten, die Einzelnen, direkt an die Wissen-zu-Kapital-Transformationsmaschine Angeschlossenen.

Die Userarbeit auf den Plattformen unterscheidet nicht mehr zwischen Arbeit und Freizeit, öffentlich und privat, Tag und Nacht: Das ganze Leben wird vom Kapital direkt verwertet, der Produktionsprozess beschränkt sich nicht mehr nur auf die Fabrik. Die digitale Bohème hat es vorgemacht: Das Konzept Arbeit diffundiert in andere Lebensbereiche hinein, direkte Arbeit wird im Produktionsprozess immer unwichtiger.

Auch außerhalb der Sphäre der Arbeit wird nun für das Kapital gearbeitet: In der Fabrik, in der Familie und beim Einkaufen finden Prozesse statt, in denen das Kapital Lebendiges einsaugt: Zeit, Aufmerksamkeit, Emotion. Neue, sich um diese neuen Arbeitsformen herum entwickelnde Subjektivitäten wie die digitale Bohème sind die Folge: die Freelancer, aber auch die individuellen Konsument*innen, die in diesem Modell genauso »arbeiten« wie alle anderen auch. Die Aufmerksamkeitsarbeit, wie sie von Dallas Smythe genannt wurde, gehört ebenso hierher wie die Prosumer-Arbeit auf den Plattformen des Digitalen Kapitalismus. »Die Begriffe des kapitalistischen Unternehmens und der Arbeitsplätze sind von der Gesamtheit des sozialen Stoffs nicht mehr zu trennen, der sich selbst direkt unter der Kontrolle des Kapitals produziert und reproduziert. Das Konzept der kapitalistischen Unternehmung muss dergestalt erweitert werden, dass es gemeinschaftliche und staatliche Institutionen, Medienapparate sowie die Mehrzahl unbezahlter

Aktivitäten enthält. Man könnte sagen, die Hausfrau hat einen Job in der Schule, der Konsument im Supermarkt und die Fernsehzuschauer vor ihren Bildschirmen«[16], schrieb wiederum Félix Guattari vor nunmehr vierzig Jahren.

Aber haben wir es immer noch mit Kapitalismus zu tun? Wenn die direkte Ausbeutung von Arbeitskraft als Quelle des Profits in den Hintergrund und allgemeines Wissen an seine Stelle tritt, kann das dann noch als Kapitalismus gelten? Definieren wir Kapitalismus als »Kapitalisten beuten Arbeiter aus, die in der Fabrik Waren herstellen, die auf dem Markt verkauft werden sollen, dabei durch ihre Arbeit den Tauschwert der Waren erhöhen durch die in ihnen vergegenständlichte Arbeitsquanta« – dann vielleicht nicht. Bob Rowthorne[17] wies in seiner Auseinandersetzung mit der Arbeitswertlehre darauf hin, dass das Funktionsprinzip der Ausbeutung lebendiger Arbeit durch die private Aneignung von Mehrarbeit zwar charakteristisch für den Manchester-Kapitalismus sei, aber keineswegs ein Kernkriterium des Kapitalismus allgemein. Es gelte z. B. nicht für die historische Epoche des Merkantilismus.

Und es gilt auch nicht für den Digitalen Kapitalismus. Mit anderen Worten: Der Kapitalismus ist ein dynamisches System, das in verschiedenen historischen Umgebungen sehr unterschiedliche Formen annehmen kann. Morris-Suzuki schreibt zusammenfassend: »Es behält aber das fundamentale Kennzeichen des Kapitalismus bei: Die Konzentration von Privateigentum in den Händen einer Minderheit der Gesellschaft verleiht dieser die Fähigkeit, sich einen unverhältnismäßigen Anteil des gesellschaftlichen Outputs anzueignen.«[18] Der auf der direkten Ausnutzung der Fertigungsmitarbeiter basierende industrielle Kapitalismus verwandelt sich durch den Prozess der Automatisierung in ein neues System, in dem die Ausbeutung zunehmend alle betrifft, die an der Schaffung und Prozessierung sozialen Wissens beteiligt sind. So nimmt sich das in den *Grundrissen* entworfene Szenario aus: Quelle des Profits ist die Aneignung akkumulierten sozialen Wissens und tradierter kollektiver Erfahrung.

Der industrielle Kapitalismus, der auf der direkten Ausbeutung lebendiger Arbeit beruhte, wird in atemberaubender Geschwindigkeit durch etwas Neues ersetzt. Durch die immer höhere Taktung der Turing-Maschinen, gekoppelt mit der Vernetzung, werden täglich neue Aspekte eines Systems deutlich, möglich und realisierbar, die sich immer mehr um gesellschaftliches Wissen und dessen Verwertung drehen. Im Zuge dessen werden sämtliche Lebensaspekte in »Aufschreibsysteme« integriert, wie der Medienphilosoph Friedrich Kittler sozio-technologische Infrastrukturen benennt, mit denen ein gesellschaftliches System die Adressierung, Speicherung und Verarbeitung relevanter Daten vornimmt. »Statt Techniken an Leute anzuschließen«, heißt es bei ihm, »läuft das absolute Wissen als Endlosschleife.«[19]

Der Digitale Kapitalismus ist da

Karl Marx war ein Fan des Kapitalismus. Er lobte ihn immer wieder für seine innovative Kraft, für seine Fähigkeit, alte Strukturen wegzufegen und für den historischen Fortschritt, den er in seinen Augen darstellte. Gleichzeitig hasste er ihn, weil er die Menschen entmündigt, zur Arbeit zwingt und dem Regime eines blinden Verwertungszwangs unterwirft: Das Kapital war ihm Engel und Teufel zugleich. Auch heute wälzt der Kapitalismus seine eigene Basis mit Lust an kreativer Zerstörung um, er ist und bleibt die historisch stärkste Triebkraft menschlicher Entwicklung. Und seine digitale Variante bringt einen technologischen Schub ohnegleichen: Das iPhone hat in zehn Jahren die Welt mehr verändert als die Dampfmaschine in fünfzig.

Der Digitale Kapitalismus ist da, und seine Ära hat gerade erst begonnen. Sein zentrales Paradigma ist nicht mehr die Produktion und der Verkauf von Waren und Dienstleistungen, sondern die Organisation von Daten und Informationen, die Orchestrierung des Zugangs zu Wissen, und die Kapitalisierung derselben. Er hat die Verknappung von Gütern nicht mehr zur Voraussetzung, er verschluckt sich keineswegs an diesem tückischen Ding Information und er gerät auch nicht in die Krise angesichts frei verfügbaren Wissens und der Tendenz zu null Grenzkosten bei deren Verbreitung, ganz im Gegenteil. Der Kapitalismus erfindet sich mal wieder neu, und er transformiert die Welt und uns gleich mit.

Digitale Plattformen errichten Infrastrukturen, die sie uns zur Verfügung stellen, auf dass wir sie mit unseren Inhalten füllen und dadurch zum Leben erwecken. Sirengleich locken sie uns in ihre umzäunten Gärten, ihre virtuellen Shopping-Malls, in denen wir unser halbes Leben verbringen, unser Innerstes preisgeben und so für ihren Profit arbeiten. Die Gewinner des

Digitalen Kapitalismus sind Meister darin, sich die Commons, öffentlich zugängliches Wissen, anzueignen und dieses zu reprivatisieren. Neu verpackt als digitale Waren und Dienstleistungen werden Geschäftsmodelle daraus, die vor kurzem noch undenkbar waren.

Die Unternehmen des Digitalen Kapitalismus haben mit universellen, kostenlosen Services rund um Information in vielen Bereichen öffentliche Dienste ersetzt oder neue geschaffen, die diese Bezeichnung verdienen. Sie übernehmen Aufgaben globaler Dimension und lösen diese mit Algorithmen und *brute force* – massiver Rechenleistung und massiver Speicherkapazität. Sie sind zu den monopolistischen Hauptlieferanten digitaler Dienste geworden, die aus unserem Leben nicht mehr wegzudenken sind. Google Maps etwa ist zum Synonym für die Orientierung auf der Erdoberfläche geworden.

Der Digitale Kapitalismus schafft es, frei verfügbares Wissen zu kolonisieren, als proprietären Service neu zu verpacken und diesen wiederum zu verwerten. Die allgemeine Verfügbarkeit von Wissen hat jedoch nicht zu einer freien und egalitären Wissensgesellschaft geführt, sondern zur Herausbildung von Informationsmonopolen. Diese Oligarchen der Netzwerkökonomie übernehmen die Funktion öffentlicher Institutionen, gewährleisten die Grundversorgung mit Information und Kommunikation und agieren doch als gewinnorientierte private Unternehmen.

Der Digitale Kapitalismus ist eine historische Phase, in der die Arbeit am Gegenstand, das Bearbeiten des stofflichen Materials, das »Informieren von Gegenständen« (Vilém Flusser) vom Normal- zum Sonderfall wird. Die Generierung und Speicherung von an physische Träger gekoppelter Information wird zum Grenzfall von Informieren überhaupt, dem Erzeugen und Bewegen von Information ohne dieselben. Der Kapitalismus kommt so überhaupt erst zu sich. Langsam wird deutlich, dass eine kapitalistische Informationsökonomie ohne stofflichen Träger nicht nur möglich und weit mehr als ein Sonderfall ist, sondern umgekehrt: Sie ist Kapitalismus in Reinkultur.

Das Primat der Produktion materieller Güter erscheint in dieser Perspektive als historische Phase der Durchsetzung eines viel allgemeineren Prinzips.

Durch die Indienststellung und Nutzbarmachung sämtlicher Lebensäußerungen, nicht nur denen der Sphäre der Arbeit, deren Grenzen zudem immer unschärfer werden, schafft es das Kapital, neue Formen indirekter Arbeit für seine Vermehrung nutzbar zu machen. Ständige Innovation ist ihm nicht Sonderfall, sondern Dauerzustand. Nicht mehr nur um Wettbewerbsvorteile zu erzielen, sondern aus direkten Verwertungsgründen kreiert es eine perpetuierte Innovationsökonomie mit kontinuierlicher Neuerung und Disruption. Das ist keine Krise, sondern die Geburt eines neuen Akkumulationsmodells.

Der Digitale Kapitalismus verlässt seine Domäne, die Welt des Netzes, und fordert die alten Industrien auf deren eigenem Terrain heraus. Er tritt an, Verkehr, Logistik und Energie zu erobern und nach seiner Logik umzubauen. Auch diese Branchen werden zu informationstechnologischen Services und funktionieren bald wie Google und Facebook. Etablierte Akteure werden mit neuen Geschäftsmodellen disruptiert, falls diese das nicht gleich selbst erledigen. Heraus kommen Besitz- und Verwertungsstrukturen, die der Computer- und Softwarebranche ähneln, gleichzeitig werden aus Käufern von Waren User von Services und Prosumer auf Plattformen.

Der Digitale Kapitalismus hat uns an freien und kostenlosen Zugang zu Informationen und Diensten gewöhnt, und das ist gut so! Dass dies selbst im kapitalistischen Rahmen möglich ist, ist verblüffend, sollte aber nicht dazu führen, dahinter zurückzufallen, die »Umsonst-Kultur« zu kritisieren und an veralteten Urheberrechten festzuhalten, statt eine Ausweitung dieser Logik anzustreben. Wir bezahlen mit unseren Daten? Schön, wie wär's, wir könnten auch für Mobilität, Energie oder im Restaurant mit unseren Daten zahlen, von mir aus gern!

Die Linke kritisiert den Kapitalismus völlig zu Recht für seine Ungerechtigkeit, seine Gewalt, seine Ungleichheit, seine blinde Verwertungsmaschinerie. Gleichzeitig stellt dieses Wirtschaftssystem einen ungeheuren Fortschritt dar, es gelingt ihm nicht nur immer noch, sondern auch immer schneller, das Leben der meisten Menschen auf dem Planeten innerhalb kürzester Zeit zu verändern – und zwar nicht nur negativ. Verblüffend, sind seine Erfolge doch nur Nebenprodukt, Sekundär-Effekt seines Profitstrebens. Solange der Kapitalismus seine Versprechen zumindest teilweise einhalten kann, etwa nach mehr Nachhaltigkeit, Selbstbestimmung, mehr Teilhabe und Egalität, solange er eine Lösung der Klimafrage glaubwürdig in Aussicht stellen kann, hat es eine gesellschaftliche Alternative schwer. Aber gleichzeitig bleibt er immer deutlicher hinter den von ihm selbst geschaffenen Möglichkeiten zurück. Er hat die absolute Armut minimiert und auf einen historischen Tiefststand gebracht, wie aus der Grafik in der Einleitung zu entnehmen ist. Den Rest auch noch von der Armut befreien wäre ein Leichtes, aber er tut es eben nicht. An dieser barbarischen Inkonsequenz muss er sich messen lassen.

Die Linke war historisch eine Befürworterin des Fortschritts, technologisch und sozial. Diese Rolle hat sie irgendwann verloren. Industrialisierung der Landwirtschaft war eine der zehn Forderungen des *Kommunistischen Manifests*, eine damals unerhört futuristische Forderung. Wo ist heute eine Linke, die nur annähernd an solch eine visionäre Perspektive anknüpfen könnte? Die sich eine Vollendung der durch den fossilen Irrweg des letzten Jahrhunderts unvollständig gebliebenen Elektrifizierung auf die Fahnen schreibt? Die mehr Automatisierung fordert, statt weniger? Die sich nicht um Arbeitsplätze sorgt, sondern jeden, der wegfällt, begrüßt und jeden, der erhalten bleibt, beklagt?

Standards und Protokolle, Daten und Algorithmen bekommen in der internetbasierten digitalen Ökonomie immer größere Bedeutung. Sie liegen zusehends in den Händen weniger Konzerne, die damit eine ungeheure Macht erhalten. Schon heute ist es in vielen Bereichen nur noch schwer möglich, Konkurrenzprodukte aufzubauen, wie etwa bei Suchmaschinen, Social-Media-Plattformen oder Kartendiensten. Wenn die

Herren über Algorithmen und Daten demnächst auch im Reich der Dinge Fuß fassen, wird sich diese Tendenz noch verschärfen. Immer mehr Lebensbereiche werden dann von einer Informationsökonomie beherrscht, die von wenigen Unternehmen dominiert wird. Es ist höchste Zeit, diese als *public service*, als informationelle Grundversorgung zu deklarieren, zu regulieren und zu gestalten.

Mein Leben als Investment

Der Digitale Kapitalismus löst den Fordismus ab, der auf Massenproduktion von Gütern und Dienstleistungen beruhte, und bringt ein neues Modell sozialer Organisation mit neuen Arbeitsverhältnissen, neuen Subjektivitäten und neuen Lebensentwürfen hervor. Der Digitale Kapitalismus kreiert eine neue Klasse an Solo-Kapitalist*innen, den doppelt freien Lohnarbeitern der zu Ende gehenden Ära nicht unähnlich: selbstverantwortlich, frei in der Wahl ihrer Mikro-Investments, frei aber auch von jeglichem Besitz oder Zugang zu Algorithmen und Daten, den wahren Produktionsmitteln des Digitalen Kapitalismus.

Der Digitale Kapitalismus erzeugt die Figur des Prosumers, des Individuums, das auf den Plattformen gleichzeitig Konsument und Produzent ist. In beiden Darstellungsformen versorgt er die Algorithmen der Plattformen mit dem Öl der digitalen Ökonomie: Daten. Big Data ist nichts als eine automatische Datenfarm, auf der das Kapital verwertbare Information abschöpft. Wir sind als User direkt an eine Maschine angeschlossen, die Wissen zu Kapital transformiert. Neben der Kaste der Algorithmen produzierenden Elite sind wir alle als User die Arbeiter*innen im *user-generated capitalism*.

Die Millennials, die Generation der nach 1980 Geborenen, sind mit Wikipedia und Open Source, mit den Technologien und Services des Internet-Kapitalismus groß geworden und haben die Werte und Vorstellungen von Connectedness und Sharing verinnerlicht. Ihre Wünsche und Werte sind maßgeschneidert auf die neue Welt: immer aktiv, immer vernetzt und den Zugang zu Diensten dem Besitz von Waren vorziehend. Diese kosmopolitische Generation findet sich ab mit unsicheren Beschäftigungsverhältnissen und hat unternehmerisches Denken in Bezug auf die eigenen Ressourcen verinnerlicht. Aus ihnen rekrutiert der Digitale Kapitalismus sein Heer an neuen Mikro-Unternehmern des eigenen Selbst, das immer gewachsen ist und noch wächst. Die neue flexible Arbeitswelt scheint ihnen allemal attraktiver als die graue Angestelltenwelt der großen Konzerne und Institutionen.

Der Digitale Kapitalismus setzt das Grundeinkommen auf seine Agenda, Experimente mit einer tatsächlichen Umsetzung häufen sich ebenso wie die positiven Stimmen aus den Reihen der Wirtschaft. Das Grundeinkommen transzendiert die Lohnarbeit als Dreh- und Angelpunkt proletarischer Subjektivität und als Finanzierungsgrundlage der Sozialsysteme. Es tritt mit dem Versprechen an, Gender-Ungleichheit *en passant* gleich mit zu erledigen. Wenn der Kapitalismus das zu seinem Programm macht, dann bestimmt nicht aus Menschenfreundlichkeit, sondern begleitend zur unternehmerischen Subjektivierung: Aus Arbeitern mit Arbeitslosenversicherung werden Unternehmer mit Grundeinkommen, gleich welchen Geschlechts. Das Bedingungslose Grundeinkommen ist das zum Digitalen Kapitalismus und der unternehmerischen Durchdringung sämtlicher Lebensbereiche passende Sozialsystem, das monatliche Startkapital für das Monopoly auf den Plattformen der Gig-Ökonomie.

Wenn der Digitale Kapitalismus das Grundeinkommen auf seine Agenda setzt, dann ist die Zeit über Gedankenexperimente, Wunschmodelle und Alternativen zu diskutieren, vorbei. Eine Kritik des Grundeinkommens kann keine sein, die am Primat der Lohnarbeit als zentralem sinnstiftenden Paradigma und gleichzeitig die Sozialsysteme fundierendes und finanzierendes Modell festhält. Diese Vorstellung ist ein Auslaufmodell einer zusehends kleiner werdenden privilegierten Minorität.

Bleiben zwei Alternativen: eine wohlwollende, kritische Begleitung mit dem Ziel, die Höhe und die Randbedingungen positiv zu beeinflussen, damit nicht die am stärksten neoliberal geprägte Variante dabei herauskommt. Diese Option läuft Gefahr, sich im alltagspolitischen Machbarkeitsdickicht zu verlieren. Oder, um mit Jerry Rubin zu sprechen: Wenn sie unsere Forderungen erfüllen, dann haben wir etwas falsch gemacht.

Die zweite Alternative bestünde darin, das Projekt zu unterstützen, insoweit es die historische Abkopplung des Einkommens von der Arbeit vollzieht – wobei die Debatte darüber, worin eine sinnvolle Tätigkeit besteht und wie wir mit den Spielräumen umgehen, noch zu führen wäre. Und es gleichzeitig dafür zu kritisieren, dass es an der Geld- und Warenform festhält und die Empfängerinnen und Empfänger zu Venture-Kapitalisten ihres eigenen Lebens macht. Das Grundeinkommen als Sicherheitsnetz der Netzwerkökonomie spiegelt das Dilemma des gesamten Digitalen Kapitalismus wider: Er bleibt hinter seinen Möglichkeiten zurück.

Big Data for the People!

Die Daten und Algorithmen des Digitalen Kapitalismus gehören privaten Firmen, wie die Fabriken und Arbeitskraft der alten Ökonomie auch. Um ihren Besitz, ihre Verwendung, ihr Funktionieren, ihre Ziele und ihren Einsatz muss eine gesellschaftliche Auseinandersetzung stattfinden. Wir brauchen mehr Initiativen, die Alternativen zur Nutzung von Daten und Algorithmen aufzeigen, die Daten öffentlich diskutieren, datengetriebene Debatten anstoßen und die öffentliche Diskussion der Moral und Ethik, die in ihnen implementiert ist, initiieren. Die Ziele und Kalküle von Algorithmen müssen diskutiert werden, es sollte möglich sein, jeden Code und seinen Kontext aus Daten, Regeln, In- und Outputs zum Gegenstand gesellschaftlicher Debatte zu machen: Wir brauchen eine algorithmische Alphabetisierung.

Die Millennials sind heute bereit – anders als noch ihre Elterngeneration, die bei der Volkszählung den Orwell-Staat befürchtete –, ihr ganzes Leben mit der Welt und mit privaten Corporations zu teilen. Sie sind bereit, ihre Daten für kostenlose Services herzugeben, auch wenn diese für Werbung, Entscheidungsfindungen und Geschäfte verwendet werden, die nicht unbedingt zu ihren Gunsten ausfallen. Das ist einerseits beängstigend, andererseits aber auch befreiend. Diese Bereitschaft kann gewendet werden in die Bereitschaft, diese Daten zum Wohle der Allgemeinheit einzusetzen, sei es für Informationssuche, soziale Kommunikation, Software-Entwicklung, politisch-gesellschaftlichen Austausch, die Organisation von vernünftig geregeltem Verkehr oder datenbasiertem Wohnungsbau und entsprechender Verteilung des Wohnraums.

Öffentliche Grundversorgung sollte nicht nur öffentlich kontrolliert werden, sie sollte auch kostenlos sein. Öffentliche Gesundheit, Verkehr, Teilhabe am sozialen und politischen Leben. Bildung, Lernen, Universitäten, Essen, Wohnen und Schlafen, Internetzugang für alle kostenlos. Ist das denn so schwer?

Es ist Mode geworden in Deutschland, die amerikanischen Internetkonzerne, die »Datenkraken« aus dem Silicon Valley zu verteufeln. Die Monopole sollen zerschlagen werden, sagen die einen, europäische Alternativen entwickelt werden, die anderen. Die Gefahr besteht, dass der alte fossile, konsumorientierte Kapitalismus gar nicht mehr kritisiert wird, dass über ihn geschwiegen oder ihm sogar nachgetrauert wird. Die Linke muss Gesundheit und Lebensqualität der Menschen ernst nehmen und aus der Energie- und Mobilitätsthematik eine fortschrittliche Position entwickeln, die diesen Namen verdient. Ist es nicht ein Skandal, dass VW und die anderen nicht zerschlagen werden, dass deren Schadstoffschleudern ungestraft fahren dürfen, dass es kein Tempolimit gibt und keine flächendeckende Durchsetzung von Verkehrsregeln? Die Abschaffung des motorisierten Individualverkehrs in den Städten sollte heutzutage eigentlich eine Selbstverständlichkeit sein.

Die Stadt der Zukunft kann nicht fossil sein, und sie wird in erheblichem Maße durch Daten und Algorithmen bestimmt werden. Diese Transformation sollten wir nicht dem Silicon Valley überlassen, sondern selbst eine Perspektive entwickeln, die allen Bewohnerinnen und Bewohnern der Städte, und das wird bald der überwiegende Teil der Menschheit sein, ein gutes Leben ermöglicht.

Die elektrifizierte algorithmische Stadt wird ohne die Technologien des digitalen Kapitalismus nicht funktionieren, weder in Bezug auf Energie, Transport und Verkehr noch auf Information und Wissen. Wir brauchen eine kostenlose Grundversorgung für die digitale Stadt, einen New Deal, bei dem die Bewohnerinnen ihre Daten beisteuern und die Städte daraus optimale Services entwickeln. Eine neue techno-futuristische Plangesellschaft als Gegenmodell zum Digitalen Kapitalismus, die diesen vom Standpunkt des Neuen, des schon Möglichen, kritisiert – und nicht vom Standpunkt des Alten.

Anmerkungen

Übersetzungen fremdsprachiger Zitate – sofern nicht anders angegeben – vom Autor. Online-Inhalte – sofern nicht anders angegeben – abgerufen am 1. Juli 2017.

Einleitung

1 Nach Definition der Weltbank von weniger als 1,90 US-Dollar pro Tag. The World Bank, *Ending Extreme Poverty and Sharing Prosperity: Progress and Policies*. Oktober 2015.

2 Cisco, *The Zettabyte Era: Trends and Analysis*. Juni 2016. Eigene Rechnung: 1 Million Exemplare bei geschätzten 1 Megabyte pro Buch entspricht 1 Terabyte. Siehe auch die Seite »British Library«. Wikipedia.

3 Google Mission Statement, https://www.google.de/intl/de/about/

4 Der an der Columbia Universität lehrende Ökonom Jeffrey Sachs hat ausgerechnet, dass jährlich 175 Milliarden Dollar nötig wären, um die weltweite Armut innerhalb von zwanzig Jahren abzuschaffen, das ist weniger als ein Prozent der Wirtschaftsleistung der reichsten Länder der Welt. Jeffrey Sachs, *The End of Poverty: Economic Possibilities for Our Time*. Penguin Press, New York 2005.

5 Karl Marx, Friedrich Engels, »Manifest der Kommunistischen Partei«. London 1848, in: *MEW* Bd. 4, S. 459-493.

6 Center for International Development at Harvard University, *Washington Consensus*. http://www.cid.harvard.edu/cidtrade/issues/washington.html

7 Jean-François Kahn, »Les Risques de pensée unique«. L'Événement du Jeudi, 30.01.1992, S. 6.

8 Alan Greenspan, *Financial Times*, 29.03.2011, zitiert nach: Robert

Pringle, *The Money Trap: Escaping the Grip of Global Finance.*
Palgrave McMillan, New York 2012, S. 197.

9 Seite »There is no alternative«. Wikipedia.

10 Rüdiger Safranski, *Wieviel Globalisierung verträgt der Mensch?*
Hanser, München 2003.

11 Marc Prensky, »Digital Natives, Digital Immigrants«, *On the Horizon.* 9 (5), 2001, S. 1–6.

12 The Rome Conference on Communism 2016, http://www.commu nism17.org/en/quaestiones/critica-delleconomia-politica/

13 Heinrich Geiselberger (Hrsg.), *Die Große Regression. Eine internationale Debatte über die geistige Situation der Zeit.* Suhrkamp, Berlin, 2017, S. 12.

14 Ivan Krastev, »Auf dem Weg in die Menschheitsdiktatur«, in: Heinrich Geiselberger (Hrsg.), *Die Große Regression*, S. 129.

15 Paul Mason, »Keine Angst vor der Freiheit«, ebd., S. 171.

16 Eva Illouz, »Vom Paradox der Befreiung zum Niedergang der politischen Eliten«, ebd., S. 115.

17 Statista, »Prognose zur Anzahl der Smartphone-Nutzer weltweit«, 2017.

18 L. F. Menabrea, »Sketch of The Analytical Engine Invented by Charles Babbage. With notes upon the Memoir by the Translator Ada Augusta, Countess of Lovelace«. In: Bibliothèque Universelle de Genève. Band 82. Genf 1842, https://www.fourmilab.ch/babbage/sketch.html

19 Tessa Morris-Suzuki, »Capitalism in the Computer Age«, in: Jim Davis, Thomas A. Hirschl, Michael Stack, *Cutting Edge. Technology Information Capitalism and Social Revolution.* Verso, London 1997, S. 58.

20 Karl Kautsky, *Das Erfurter Programm in seinem grundsätzlichen Teil erläutert.* Dietz, Stuttgart 1892.

21 Rosa Luxemburg, *Die Akkumulation des Kapitals – Ein Beitrag zur ökonomischen Erklärung des Imperialismus.* Buchhandlung Vorwärts Paul Singer, Berlin 1913.

22 Unsichtbares Komitee, *An unsere Freunde.* Edition Nautilus, Hamburg 2015, S. 20.

23 Paul Mason, »Dieser Kapitalismus funktioniert nicht. Über den

Unterschied zwischen Zigaretten und Musikdateien«, *Le Monde Diplomatique*. Deutsche Ausgabe, April 2016.

24 Gordon E. Moore, »Cramming more components onto integrated circuits«, in: *Electronics Magazine*, 38, Number 8, 19.04.1965.

25 Frank Pasquale, *The Black Box Society. The Secret Algorithms That Control Money and Finance*. Harvard University Press, Cambridge 2015, S. 6.

26 Éric Sadin, *La Silicolonisation du Monde: L'irrésistible Expansion du Libéralisme Numérique*, Pour En Finir Avec, Paris 2016.

Der Weg zum Digitalen Kapitalismus

1 Eigene Grafik. Angelehnt an: Tobias Kollmann, *E-Business*. Gabler, Wiesbaden 2013. Leo A. Nefiodov, *Der fünfte Kondratieff.* Gabler, Wiesbaden 1990.

2 Alfredo G. A. Valladão, *Masters of the Algorithms. The Geopolitics of the New Digital Economy from Ford to Google*. The German Marshall Fund of the United States, Washington 2014, S. 2.

3 Henry Ford, *My Life and Work*. 1st World Library 2014, S. 73. Originalausgabe 1922.

4 Daniel Bell, *Die nachindustrielle Gesellschaft.* Campus, Frankfurt am Main 1985.

5 Capgemini Consulting, *When Digital Disruption Strikes*, 2015, https://www.capgemini-consulting.com/resource-file-access/resource/pdf/digital_disruption_1.pdf

6 Clayton M. Christensen, *The Innovator's Dilemma. When New Technologies Cause Great Firms To Fail*. Harvard Business School Press, Boston 1997.

7 Karl Marx, Friedrich Engels, »Manifest der Kommunistischen Partei«, S. 460.

8 Joseph Schumpeter, *Kapitalismus, Sozialismus und Demokratie*. UTB, Stuttgart 1993.

9 Ebd., o.S.

10 Francis Fukuyama, *The End of History and the Last Man*, Penguin Books, London 1992.

11 Marshall McLuhan, *Understanding Media. The Extensions of Man.* New York 1964.

12 John Perry Barlow, *A Declaration of the Independence of Cyberspace.* Davos 1996, https://projects.eff.org/~barlow/Declaration-Final.html

13 Vilém Flusser, *Ins Universum der technischen Bilder*, European Photography, Berlin 1996.

14 Von Claude Shannon, Gründer der Informationstheorie, ist überliefert, dass er als Angestellter der Bell Labs während der Arbeitszeit jonglierte und Einrad fuhr.

15 Volkmar Denner, »Das Geld verdienen plötzlich andere«, Interview, *Süddeutsche Zeitung*, 03.04.2016.

16 Jaron Lanier, *Wem gehört die Zukunft?* Hoffmann und Campe, Hamburg 2014, S. 15.

17 »Elektro-Roller UNU im Test«, *Der Tagesspiegel*, 08.10.2014.

18 Karl-Heinz Büschemann, Thomas Fromm, »250.000 Arbeitsplätze in Gefahr«, *Süddeutsche Zeitung*, 28.11.2016.

19 Claudia Kemfert, »Rundfahrt mit Expertin. Wie sieht die Energie-Zukunft Berlins aus?«, Interview, *Berliner Zeitung*, 10.03.2017.

20 Stefan Mayr, Jan Schmidbauer und Vivien Timmler, »So rüstet sich Daimler für die Elektro-Zukunft«, *Süddeutsche Zeitung*, 13.07. 2017. Abgerufen am 15.07.2017.

21 Josef Kelnberger, »Aus dem Staub«, *Süddeutsche Zeitung*, 14.07. 2017. Abgerufen am 15.07.2017.

22 Ebd.

23 Matt McGrath, »Four major cities move to ban diesel vehicles by 2025«, *BBC News,* 02.12.2016.

24 http://www.main-spitze.de/politik/thema-des-tages/der-andere-kretschmann-macht-euren-wahlkampf-selber_17986627.html

25 https://www.welt.de/motor/modelle/article154606460/Diese-Laender-planen-die-Abschaffung-des-Verbrennungsmotors.html

26 Mike Montgomery, »The New Big 4 Of The Auto World: Tesla, Google, Apple, And Uber.« *Forbes*, 18.11.2015.

Information, ein tückisches Ding

1 Hergé, *Tim und Struppi*, Vol. 23, *Tim und der Haifischsee*. Carlsen, Hamburg 1973.

2 Carl Shapiro, Hal R. Varian, *Information Rules: A Strategic Guide to the Network Economy*. Harvard Business School Press, Boston 1999, S. 10.

3 Lawrence Lessig, *Code And Other Laws of Cyberspace*. New York 1999.

4 Anne VanderMey, Nicolas Rapp, »Why Streaming Is Taking Over the Music Industry«, *Fortune* Entertainment, 27.10.2016.

5 Nielsen 2016 Report, http://www.billboard.com/articles/news/7647518/nielsen-streaming-leader

6 Jeremy Rifkin, *Die Null-Grenzkosten-Gesellschaft: Das Internet der Dinge, kollaboratives Gemeingut und der Rückzug des Kapitalismus*. Campus, Frankfurt am Main 2014, S. 12.

7 Frank Linde, *Ökonomische Besonderheiten von Informationsgütern*. Köln 2010.

8 Jeremy Rifkin, *Digital Europe: The Rise of the Internet of Things 2015–2020*. Kongress-Unterlagen, 2015.

9 http://www.umweltbundesamt.de/themen/klima-energie/erneuerbare-energien/erneuerbare-energien-in-zahlen

10 Bernward Janzing, »Grüne Worte und kaum Investitionen«, *Die Tageszeitung*, 03.01.2016.

11 http://www.stern.de/wirtschaft/news/eon--rwe--vattenfall-und-co-hartes-jahr-2016-fuer-stromkonzerne-6617330.html

12 Fraunhofer-Institut für Solare Energiesysteme ISE, *Aktuelle Fakten zur Photovoltaik in Deutschland*, S. 6. Fassung vom 26.3.2017. Aktuelle Fassung abrufbar unter: www.pv-fakten.de

13 »Warum sind Stromspeicher für die Energiewende so wichtig?«, *Handelsblatt*, 13.10.2014.

14 Jens Lubbadeh, »Volle Ladung«, *heise.de*, 03.08.2016.

15 Stefan Schulz, »Airbnb für Strom«, *Spiegel Online*, 08.05.2016.

Berechnen und Herrschen

1 Stefan Betschon, »Social Media. Die dunkle Macht der Algorithmen«, *Neue Züricher Zeitung*, 24.11.2016.

2 Kai Schlieter, »Wir sind Algorithmen-Zombies«, in: *Die Tageszeitung,* 3.11.2015.

3 http://www.ekhn-stiftung.de/symposium2017/koepfe

4 Matteo Pasquinelli, *Abnormal Encephalization in the Age of Machine Learning*, e-Flux journal #75, 09.20.2016.

5 Frank Pasquale, *The Black Box Society*.

6 Seite »Al-Chwarizmi«. Wikipedia.

7 L. F. Menabrea, »Sketch of The Analytical Engine Invented by Charles Babbage. With notes upon the Memoir by the Translator Ada Augusta, Countess of Lovelace«. In: Bibliothèque Universelle de Genève. Band 82. Genf 1842, https://www.fourmilab.ch/babbage/sketch.html

8 Ebd., o. S. Übersetzung aus http://www.ada-lovelace-informatik.de/adas-notizen/

9 Alan Turing, »On Computable Numbers with an Application to the Entscheidungsproblem«, *Proceedings of the London Mathematical Society*, Series 2, 42 (1936f.), S. 116-151.

10 Vgl. Bettina Heintz, *Die Herrschaft der Regel*. Campus, Frankfurt am Main 1993, S. 254.

11 Frederick Winslow Taylor, *The Principles of Scientific Management*. Harper & Brothers, London/New York 1911.

12 Charles Babbage, *On the Economy of Machinery and Manufactures*. London 1832.

13 Emil Post, »Finite Combinatory Processes. Formulation 1.« In: Martin Davis (Hrsg.), *The Undecidable: Basic Papers and Undecidable Propositions, Unsolvable Problems and Computable Functions*, New York 1965, S. 289-291.

14 Alan Turing, »On Computable Numbers with an Application to the Entscheidungsproblem«, S. 137.

15 George Caffentzis, *In Letters of Blood And Fire. Work, Machines, and the Crisis of Capitalism.* PM Press, Oakland 2013, S. 161.

16 https://public.tableau.com/profile/mckinsey.analytics#!/vizhome/
AutomationandUSjobs/Technicalpotentialforautomation

17 https://retina.elpais.com/retina/2017/05/23/innovacion/1495559127_
628083.html

18 Bettina Heintz, *Die Herrschaft der Regel*, S. 159.

19 Zitiert nach: Anne Kunze, »Ada und der Algorithmus«, *Die Zeit*
Nr. 5/2014, 23.01.2014.

20 Felix Stalder, »Algorithmen, die wir brauchen«, Vortrag auf der
Konferenz »Unboxing« am 03.12.2016 in Berlin.

21 Hannah Devlin, »Discrimination by algorithm: scientists devise test
to detect AI bias«. *The Guardian*, 19.12.2016.

22 Frank Pasquale, *The Black Box Society.*

23 Bryce Goodman, Seth Flaxman, »European Union regulations on
algorithmic decision-making and a ›right to explanation‹.« Cornell
University, 31.08.2016, arXiv:1606.08813v3

24 Patrick Beuth, »Maas schlägt digitales Antidiskriminierungsgesetz
vor.« *Die Zeit* Nr. 28/2017, 03.07.2017.

25 Dave Elkington, *State of Artificial Intelligence 2017 Report.*
Insidesales.com, 27.03.2017.

26 Ade Metz, »Google is sharing its powerful AI with everyone in its
cloud.« *Wired*, 23.03.2017.

Weltverbesserung™ Inc.

1 Marcell Mars, *Ruling Class Studies* (Research proposal), Jan van
Eyck Academie, 2010.

2 Holm Friebe, Sascha Lobo, *Wir nennen es Arbeit: Die digitale
Bohème oder: Intelligentes Leben jenseits der Festanstellung.*
Heyne, München 2006.

3 Jaron Lanier, *Wem gehört die Zukunft?*

4 Matt Krantz, »5 companies grab 70 % of your online dollars«, *USA
TODAY*, 05.11.2015.

5 *Industry Leaders establish Partnership on AI Best Practices*, Presse-
erklärung, 28.09.2016, https://www.partnershiponai.org/2016/09/
industry-leaders-establish-partnership-on-ai-best-practices/.

6 *List of largest employers*. Wikipedia.

7 https://www.googlewatchblog.de/2016/02/alphabet-quartalszahlen 4-milliarden-dollar/

8 »Zetsches großes Jahr«, *Handelsblatt*, 04.02.2016.

9 Jean-Louis Gassée, *The second largest part of Apple's revenue now comes from something called Services*. Quartz Media LLC, 02.05.2016.

10 Dorothy Gambrell, »The Rise and Fall of the World's 10 Most Valuable Brands«, *Bloomberg*, 04.10.2013.

11 William J. Mitchell, *City of Bits – Leben in der Stadt des 21. Jahrhunderts*. Birkhäuser, Boston/Basel/Berlin 1996, S. 115.

12 Thomas Heinrich, »Cold War Armory: Military Contracting in Silicon Valley«, in: *Enterprise and Society* / Volume 3 / Issue 02 / June 2002 Cambridge University Press, S. 247-284.

13 Mariana Mazzucato, *Das Kapital des Staates. Eine andere Geschichte von Innovation und Wachstum*. Büchergilde Gutenberg, Frankfurt am Main 2014.

14 Sarah McBride, »In Silicon Valley start-up world, pedigree counts.« Reuters, 12.09.2013.

15 Jessica Guynn, »Tech not diverse enough? That's News to Workers«, *USA TODAY*, 22.3.2017.

16 Roger Cheng, »Women in tech: The numbers don't add up«. *CNET*, 06.5.2015.

17 Jessica Guynn, a.a.O.

18 Betsy Schiffman, *Eric Schmidt: Google Mission Is to ›Change the World‹*, Wired, 06.11.2006.

19 »Über uns.« Google, https://www.google.com/intl/de/about/

20 »Q&A With Steven A. Cook and Jared Cohen on Tunisia.« Interview, *Foreign Affairs*, 24.01.2011

21 Evgeny Morozov, *The Net Delusion*, PublicAffairs, New York 2011.

22 www.internetlivestats.com/google-search-statistics/

23 Sergey Brin, Lawrence Page, *The Anatomy of a Large-Scale Hypertextual Web Search Engine,* Stanford 1996. http://infolab.stanford.edu/~backrub/google.html

24 Statista, »Marktanteile führender Suchmaschinen in Deutschland«, 2017.

25 Siehe etwa: https://www.searchenginejournal.com/infographic-googles-200-ranking-factors/64316/

26 Eric Rosenberg, *The Business of Google*, Investopedia, 05.08.2016.

27 Joshua Brustein, »Here Are Alphabet's Most Notable Businesses Besides Google«, *Bloomberg*, 11.08.2015.

28 Emily Mullin, »Verily Robot Will Raise 20 Million Sterile Mosquitoes for Release in California«, *MIT Technology Review*, 14.07. 2017.

29 Expansion Plans, https://fiber.google.com/newcities/

30 Chris Urmson, »How a driverless car sees the road«, YouTube, 26.06.2015. https://youtu.be/tiwVMrTLUWg, Minute 8:40.

31 Ashley Halsey III, Michael Laris, »Blind man sets out alone in Google's driverless car.« *The Washington Post*, 13.12.2016.

32 Darrell Etherington, »Google's self-driving car unit becomes Waymo«, *TechCrunch*, 13.12.2016.

33 Dirk Wollschlaeger, Mike Foden, Richard Cave, Matthew Stent, IBM Center for Applied Insights, *Digital disruption and the future of the automotive industry. Mapping new routes for customer-centric connected journeys,* IBM Corporation, North Harbour 2015.

34 Stephen Elop, *Burning Platform Memo*, 09.02.2011, blogs.wsj.com/tech-europe/2011/02/09/full-text-nokia-ceo-stephen-elops-burning-platform-memo

Wer sind die Roboter?

1 The Ad Hoc Committee on the Triple Revolution Memorandum, www.educationanddemocracy.org/fscfiles/c_cc2_triplerevolution.htm

2 Daniel Bell, *The Coming of Post-Industrial Society*.

3 Jeremy Rifkin, *Das Ende der Arbeit*, Campus, Frankfurt am Main 1995, S. 50.

4 Internationale Arbeitsorganisation, Schlüsselindikatoren der Arbeitsmarktdatenbank, http://data.worldbank.org/indicator/sl.uem.totl.zs

5 Frank Levy; Richard Murnane, *The New Division Of Labor. How*

Computers Are Creating the Next Job Market, Princeton University Press, Princeton 2006, S. 127.

6 Paul Mason, Postkapitalismus. Grundrisse einer kommenden Ökonomie, Suhrkamp, Berlin 2016, S. 147.

7 Harry Braverman, *Labor and monopoly capital*. Monthly Review, New York 1974.

8 Nick Dyer-Witheford, *Cyber-Marx. Cycles and Circuits of Struggle in High-Technology Capitalism*, University of Illinois Press, Urbana 1999, S. 3.

9 Carl Friedrich von Siemens (1912), zitiert in Heintz, S. 155.

10 Eva Hoffmann, »An der Basis gegen Amazon«, *Jetzt.de*, 30.03.2017.

11 Niels Boeing, »Neue Jobs für Roboter«, *Die Zeit*, 18.02.2014.

12 Dr. Ing. Klaus Ruff, »Vom Fahrer zum Transportmanager«, http://media.daimler.com/marsMediaSite/de/instance/ko.xhtml?oid=9905074

13 https://www.golem.de/news/sindelfingen-mercedes-entlaesst-roboter-1602-119408.html

14 Jeremy Rifkin, »Wir verlieren unsere Arbeit an Maschinen«, Interview, *The European*, 15.01.2015.

15 Jane Wakefield, »Foxconn replaces ›60,000 factory workers with robots‹«, *BBC* 25.05.2016, http://www.bbc.com/news/technology-36376966

16 Martin Ford, Aufstieg der Roboter. Wie unsere Arbeitswelt gerade auf den Kopf gestellt wird – und wie wir darauf reagieren müssen. Börsenmedien AG, Kulmbach 2016.

17 Carl Benedikt Frey, Michael A. Osborne, *The Future of Employment: How Susceptible Are Jobs to Computerisation?* Oxford 2013.

18 Ebd.

19 Christopher Steiner, *Automate This: How Algorithms Took Over Our Markets, Our Jobs, and the World*, Penguin, New York 2012, S. 134.

20 Martin Ford, *Aufstieg der Roboter*, S. 111.

21 http://www.zeit.de/digital/internet/2017-03/arvato-facebook-arbeitsschutz-kontrolle-arbeitsbedingungen

22 https://www.google.de/imghp

23 https://www.wired.com/2015/06/nude-recognition-algorithmia

24 Rutger Bregmann, *Utopia for Realists,* Bloomsbury, London 2017, S. 128.

25 Vgl: Tony Schwartz, Christine Poratz, »Why you hate work«, *New York Times*, 30.05.2014.

26 Rutger Bregmann, *Utopia for Realists*, S. 134.

27 David Graeber, »Bullshit-Jobs«, in: Haus Bartleby (Hrsg.), *Sag alles ab. Plädoyer für den lebenslangen Generalstreik*, Edition Nautilus, Hamburg 2015, S. 97.

28 Guy Debord, *Die Gesellschaft des Spektakels*, Edition Nautilus, Hamburg 1978, S. 9.

29 Rutger Bregmann, »La renta básica universal sería el mayor logro del capitalismo«, Interview, *El País*, 25.03.2017.

30 Jacques Attali, *Millenium. Winners and Losers in the Coming World Order*. Times Books / Random House, New York 1991.

31 Matthias Martin Becker, *Automatisierung und Ausbeutung*. Promedia, Wien 2017, S. 21.

32 Norbert Wiener, *Mensch und Menschmaschine*, Ullstein, Frankfurt am Main 1958.

33 Jane Wakefield, »Foxconn replaces ›60,000 factory workers with robots‹«.

34 Isaac Asimov, *I, Robot*, Bantam Books, New York 2004.

User-Generated Capitalism

1 Walter Benjamin, »Das Passagen-Werk«. In: *Gesammelte Schriften*. Band V. Suhrkamp, Frankfurt am Main 1982.

2 Sascha Lobo, »Die Mensch-Maschine: Auf dem Weg in die Dumpinghölle«. *Spiegel Online*, 03.09.2014.

3 Dez Blanchfield, »The Digital Disruption is Already Here«, 18.09. 2015, https://www.slideshare.net/dezblanchfield1/big-data-cebit-2015-dez-blanchfield-day-1, Folie 10

4 http://expandedramblings.com/index.php/wechat-statistics/

5 https://www.societyone.com.au/

6 Statista, »Cumulative number of apps downloaded from the Apple App Store«, 2017.

7 Peter Steiner, »On the internet, nobody knows you're a dog.« Cartoon-Untertitel, *The New Yorker*, 05.07.1993.

8 Geert Lovink, Miriam Rasch (Hrsg.), *Unlike Us Reader: Social Media Monopolies and Their Alternatives*, Institute of Network Cultures, Amsterdam 2013.

9 Dave Eggers, *Der Circle*, Kiepenheuer und Witsch, Köln 2015.

10 Facebook Mission Statement, https://de-de.facebook.com/

11 Geert Lovink, »What is the Social in Social Media?«, *E-flux journal* #40, 9, http://www.e-flux.com/journal/what-is-the-social-in-social-media/

12 *Bot Traffic Report 2016*, Incapsula Blog, 24.01.2017.

13 *Survey Shows 80 Percent Of Companies Use Facebook*, 20.06. 2012. http://www.vendingmarketwatch.com/news/10732362/survey-shows-80-percent-of-companies-use-facebook

14 https://twittercounter.com/pages/100

15 Craig Smith, »Twitter business statistics and facts«, *expandedramblings.com*, 25.02.2017.

16 https://www.facebook.com/note.php?note_id=10150282876970301

17 George Anders, »You're Worth $128 On Facebook«, *Forbes*, 07.02.2014.

18 »Was Facebook über dich weiß«, *Die Tageszeitung*, 04.11.2011.

19 Claude E. Shannon, »A Mathematical Theory of Communication«, *Bell System Technical Journal*, 27, 1948, S. 379-423 & 623-656.

20 Karl Marx, *Theorien über den Mehrwert III*, MEW Bd. 26, S. 503.

21 Eine Anleitung zum Löschen des Facebook-Profils findet sich z.B. hier: http://unsicherheitsblog.de/facebook-account-konto-profil-loeschen-link-2466

22 Karl Marx, *Das Kapital*, MEW Bd. 23, S. 595.

23 Statista, *Digital Economy Compass*, April 2017, S. 42.

24 Statista

25 Christian Fuchs, »Labour in Informational Capitalism and on the Internet«, *The Information Society* 26 (3), 179-196.

26 Dallas W. Smythe, *Communications, Capitalism, Consciousness and Canada*. Ablex, Norwood 1981.

27 Tilman Baumgärtel, »Facebook soll zahlen«, *Die Tageszeitung*, 01.02.2014.

28 Johannes Gernert, Interview mit Evgeny Morozov, »Lachen wird ein Rohstoff«, *Die Tageszeitung*, 07.02.2015.

29 Carla Neuhaus, »So funktioniert das Geschäft mit den Daten«, *Der Tagesspiegel*, 10.07.2012.

30 Mark Zuckerberg, »Building Global Community«, 16.02.2017.

31 Olivia Solon, »Mark Zuckerberg pens major Facebook manifesto on how to burst the bubble«, *The Guardian*, 17.02.2017.

Sharing is Caring?

1 Adam Booth, »The Sharing Economy, the Future of Jobs, and ›Post-Capitalism‹«, *In Defence of Marxism*, 02.05.2015.

2 Stefan Schridde, Christian Kreiß, Janis Winzer, *Geplante Obsoleszenz. Gutachten im Auftrag der Bundestagsfraktion Bündnis 90/Die Grünen*, 21.03.2013.

3 Arun Sundararajan, *The Sharing Economy. The End of Employment and the Rise of Crowd-Based Capitalism*. The MIT Press, Cambridge 2016, S. 27.

4 Byung-Chul Han, »Warum heute keine Revolution möglich ist«, *Süddeutsche Zeitung*, 03.09.2014.

5 http://expandedramblings.com/index.php/uber-statistics

6 Maya Kosoff, »Why is Uber raising so much money?«, *Vanity Fair*, 16.06.2016.

7 Deutscher Taxi- und Mietwagenverband e.V. (BZP). *Zahlen und Fakten* http://www.bzp.org/Content/Information/Zahlen_Fakten

8 Aufgesang Agenturgruppe, *Präsentation Uber-MyTaxi*, 09.12. 2015.

9 »How much do Uber drivers make in 2016?«, http://www.idrive withUber.com/how-much-do-Uber-drivers-make

10 Max Chafkin, »Uber's First Self-Driving Fleet Arrives in Pittsburgh This Month«, *Bloomberg*, 18.09.2016.

11 Darrell Etherington, »Uber's self-driving cars start picking up passengers in San Francisco«, *Techcrunch*, 14.12.2016.

12 Cory Doctorow, »The problem with self-driving cars: who controls the code?«, *The Guardian*, 23.12.2015.

13 »New funding round pushes Airbnb's value to $ 31 billion«, *The Wall Street Journal*, 09.03.2017.

14 https://www.airbnb.de/info/photography

15 Adam Booth, »The Sharing Economy, the Future of Jobs, and ›Post-Capitalism‹«.

16 http://insideairbnb.com/san-francisco/

17 http://insideairbnb.com/get-the-data.html, abgerufen am 16.05. 2017.

18 »Warum Berlin ab Mai Ferienwohnungen verbietet«, *Hamburger Abendblatt*, 29.04.2016.

19 »Streit um Ferienwohnungen«, *Der Tagesspiegel*, 27.04.2016.

20 https://www.airbnb.de/terms

21 Andrej Holm, »Wie verändert Airbnb den Wohnungsmarkt? Eine Politische Ökonomie der Ferienwohnungen am Beispiel Berlin«, *Gentrification Blog*, 05.07.2016

22 https://www.bmgev.de/politik/wohnungspolitik/berliner-wohnungs politik-die-rot-rote-koalition.html

23 http://insideairbnb.com

24 Nathan Heller, »Is the Gig Economy Working?«, *The New Yorker*, 15.05.2017.

25 https://www.zipcar.com/ziptopia/around-the-bend/the-new-american-dream

26 Franz-Josef Degenhardt, *Liederbuch*, Universal Music LLC 1988.

27 Alwin Toffler, *The Third Wave*. Bantam, New York 1980, S. 267.

28 Christian Fuchs, *Social Media. A Critical Introduction*. Sage, London 2014, S. 106.

29 http://www.airbnbaction.com/wp-content/uploads/2015/10/Middle-Class-Economic-Report-FINAL.pdf

30 Nic Wistreich, »Cooperatives' Uber Moment«, *Grassroots Economic Organizing (GEO)*, 2015, http://www.geo.coop/story/coope ratives-uber-moment

31 Ela Kagel, »Kooperativismus: Wie lassen sich Teilhabe und Selbst-organisation gerecht und nachhaltig gestalten?«, *Berliner Gazette*, 18.05.2016.

32 Evgeny Morozov, »Warum ein Datenpopulismus sinnvoll wäre«, *Süddeutsche Zeitung*, 05.12.2016.

33 Nic Wistreich, »Cooperatives' Uber Moment«.

34 Byung-Chul Han, »Warum heute keine Revolution möglich ist«.

35 Heinrich Zille: »Man kann mit einer Wohnung einen Menschen genauso töten wie mit einer Axt.«

36 Thomas Piketty, *Das Kapital im 21. Jahrhundert*. Beck, München 2014, S. 786.

Kreativ-Arbeit 2.0

1 Richard Florida, *The Rise Of The Creative Class: And How It's Transforming Work, Leisure, Community and Everyday Life*. Basic Books, New York 2002, S. 20.

2 Pierre Bourdieu, *Die feinen Unterschiede. Kritik der gesellschaftlichen Urteilskraft*. Suhrkamp, *Frankfurt am Main* 1982. Französisches Original: Paris 1979.

3 Sascha Lobo, Holm Friebe, *Wir nennen es Arbeit*.

4 Ebd., S. 42.

5 Tom Slee, *Deins ist Meins. Die unbequemen Wahrheiten der Sharing-Ökonomie*. Antje Kunstmann, München 2016.

6 Janina Kugel, »Am Ende eines Arbeitstages muss der Tisch leer sein.« Interview, *Süddeutsche Zeitung*, 07.08.2016.

7 Tanja Carstensen, »Im WWW nichts Neues.« *Zeitschrift LUX*, Heft 23, 2015, http://www.zeitschrift-luxemburg.de/im-www-nichts-neues

8 Zitiert nach: Bundesministerium für Arbeit und Soziales, *Weißbuch Arbeiten 4.0*, Stand März 2017.

9 Steven Hill, *Die Start-up-Illusion. Wie die Internet-Konzerne unseren Sozialstaat ruinieren*. Droemer Knaur, München 2017.

10 http://www.bmwi.de/Redaktion/DE/Artikel/Branchenfokus/Wirtschaft/branchenfokus-freie-berufe.html

11 http://www.kuenstlersozialkasse.de/service/ksk-in-zahlen.html

12 Thomas Jajeh, »So sollten Freelancer ihr Gehalt berechnen«, in: *Gründerszene*, 22.03.2016.

13 K. Kliner, D. Rennert, M. Richter (Hrsg.), *Gesundheit in Regionen –*
Blickpunkt Psyche. Gesundheitsatlas 2015. Medizinisch Wissenschaftliche Verlagsgesellschaft BKK, http://www.bkk-dachverband
.de/fileadmin/publikationen/gesundheitsatlas/BKK_Gesundheits
atlas_2015.pdf

14 Sabine Damaschke, »Psychologen wollen klären, was Burn-out
wirklich ist«, in: *Die Welt*, 30.01.2012, https://www.welt.de/
gesundheit/psychologie/article13841361/Psychologen-wollen-
klaeren-was-Burn-out-wirklich-ist.html

15 Miriam Goos, »Wenn Gründer sich kaputtarbeiten«, *Süddeutsche*
Zeitung, 14.2.2017.

16 Sascha Lobo, Holm Friebe, *Wir nennen es Arbeit*, S. 29.

17 Gaston Valdivia, »Arbeit und Wahn«, *karoshi – Zeitschrift für den*
plötzlichen Arbeitstod, Nr. 1, Hamburg 1996, S. 6, http://www.
studienbibliothek.org/webarchiv/karoshi/k1/arbeitundwahn.html

18 http://www.ilo.org/berlin/presseinformationen/WCMS_301467/
lang-de/index.htm

19 Zitiert nach: Wolfgang Huber, »Der Mensch ist zur Arbeit geboren
wie der Vogel zum Fliegen ... – Hat das protestantische Arbeitsethos
noch eine Zukunft?« *Wittenberger Sonntagsvorlesung*, 22.04.2007.

20 Gaston Valdivia, »Arbeit und Wahn«, S. 6.

21 Karl Marx, *Das Kapital*, S. 88.

22 Gaston Valdivia: »Arbeit und Wahn«, S. 8.

23 Robert Kurz, »Postmarxismus und Arbeitsfetisch. Zum historischen
Widerspruch in der Marxschen Theorie«, Zeitschrift *Krisis*, Nr. 15,
Horlemann, Angermünde 1995.

24 Paul Lafargue, *Das Recht auf Faulheit und die Religion des Kapi-*
tals. Matthes & Seitz, Berlin 2016, S. 1. Originalausgabe: Le droit
à la paresse, 1880.

25 Karl Marx, »Über Friedrich Liszt«, Berlin 1972, S. 24.

Die Geburt der Solo-Kapitalisten

1 Maurizio Lazzarato, *Signs and Machines: Capitalism and the Production of Subjectivity*. Semiotext(e) Foreign Agents Series, Los Angeles 2014, S. 8.

2 Moira Weigel, *Labor of Love. The Invention of Dating*. Farrar, Straus and Giroux, New York 2016.

3 Ebd., S. 116.

4 Félix Guattari, *La Révolution moléculaire*. Union générale d'Editions, Paris 1977, S. 95.

5 Louis Althusser, »Ideologie und ideologische Staatsapparate. Anmerkungen für eine Untersuchung«, in: *Ideologie und ideologische Staatsapparate. Aufsätze zur marxistischen Theorie*. Hamburg 1977, S. 108-153.

6 Maurizio Lazzarato, *Videophilosophie. Zeitwahrnehmung im Postfordismus*. b_books, Berlin 2002, S. 130.

7 Slavoj Žižek, *First as Tragedy, than as Farce*. Verso, London 2009, S. 56.

8 Jerry Rubin, *DO IT! Scenarios of the Revolution*. Ballantine Books, New York 1970, S. 116.

9 Adam Curtis, Century of the Self, 2:35:00

10 Fred Grimm, *Shopping hilft die Welt verbessern. Der andere Einkaufsführer: Ernährung – Mode – Kosmetik – Wohnen – Reisen – Geldanlage*. Goldmann, München 2006.

11 Jerry Rubin, zitiert nach: Tom Popson, »The Yuppie And The Yippie«. *Chicago Tribune*, 15.02.1985.

12 Manuel Castells, »The Rise of the Network Society«, in: *The Information Age: Economy, Society, and Culture*, Volume I. Wiley, Hoboken 1996.

13 Peter Laudenbach, »Franchise. Unternehmer ohne Freiheit«, *Brand eins*, Ausgabe 09/2007.

14 Tim O'Reilly, »Networks and the Nature of the Firm«, *medium. com*, 14.08.2015.

15 GAO, zitiert nach: Tom Slee, *Deins ist Meins*.

16 Laurie Penny, *Unsagbare Dinge. Sex, Lügen und Revolution*. Edition Nautilus, Hamburg 2016, S. 11.

Das Bedingungslose Grundeinkommen
und der Digitale Kapitalismus

1 Peter Barnes, *With Liberty and Dividens for All. How to Save our Middle Class When Jobs Don't Pay Enough*. Berrett-Koehler Publishers, San Francisco 2014.

2 http://basicincome.org/news/2015/08/book-review-peter-barnes-with-liberty-and-dividends-for-all-how-to-save-our-middle-class-when-jobs-dont-pay-enough/.

3 Elon Musk: »Robots Will Take Your Jobs, Government Will Have to Pay Your Wage«. Interview, *CNBC*, 4.11.2016.

4 Barack Obama, »Neural Nets, Self Driving Cars and the Future of the World.« Interview, *Wired*, 24.08.2016.

5 Florian Höttges, »Der Unterschied zwischen Mensch und Computer wird in Kürze aufgehoben sein«. *Die Zeit*, Nr. 1/2016, 30.12.2015.

6 Thomas Paine, *Agrarian Justice.* Erstveröffentlichung 1797, https://web.archive.org/web/20100213005643/http://www.thomaspaine.org/Archives/agjst.html

7 Yannick Vanderborght, Philippe van Parijs, *Ein Grundeinkommen für alle? Geschichte und Zukunft eines radikalen Vorschlags*. Campus, Frankfurt am Main 2005.

8 Milton Friedman, *Kapitalismus und Freiheit*. Piper, München 2004, S. 228. Erstausgabe: Chicago 1962.

9 Ebd., S. 230.

10 Andy Stern, Raising the Floor: How a Universal Basic Income Can Renew Our Economy and Rebuild the American Dream, Perseus, New York 2016. Zitiert nach: Martin Sandbu, »»Raising the Floor‹, by Andy Stern«, *Financial Times*, 20.06.2016.

11 »Modell Eigenwerbung, Die liberal-konservative Regierung testet ihre Version für ein Grundeinkommen, um aus Arbeitslosen Billigarbeiter zu machen«, *Der Freitag*, 10.01.2017.

12 Rob Wile, »The Billionaire Founder of eBay Plans to Give Thousands of Kenyans Free Income for 12 Years«, *Time Magazine*, 13.02.2017.

13 Andres Veiel, »Die Kunst des Hakenschlagens«, Interview, *Der Tagesspiegel*, 14.02.2017.

14 Paul Lafargue, *Das Recht auf Faulheit*.

15 André Gorz, *Wege ins Paradies. Thesen zur Krise, Automation und Zukunft der Arbeit*. Rotbuch, Berlin 1983.

16 https://www.mein-grundeinkommen.de/menschen/146303

17 *Wirtschaft 4.0 und die Folgen für Arbeitsmarkt und Ökonomie*. IAB Forschungsbericht 13/2016 http://doku.iab.de/forschungsbericht/2016/fb1316.pdf

18 »Altmetall«, *Manager-Magazin* 12, 2016 https://heft.manager-magazin.de/MM/2016/12/147980692/

19 Max Hägler, »Siemens-Chef plädiert für ein Grundeinkommen«, Interview, *Süddeutsche Zeitung*, 20.11.2016.

20 Martin Ford, *Aufstieg der Roboter*, S. 307.

21 European Institute for Gender Equality, *Gender gap in pensions in the EU 2015*, S. 20 http://eige.europa.eu/sites/default/files/documents/MH0415087ENN_Web.pdf

22 Julia Friedrichs, »Jedes 5. Kind ist arm«, *Die Zeit*, 19.01.2017.

23 »Hartz-IV. Immer mehr Arbeitslose müssen Kredite bei Jobcentern aufnehmen«, *Focus Money*, 21.05.2017.

24 Bernd Riexinger, »Mindestlohn in Deutschland zu niedrig.« Die Linke, 28.02.2017, https://www.die-linke.de/nc/die-linke/nachrichten/detail/artikel/mindestlohn-in-deutschland-zu-niedrig/

25 Zitiert nach: Martin Ford, *Aufstieg der Roboter.* S. 308, deutsche Übersetzung: Monika Streissler.

26 Götz Werner, »dm-Gründer fordert 1.000 Euro monatlich für jeden – seine Begründung ist verdammt gut.« Interview, *Business Insider*, 10.06.2016.

27 Götz W. Werner, *Einkommen für Alle*, S. 93.

28 Christoph Butterwegge, *Armut in einem reichen Land. Wie das Problem verharmlost und verdrängt wird*. Campus, Hamburg 2009.

29 Heiner Flassbeck, Friederike Spieker, Volker Meinhardt, Dietrich Vesper, *Irrweg Grundeinkommen. Die große Umverteilung von unten nach oben muss beendet werden*. Westend, Frankfurt a. M. 2012.

30 Christoph Butterwegge, »Grundeinkommen wäre Ende des Sozialstaats«, Interview, *3sat*, 13.10.2016.

31 http://video.tagesspiegel.de/nahles-auf-der-republica-glaube-an-ihre-verkackte-grundthese-nicht.html

32 https://www.destatis.de/DE/Publikationen/StatistischesJahrbuch/ Arbeitsmarkt.pdf?_blob=publicationFile

33 Steven Hill, *Die Start-up-Illusion*, S. 105.

34 Common Ground for Independent Workers, WTF, 10.11.2015, https://medium.com/the-wtf-economy/common-ground-for-independent-workers-83f3fbcf548f.

35 https://na-production.s3.amazonaws.com/documents/New_ Economy_Social_Contract.pdf

36 Steven Hill auf einer Veranstaltung der IG Metall. Berlin, 16.05. 2017.

37 »Paul Mason plädiert für ein Grundeinkommen«, *Neues Deutschland*, 29.04.2016.

38 Götz W. Werner, *Einkommen für Alle*, S. 80.

39 Reinhard Wolff, »Bürokratieabbau und Niedriglöhne«, *Die Tageszeitung*, 01.05.2016.

40 Scott Santens, »Universal Basic Income Will Accelerate Innovation by Reducing Our Fear of Failure.« *Medium.com*, 01.12.2016.

41 Rutger Bregmann, »La renta básica universal sería el mayor logro del capitalismo.« Interview, *El País*, 24.03.2017.

42 Rutger Bregmann, *Utopia for Realists,* S. 244.

43 *The Expanse* (TV-Serie). Wikipedia.

44 https://moviepilot.com/p/the-expanse-what-are-takers-basic-assistance/4234070

45 Dmytri Kleiner, »We don't need a basic income, we need a basic outcome.« Interview, *Ex-Berliner* Nr. 154, November 2015.

46 http://www.networkcultures.org/_uploads/%233notebook_tele kommunist.pdf

General intellect – die Transformation von Wissen in Kapital

1 Karl Marx, *Das Kapital*, S. 114.

2 Karl Marx, »Grundrisse«. *MEW*, Bd. 42, S. 491.

3 Ebd., S. 601.

4 Ebd., S. 601, Hervorhebungen im Original.

5 Ernest Mandel, *Der Spätkapitalismus. Versuch einer marxistischen*

Erklärung. Suhrkamp, Frankfurt am Main 1972, S. 191, Hervorhebungen im Original.

6 Paul Mason, *Post-Kapitalismus*, S. 175.

7 Maurizio Lazzarato, *Signs and Machines*, S. 44.

8 Christian Fuchs, »Towards Marxian Internet Studies«, in: Christian Fuchs / Vincent Mosco (Hrsg), *Marx in the Age of Digital Capitalism.* Brill, Leiden 2016, S. 47.

9 Steve Jobs, »iPhone Introduction in 2007«, https://youtu.be/9hUIxy E2Ns8, Minute 7:40

10 Yann Moulier Boutang, *Cognitive Capitalism.* Polity Press, Cambridge 2012, S. 57.

11 Tessa Morris-Suzuki, »Capitalism in the Computer Age«, S. 19.

12 Ebd., S. 18.

13 Martin Kenney, »Value Creation in the Late Twentieth Century: The Rise of the Knowledge Worker«, in: Jim Davis, Thomas A. Hirschl, Michael Stack, *Cutting Edge. Technology Information Capitalism and Social Revolution.* Verso, London 1997, S. 94.

14 Ebd., S. 95.

15 https://www.quora.com/How-many-people-work-on-each-of-Googles-various-products

16 Félix Guattari, *La Révolution moléculaire.* Union générale d'Editions, Paris 1977, S. 80.

17 Bob Rowthorne, »Neo-Classicism, Neo-Ricardianism, and Marxism«, in: Bob Rowthorne, *Capitalism, Conflict and Inflation.* Wishart, London 1980, S. 33.

18 Tessa Morris-Suzuki, »Capitalism in the Computer Age«, S. 65.

19 Friedrich Kittler, *Grammophon Film Typewriter.* Brinkmann & Bose, Berlin 1986, S. 8.

Auswahlbibliografie

Barbrook, Richard / Cameron, Andy, »The Californian Ideology«. In: *Science as Culture* 6.1 (1996): 44-72

Bell, Daniel, *Die nachindustrielle Gesellschaft*. Campus, Frankfurt am Main 1985

Boutang, Yann Moulier, *Cognitive Capitalism*. Polity Press, Cambridge and Malden 2012

Bregmann, Rutger, *Utopia for Realists*. Bloomsbury, London 2017

Byrne, David, *How Music Works*. McSweeney's, San Francisco 2012

Caffentzis, George, *In Letters of Blood And Fire. Work, Machines, and the Crisis of Capitalism*. PM Press, Oakland 2013

Christensen, Clayton M., *The Innovator's Dilemma. When New Technologies Cause Great Firms To Fail*. Harvard Business School Press, Boston 1997

Curtis, Adam, *Century of the Self*, BBC 2002, https://youtu.be/eJ3Rz GoQC4s

Davis, Jim / Hirschl, Thomas A. / Stack, Michael, *Cutting Edge. Technology, Information Capitalism and Social Revolution*. Verso, London 1997

Dyer-Witheford, Nick, *Cyber-Marx. Cycles and Circuits of Struggle in High-Technology Capitalism*. University of Illinois Press, Urbana 1999

Eggers, Dave, *Der Circle*, Kiepenheuer & Witsch, Köln 2015

Florida, Richard, *The Rise Of The Creative Class: And How It's Transforming Work, Leisure, Community and Everyday Life*. Basic Books, New York 2002

Flusser, Vilém, *Ins Universum der technischen Bilder*. European Photography, Berlin 1996

Ford, Martin, *Aufstieg der Roboter*. Börsenmedien AG, Kulmbach 2016

Friebe, Holm / Lobo, Sascha, *Wir nennen es Arbeit: Die digitale Bohème oder Intelligentes Leben jenseits der Festanstellung*. Heyne, München 2006

Fuchs, Christian, *Marx lesen im Informationszeitalter*. Unrast, Münster 2017

Fuchs, Christian, *Social Media. A Critical Introduction*. Sage, London 2014

Gorz, André, *Wege ins Paradies. Thesen zur Krise, Automation und Zukunft der Arbeit*. Rotbuch, Berlin 1983

Guattari, Félix, *La Révolution moléculaire*. Union générale d'Editions, Paris 1977

Heintz, Bettina, *Die Herrschaft der Regel*. Campus, Frankfurt am Main 1993

Hill, Steven, *Die Start-up-Illusion. Wie die Internet-Konzerne unseren Sozialstaat ruinieren*. Droemer Knaur, München 2017

Lafargue, Paul, *Das Recht auf Faulheit und die Religion des Kapitals*. Matthes & Seitz, Berlin 2016

Lanier, Jaron, *Wem gehört die Zukunft?* Hoffmann und Campe, Hamburg 2014

Lazzarato, Maurizio, *Signs and Machines: Capitalism and the Production of Subjectivity*. Semiotext(e) Foreign Agents Series, Los Angeles 2014

Lovink, Geert, *Im Bann der Plattformen*. Transcript, Bielefeld 2017

Lovink, Geert / Rasch, Miriam (Hrsg.), *Unlike Us Reader: Social Media Monopolies and Their Alternatives*. Institute of Network Cultures, Amsterdam 2013

Lotz, Christian (Hrsg.): *Karl Marx: Das Maschinenfragment*. Laika, Hamburg 2014

Marwick, Alice, *Status Update: How Social Media Changes Celebrity, Popularity, and Publicity*. Yale University Press, New Haven 2013

Mason, Paul, *Postkapitalismus. Grundrisse einer kommenden Ökonomie*. Suhrkamp, Berlin 2016

Mazzucato, Mariana, *Das Kapital des Staates. Eine andere Geschichte von Innovation und Wachstum*. Büchergilde Gutenberg, Frankfurt am Main 2014

Morozov, Evgeny, *The Net Delusion*. PublicAffairs, New York 2011

Pasquale, Frank, *The Black Box Society. The Secret Algorithms That Control Money and Finance.* Harvard University Press, Cambridge, 2015

Piketty, Thomas, *Das Kapital im 21. Jahrhundert.* Beck, München 2014

Pistono, Federico, *Roboter stehlen deinen Job, aber das ist OK.* Serendii Publishing, Siegendorf 2014

Rifkin, Jeremy, *Das Ende der Arbeit und ihre Zukunft.* Campus, Frankfurt am Main 1995

Rifkin, Jeremy, *Die Null-Grenzkosten-Gesellschaft: Das Internet der Dinge, kollaboratives Gemeingut und der Rückzug des Kapitalismus.* Campus, Frankfurt am Main 2014

Rubin, Jerry, *DO IT! Scenarios of the Revolution.* Ballantine Books, New York 1970

Slee, Tom, *Deins ist Meins. Die unbequemen Wahrheiten der Sharing-Ökonomie.* Verlag Antje Kunstmann, München 2016

Sundararajan, Arun, *The Sharing Economy. The End of Employment and the Rise of Crowd-Based Capitalism.* The MIT Press, Cambridge 2016

Valladão, Alfredo G. A., *Masters of the Algorithms. The Geopolitics of the New Digital Economy from Ford to Google.* The German Marshall Fund of the United States, Washington 2014

Weigel, Moira, *Labor of Love. The Invention of Dating.* Farrar, Straus and Giroux, New York 2016

Werner, Götz W., *Einkommen für Alle*, Kiepenheuer & Witsch, Köln 2007

Winterson, Janet, *Why Be Happy When You Could Be Normal?* Vintage, London 2011

Žižek, Slavoj, *First as Tragedy, than as Farce.* Verso, London 2009

Dank

Vor ziemlich genau zwanzig Jahren erschien in der ersten Ausgabe der Theoriezeitschrift *karoshi*, die damals einen Spagat zwischen Wertkritik und Poststrukturalismus versuchte, ein Artikel von mir mit dem Titel »Automatische Moderne«. Schon damals ging es um Kapitalismus und Technologie, um Karl Marx und Alan Turing.

Die Geburtsstunde des vorliegenden Buches liegt dann aber viele Jahre später, nämlich im Jahre 2014, als ich zusammen mit der Journalistin Jessica Zeller einen Theoriesalon unter dem Titel »Understanding Digital Capitalism« veranstaltete. Daraus entstand die gleichnamige Reihe beim Online-Magazin *Das Filter*, in der zahlreiche Artikel zu Themen rund um den Digitalen Kapitalismus erschienen sind. Die Reihe wird im Herbst 2017 fortgesetzt.

Ich möchte mich bei Verena Dauerer, Frank Engster, Eva Reinegger und Jan Peter Wulf bedanken – ohne die aus dem Buch nie etwas geworden wäre, sowie bei Oliver Hörl für seine wertvolle Unterstützung beim Lektorat.

Aus unserem Verlagsprogramm

Unsichtbares Komitee • JETZT

Broschur / ca. 144 Seiten / illustriert / ISBN 978-3-96054-061-8

Jetzt ist ein Interventionstext. Er entwirft einen alternativen
Weg zur verordneten stickigen Atmosphäre, plädiert für ein anderes
Modell als die Wahlen: für die Absetzung der Macht.
Für neue Lebensformen und nicht für neue Verfassungen;
für Verweigerung und Stille statt lärmender Proklamationen.
Es wird keinen Umsturz der bestehenden Ordnung geben
ohne das Bekenntnis zu einem wünschenswerten Leben.
Die zerstörerische Kraft des revolutionären Prozesses
kann nichts ausrichten ohne jene Ladung stiller Positivität,
die jeder glücklichen Existenz innewohnt.

Unsichtbares Komitee • AN UNSERE FREUNDE

Broschur / 192 Seiten / illustriert / ISBN 978-3-89401-818-4

»Wir haben die revolutionäre Tradition und die revolutionären
Haltungen auf den Prüfstand der historischen Konjunktur gestellt …
Es gibt keine revolutionäre Bewegung ohne eine Sprache, die in der
Lage ist, sowohl die Bedingungen zu benennen, die uns gestellt werden,
als auch das Mögliche, das diesen Bedingungen Risse zufügt. Das
vorliegende Buch ist ein Beitrag zur Ausarbeitung dieser Sprache.«

Unsichtbares Komitee
DER KOMMENDE AUFSTAND

Broschur / 128 Seiten / ISBN 978-3-89401-732-3

Eine radikale Analyse der Reaktionen von Regierungen auf die
verschiedenen Unruhen und Volksaufstände in den letzten Jahren.
Für die Autoren dieses Manifests sind die brennenden Vorstädte in
Frankreich oder die Straßengewalt in Griechenland revolutionäre
Momente, Symptome des Niedergangs der westlichen Demokratien.
»Das schmale Werk könnte
das wichtigste linke Theoriebuch unserer Zeit werden.«
Nils Minkmar, *Frankfurter Allgemeine Sonntagszeitung*

www.edition-nautilus.de

Aus unserem Verlagsprogramm

Laurie Penny
BITCH DOKTRIN. Gender, Macht und Sehnsucht
Broschur / 320 Seiten / ISBN 978-3-96054-056-4
Klug und provokant, witzig und kompromisslos sind Laurie Pennys
Essays, die sie zu einer der wichtigsten und faszinierendsten Stimmen
des zeitgenössischen Feminismus machen. Penny wirft einen
scharfen Blick auf die brennenden Themen unserer Zeit.
»An dieser Autorin führt momentan kein Weg vorbei. Fulminant und
wortgewaltig streitet sie für die Rechte der Nicht-Angepassten, der
Nicht-Weißen, der Nicht-Funktionstüchtigen.«
Deutschlandfunk Kultur

David Graeber
DIREKTE AKTION. Ein Handbuch
Broschur / Großformat / 352 Seiten / ISBN 978-3-89401-775-0
In bester Tradition der teilnehmenden Beobachtung legt
David Graeber hier die erste detaillierte Studie der Bewegungen für
globale Gerechtigkeit vor. Er beschreibt die sich entwickelnden
Strukturen und Prozesse, die Sprache, die Symbole und die
Rituale aktivistischer Kultur.

Hans-Christian Dany • MORGEN WERDE ICH IDIOT
Kybernetik und Kontrollgesellschaft
Broschur / 128 Seiten / ISBN 978-3-89401-784-2
Aus der Kybernetik ist eine Matrix der ständigen
Optimierung eines jeden und der Gesellschaft geworden.
Die Feedback-Theorie der kybernetisch inspirierten Sozialpsychologie
der 1950er Jahre lieferte die Methoden des Social Engineering für das
Management und später die der sozialen Netzwerke, wo das
Kommunikations-Panoptikum nochmals in neuer Form zu sich fand.
Jeder ist nun Beobachter aller anderen und ein von allen anderen
Beobachteter. Kontrolle bedeutet jetzt, einen unabschließbaren
Prozess der Selbstoptimierung in Gang zu setzen.

www.edition-nautilus.de